湛庐CHEERS

与最聪明的人共同进化

HERE COMES EVERYBODY

SF思考

科幻如何改变商业

ビジネスと自分の未来を考えるスキル

[日] 藤本敦也 宫本道人 关根秀真 著
武甜静 译

浙江教育出版社·杭州

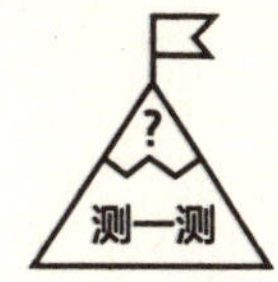

你了解科幻对商业世界的影响吗？

扫码鉴别正版图书
获取您的专属福利

扫码获取全部测试题及答案，
测一测你是否了解科幻
对商业世界的影响

- 著名科幻作家、《三体》的作者刘慈欣经常为企业、机构等提供创意，这是真的吗？（ ）

  A. 真

  B. 假

- 关于科幻，以下哪项是正确的？（ ）

  A. 科幻并不能“预测未来”，它只能指出一种“可能性”

  B. 科幻对商业毫无贡献

  C. 欧美的科幻作者大多是一些文学家

  D. 科幻的作用和其他虚构文学类似

- 科幻大师尼尔·斯蒂芬森在 1992 年发表了科幻小说《雪崩》，这部小说引发了硅谷的互联网创业狂潮，并创造了哪一脍炙人口的词？（ ）

  A. 机器人

  B. 赛博空间

  C. 元宇宙

  D. 仿生人

扫描左侧二维码查看本书更多测试题

在变化的时代保持变化的独创思考法

宫本道人

这是一个激烈变化的时代。会拿起这本书的读者，估计大多数都在日常工作中有切实体会：高新技术日新月异，商业环境也在不断变化。过去的成功经验很快就过了“保质期”，昨天还是制胜法宝，今天就成了失败模板。公司拟定商业战略变成了一件很困难的事，简直不可能确立对未来的预期。我们该如何在这样的世界里幸存下来？恐怕没有人为此不感到束手无策、彷徨无措吧。能够改变这种状况的，就是本书要介绍的“科幻思考法”。

这当然有些夸张。不，虽然不是真正的谎言，但科幻思考法确实不是你以为的那种思考诀窍。也就是说，它不是“能快速推导出时代所需答案的最新、最炫的思考法则”。为了说明它是什么，我想稍微卖个关子，请大家跟上我的节奏。

世界上有各种各样的职业，每种职业都有成千上万的人在从事。比如日本有大概 21 万名银行职员、32 万名医生、58 万名国家公务员。连法官这种看上去人数非常稀少的职业，全日本都有将近 4 000 人。

曾几何时，这些职业名称是和“未来的梦想”联系在一起的。但我认为，那样的时代已经结束了。今后每个人都会同时从事好几个职业，并因这样的组合而产生独特的价值。也就是说，我们将迎来“职业 = 自身”的时代。这样一来，成千上万人共同使用着的职业头衔，对你个人来说就变得毫无意义。“作家”没什么了不起，“总裁”也不一定就很高端。大家关心的只有一件事，那就是：“你到底是做什么的？”要回答这个问题，每个人都需要为自己创制一个独一无二的头衔。

最近我读了一本书，书名是《失败的殿堂》（*Institute of Brilliant Failures*），这本书的作者是荷兰某商业学院的一个名叫保罗·路易·伊斯（Paul Louis Iske）的人。这个人给自己定的头衔简直棒极了，他说自己是“首席失败官”（Chief Failure Officer，简称 CFO）。实际上，从这个头衔根本看不出他到底是做什么的，但人们能感觉到他背负着了不得的重大任务。人们经常会想去掩盖失败，但任何创新的发明和发现背后，其实都积攒着几十倍的失败经验。愿意挺身而出为失败担责，这种态度不正是最好的创新吗？

顺带一提，我把自己称作“应用文学者”“科学文化作家”，这也是世界上独一无二的、只属于我的头衔。简单来说，创造出不存在于现实世界但又和现实世界有一定联系的、只属于自己的头衔，这样的思考方式就是“科幻思考法”。

在科幻作品中，会出现很多我们从来没有听过的、不知道是做什么的职业。因为科幻作品是在与现实世界不同时空的异世界中铺陈故事，所以需要虚构一些职业。既然时代的变化如此剧烈，那现实世界在未来大概也是如此。当下的规则和常识，到那个时候恐怕都不再适用。也就是说，你不能把过去取得成功的某个人当作偶像，通过复制这个人的经历来取得职业上的成功。我们需要找到一个思考问题的角度，让我们可以创造出科幻作品般的虚构头衔，并把它应用到现实工作中。

我在迄今为止的人生中，一直把科幻类的虚构文学作品当作学习和理解现实世界的辅助工具。特别是在中学时，我读了科普作家竹内薰创作的《彭罗斯[①]的扭曲四次元》等一系列科普书籍。他的一大特色，就是会在书的某些位置放入一篇小说。此外，科幻作品中有一些设定，需要读者通过大脑运算才能理解作品中的世界。通过阅读这些书，我学会了主动享受科学中的乐趣。我绝对说不上擅长理科，之所以能进入科学的世界，在大学里学习粒子物理和脑科学之类的知识，都是因为有虚构文学这个优秀的向导。

当然，虚构文学里有很多幻想的成分，不能代替可以学到正确知识的教科书，但是对于希望切身且直观地探索世界形态的人来说，虚构文学确实是最好的路标。所以，每当我想要探索未知的世界，比如说要开始新的研究，或者要了解政治，又或者是想学习外国的文化时，我就会先去找相应主题的虚构文学作品来读。

在日本，科幻、奇幻类的小说，很多时候依然被划为“给小孩子看的东西”。实际上，这样的作品能够让大人保持灵活的头脑，在碰触未知的世界时体会到“切实的手感”。

美国科幻作家西奥多・斯特金（Theodore Sturgeon）对“90% 的科幻小说都是骗小孩的垃圾”这种陈词滥调曾进行过如下反驳[②]：

---

① 指罗杰・彭罗斯（Roger Penrose），英国数学物理学家，2020 年诺贝尔物理学奖获得者。——译者注

② 原文来源：*Venture SCIENCE FICTION*（1958 年 3 月刊）。

貌似毋庸置疑的事实：

90% 的东西（不仅限于科幻小说）都是垃圾。

由此可以知道的第一件事：

科幻小说中存在大量的垃圾，很遗憾这确实是事实。不过，考虑到任何领域里都充满垃圾，那科幻小说中存在这个比例的垃圾也算理所当然。

由此可以知道的第二件事：

最优秀的科幻小说可以和任何其他类型的最高水准的虚构文学相提并论。

这就是在科幻迷中广为传播的“斯特金定律”。不仅是在科幻领域，在艺术、商业领域中，90% 也都是垃圾，就连天才也逃不出这个定律。天才之所以被称为天才，是因为他们能在生产大量垃圾的过程中，顺带生产出杰作。对普通人来说更是这样，想要创作出优秀的作品，那至少也要进行 10 次尝试，历经 9 次失败。在此过程中，是什么样的方式导致了失败，失败后能否站起来再次进行挑战，才是最重要的。这么一想，那些说自己“没有才能”而不进行任何挑战的人只是在找借口，他们的态度其实相当傲慢。

可能因为我对这种科幻思考法太过熟悉，所以当我看到某种思考方法强调它是通往成功的捷径，或者一个成功人士想对别人言传身教时，总是会觉得他们不是心怀善意地想让读者通往真正的成功之路，而是想通过显示自己的成功来获得某种优越感，我会因为感受到这种虚荣心的恶臭而退避三舍。所以，我不需要所谓的“成功人士”来教我正确答案，也不需要知道能得出正确答案的方法。我想要的思考方法是能像玩具那样被随意拆解玩耍，能让人感觉到新奇和兴奋，能让一个人找到只属于他自己的独特可能性的思考方法。

梦想不必总是积极的。有人梦想成为棒球选手，获得“三冠王”称号，也有人梦想成为巴黎时装周的模特。当然，在心中描绘这类华丽的成功场景是他们的个人自由。不过，就像科幻作品中经常出现的那样，幻想自己身处一个非常糟糕的甚至是毁灭性的环境，并在其中遭受巨大打击，其实也很令人兴奋。积极思维虽好，但如果太过，就有可能因为突然遭遇的挫折而一蹶不振。在这个意义上，能够承认失败难以避免的人，才是真正的强者。

科幻思考寻找的是自己的爱好与商业的连接点，它鼓励失败，也鼓励大家享受失败的过程。读科幻作品会让人兴奋，当然，这种兴奋的心情也可以被带到工作中去，甚至可以说，如果不兴奋起来，一个人的事业就没有未来。

虽然解释了这么多，但大家可能还是完全不明白科幻思考到底是什么，只知道它看上去好像很重要，也很有趣。目前能感受到这两点，我觉得就够了。我想在正文中再解释一些详细的理论。

在这里，我想先简单地作一下自我介绍。我叫宫本道人，是一个在日本筑波大学分析虚构文学的应用可能性的研究者，同时也是一个漫画家，会创作科学领域的漫画。几年前，我开始了一项个人业务：独立开发并运营了面向中学生、专科生、本科生、研究生的工作坊，引导学生通过创作科幻故事来描绘未来图景。我也曾受邀为企业举办工作坊，用各种各样的方式将科幻与商业连接在一起。

2018 年，我把自己做的这些事告诉了三菱综合研究所[①]的藤本敦也和关根秀真，这也成为本书诞生的契机之一。当时，为了纪念三菱综合研究所创办将满 50 周年，他们正在推进一个“构建 50 年后未来图景”的纪念性

① 三菱综合研究所成立于 1970 年 5 月，是日本具有代表性的调查研究机构，是日本政府、企业界有代表性的“智囊团”。——编者注

研究项目。在这个过程中，两位老师很早就注意到了科幻在商业中的活用，于是找到了筑波大学的副教授大泽博隆，以及正在大泽老师那里进行研究的我进行咨询。就这样，以藤本老师和我为中心，以关根和大泽两位老师为协助，梳理“科幻思考”理论体系的项目启动了。

本书介绍的“科幻思考法”，正是诞生于这个项目。通过使用科幻思考法，我们构思出自己独有的未来故事，并把它运用到不同的商业场景中。我们为此开发了工作坊，用各种各样的场景反复实践，不断完善理论。本书中收录的短篇小说由高桥文树、柴田胜家、长谷敏司、林让治、松崎有理创作，我们借鉴与他们一起工作而得到的经验，参考在本书写作过程中提供协助的小林直美的意见，让科幻式思考进化成了现在的样子。我们之所以会撰写这本书，就是希望能够通过介绍这些方法和实际案例，让更多的商务人士掌握并使用“科幻思考法”。

在此，我先简单介绍一下本书的结构。

第 1 章主要介绍科幻和商业社会的现状，解释科幻的实用性。第 2 章将进一步挖掘科幻思考的内涵，解释其框架结构——3×5 的科幻思考。这些部分都由我执笔。如果说第 1 章、第 2 章是理论篇，那么从第 3 章往后就是实践篇，由藤本敦也老师执笔。

第 3 章讲解科幻思考会改变什么。第 4 章讲解通过工作坊创作基于科幻思考的未来故事的步骤。第 5 章详细介绍灵活运用创作出来的未来故事的多种方法。第 6 章讲解让企业和职业科幻作家共同创作真正的科幻作品以及构建整个社会宏伟的未来景象的方法。第 7 章介绍从以上的方法论中诞生的 5 篇科幻作品以及它们的创作过程。

本书介绍的思考方法对大多数商务人士来说都是有用的，而且实操性很强，人人都能轻松掌握。我们尤其想推荐给以下人群阅读：

- 为事业烦恼，读了很多设计思维、艺术思维之类的书却总是无法实践，对此感到非常苦恼的商务人士。
- 公司定下的目标全用数字表示，对数字感到非常厌倦的人。
- 负责业务开发和研究创新，努力思考未来社会形态的人。
- 每天烦恼于未来社会中自己的公司该走向何方的公司经营者。
- 从事城市规划之类的工作，致力于构想长期的社区图景的人。
- 想让孩子们对未来做更多思考的人。

科幻思考法的关键是要让思想从现实世界飞向虚构世界，然后再把它拉回现实并平稳着陆。这其中的每一步都是非常具有创新性的工作，也是极其愉快的。在虚构与现实之间来回往复、随意畅想，然后将思想变为现实。科幻（Science Fiction）的“S”既是“Science”（科学）的“S”，也是“Self”（自我）的“S”。每个人都在为自己编织故事，为了能生活在故事中的世界里。如果这本书能够为此稍微贡献一点力量，那我将感到非常开心。

目 录

第 4 章 创作未来故事的 5 个步骤 / 藤本敦也

第1章

科幻与商业

宫本道人

科幻思考是全球商业大师的常识

在具有全球视野的商业大师之间，科幻思考可以说已经是常识了。不，更准确的说法是，科幻思考是全球商业大师具备的常识。

杰夫·贝佐斯、埃隆·马斯克、比尔·盖茨、马克·扎克伯格、拉里·佩奇、谢尔盖·布林……他们的共同特征是什么？是的，他们都是世界富豪排行榜前列的成功企业家。此外，他们还有一个很大的共同点，那就是他们都公开表示过自己有喜欢的科幻作品（见表1-1）。

他们并不只是单纯地享受看科幻小说和科幻电影的乐趣，很多人还在采访或著作中，结合自己的商业经验，主动提及具体的科幻作品或者科幻物件。想想看，排名前列的超级富豪中有6位都是科幻迷，这个占比可不小。

更值得关注的是，最近10年有一个逐渐增强的趋势，那就是尝试把科幻创作当作商业上的武器。英特尔、微软之类的大企业争相进行科幻创作，借以推进公司内部的研发工作。越来越多的公司还邀请科幻作家来当自己公司的商业顾问。

表 1-1　喜欢科幻的部分名人

名人	与科幻有关的经历
杰夫・贝佐斯	亚马逊创始人。曾公开表示自己是科幻迷，称开发 Kindle 是受到《钻石年代》的影响，开发 Alexa 是受到《星际迷航》的影响。童年时期喜欢阅读《沙丘》
埃隆・马斯克	特斯拉、SpaceX 的创始人。曾一天阅读科幻作品超过 10 小时。喜欢阅读《基地》《严厉的月亮》《银河系搭车客指南》
比尔・盖茨	微软创始人。盛赞《七夏娃》
马克・扎克伯格	Facebook 创始人。喜欢阅读《安德的游戏》《三体》
拉里・佩奇	谷歌创始人。推荐《雪崩》
谢尔盖・布林	谷歌创始人。称开发 Google Earth 是受到《雪崩》的影响
帕尔默・拉奇	Oculus 创始人。称创办 Oculus 是受到《雪崩》的影响。此外，还曾公开表示受到过《头号玩家》《攻壳机动队》《刀剑神域》的影响
罗德尼・布鲁克斯	iRobot 创始人。声称公司名称是从《我，机器人》中得到的灵感
彼得・蒂尔	PayPal 创始人。创办 PayPal 前曾公开谈论《雪崩》
里德・霍夫曼	LinkedIn 创始人。可以认为是 LinkedIn 前身的社交网络 SNS 是受到《雪崩》的影响
保罗・格雷厄姆	Y Combinator 创始人。推荐《安德的游戏》《严厉的月亮》
史蒂夫・乔布斯	苹果公司创始人。称开发 Siri 是受到电影《2001：太空漫游》的影响，初代 Macintosh 的广告制作受到《1984》的影响
贝拉克・奥巴马	美国第 44 任总统。曾公开表示自己是《三体》《星际迷航》的粉丝。推荐《七夏娃》《力量》
艾玛・沃特森	女演员。曾策划并实施将 100 本《使女的故事》藏进巴黎市区的女权活动。她将《力量》列为自己女权主义图书俱乐部的推荐图书
野口聪一	宇航员。曾公开表示自己是星新一的粉丝
保罗・克鲁格曼	诺贝尔经济学奖获得者。公开表示自己是科幻迷，称自己成为经济学家是受到科幻作家艾萨克・阿西莫夫创作的“基地三部曲”的影响

续表

名人	与科幻有关的经历
基普·索恩	诺贝尔物理学奖获得者。曾担任电影《星际穿越》的科学顾问兼制片人
山中伸弥	诺贝尔生理学或医学奖获得者。公开表示自己是科幻迷。喜欢阅读“佩利·罗丹科幻系列”
迈克尔·桑德尔	政治哲学家。在著作《公正：该如何做是好？》中提到过《离开欧麦拉的人》
尤瓦尔·诺亚·赫拉利	历史学家。在著作《今日简史》中将科幻作品列为 21 世纪初期最重要的艺术品类。推荐《美丽新世界》

可能很多人会想，说到底这只是部分宅男宅女的爱好吧？虽说这些人都是大富豪，但好像做的都是互联网相关的业务吧？但其实，科幻的影响力并不仅仅停留在互联网层面。比如在政治家之间，阅读科幻作品蔚然成风。

大家知道“世界科幻大会”吗？它是全球规模和影响力最大的科幻盛会。首届世界科幻大会 1939 年在美国举办，每年都会有众多科幻作家和科幻迷从世界各地赶赴会场，相聚在一起。2020 年，第 78 届世界科幻大会在新西兰举办时，新西兰总理杰辛达·阿德恩（Jacinda Ardern）亲自奉上了热情洋溢的欢迎辞。说起阿德恩，想必大家都知道她是一位非常优秀的政治家，年仅 37 岁时就当上了总理，她在女性平权和反歧视等社会多样化活动中做出的贡献，在世界范围内得到了很高的评价。过去，科幻文学只不过是虚构文学中的一种。如今，在为科幻作品提供交流场所的大会上，一国的最高首脑居然参与其中。

美国第 44 任总统奥巴马，对科幻作品也有着自己独到的见解。众所周知，他从担任总统开始每年都会发布推荐书单，其中经常能看到科幻作品。而且奥巴马不只是介绍作品，他还积极地与科幻创作者进行交流。比如他曾将漫威漫画公司的编辑萨纳·阿玛纳特（Sana Amanat）邀请到白宫，阿玛纳特促成了漫威首个有自主漫画的女英雄——惊奇女士的诞生。奥巴马还曾亲自联络因《三体》而名震世界的中国科幻作家刘慈欣，与他进行了交流。

在学术领域，科幻的热度也很高。因日本广播协会（NHK）播出的《哈佛白热教室》而在日本一跃成为人气学者的哈佛大学教授迈克尔·桑德尔，尝试引用科幻小说来讲解道德观念。因《人类简史》《未来简史》而一跃成为全球畅销作家的历史学者尤瓦尔·诺亚·赫拉利，在其新作《今日简史》中，将科幻作品列为21世纪初最重要的艺术品类。

这样的潮流，媒体当然也不会放过。BBC、《纽约客》、《哈佛商业评论》等欧美媒体争相发布科幻特辑，这已不算什么新鲜事。日本也是如此。如果在Diamond Online、《连线》杂志官网之类的商业资讯网站检索“科幻”一词，能找到大量的相关报道。日本最具代表性的科幻出版社早川书房，也在书店开展了很多面向商务人士的科幻荐书宣传活动。

当然，虽然这些科幻爱好者都表示“受到科幻的影响”，但具体情况多种多样：有些人会从科幻作品的奇思妙想中直接获取商业灵感，有些人会将科幻作家邀请到商业前线充当顾问，还有一些人是通过阅读科幻作品来提高想象力和创造力。

近年来，在日趋全球化的商业背景下，越来越多的人为了直观地了解跟自己有较强利益关系的国家，把科幻作品当作一个信息源。也就是说，他们希望“通过科幻作品，了解产生这个作品的国家”。比如连奥巴马也沉迷其中的中国科幻小说《三体》，截至目前，这套书共出版了三部，被翻译成20多种语言，是当之无愧的畅销书。这股科幻热潮背后的最大原因当然是“作品本身非常有趣”，不过，它之所以能在世界范围内受到广泛关注，也体现了世界各国读者对中国的浓厚兴趣。

正在阅读这套书的读者中，恐怕也有很多要在日常工作中和中国人打交道的商务人士吧？那么，他们肯定会很想了解中国想要发展什么样的技术、有着怎样的未来愿景。此外，在《三体》中，“宇宙”和“基础科学”也是重要的主题。“如果在宇宙开发进程中，中国走在了世界前列，将会给世界的政治、经济带来怎样的变化？”当我们考虑这样一种可能出现的未来时，《三体》会给我们一些思考的灵感。

科幻照亮 VUCA 时代的未来

不过，科幻到底为什么会受到这么多关注呢？这个问题可以有很多答案。其中一个答案，或许是“在我们现在生活的这个时代，未来是非常难以预测的”。现代社会经常被称作“VUCA 时代”。VUCA 是取 Volatility（易变性）、Uncertainty（不确定性）、Complexity（复杂性）、Ambiguity（模糊性）的首字母组成的，简单来说，就是经常会发生一些意料之外的变化。这不就是科幻作品中常常出现的场景吗？

在 VUCA 时代背后，是在各种层面上不断发展起来的全球化——将信息连接起来的互联网，将人的往来路径连接起来的交通网，将物品流通连接起来的物流网……

如今，靠着连接全球的各种各样的网络，世界上的每个角落都被编织在了一起，任何变化都会被实时共享。且不论这是好事还是坏事，总之，任何一个国家，任何一个地区，任何一个个体，都不可能独善其身。2019 年 12 月起，新型冠状病毒肺炎疫情（以下简称新冠肺炎）由点及面般快速扩散到全世界，可以说刚好是将这个过程可视化了。

全球化社会，换句话说也就是“危机社会”。德国社会学家乌尔里希·贝克（Ulrich Beck），早在 20 世纪 80 年代就预见了这一切。我认为，这个概念在当下变得更重要了。过去，风险是独立的。只要房子和房子之间相隔一定距离，发生火灾时就只有起火的房子会遭殃；如果某个国家出现了新型的流行性病毒，病毒不会快速扩散到其他国家。

可如今人们只要坐上飞机，一天之内就能抵达世界的任何角落。此时情况就变得不一样了。病毒可以迅速扩散到全世界，遥远异国发生的事件也会很快影响到自己。Twitter 上的发言也是一样。比如某天我喝醉了，随手发了个胡说八道的 Twitter 消息，这条消息正好被某个想来日本留学、正在网上收集信息的美国人（也可以是印度人或者巴西人）看到了，他一定会觉得“筑波大学真可怕”“日本真可怕”，甚至可能以后都不想再来日本了。如果这样的评价扩散到更广的范围，甚至可能会发展成国际问题。

像新冠肺炎这种需要全世界共克危机的社会变化，今后恐怕会越来越多。此外，随着技术的发展，危机引发的问题也会更加多种多样。如果在业务中引入 AI 之类的新技术，那就要准备好应对新危机的手段。此时，仅仅使用以往的经验去应对是非常困难的。因为不管如何参考先例，面对从未出现过的未知课题，人们都是不可能从先例中找到解决方法的。

但是在科幻这个领域中，大家一直在思考的就是如何解决这类危机。我想，这或许就是当下科幻受到瞩目的关键原因吧。

科幻可以探明企业的目标

“人们要求商业创造出新的价值”，这是科幻受到关注的另一个原因。

目前在商界，SDGs、ESG[①] 经营之类的网络热词很受关注。以前，大家只以消费者能够享受到的机能、性能去评价商品和服务，比如它是否方便、是否便宜、是否结实。但是现在，商品和服务的社会性价值变得越来越重要了，比如“它是否会对环境产生好的影响”“它能否解决社会问题”。同时，提供这个商品或服务的企业也会受到严苛的审视，人们会看这个企业“是否值得信赖”“企业理念我是否认同”。

当今社会，人们的生活里已经充斥着各种各样的物品和服务，没有人会刻意选择固守着老旧价值观的企业。商业中的收益不再只是销售额减去成本和经费产生的差额，不再只是这种单纯而短期的东西，反而是“乍一看似乎不能产生任何经济价值的社会贡献活动”，兜兜转转倒是会带来长期的收益。

在这种变化的旋涡中，企业如果被过去的成功经验所束缚，就有可能选择错误的发展道路。如果不能及时更新价值观，将目标（相当于未来社会中企业的存在意义）简单明了地展示给消费者，就无法在这样的商业环境中生存。现在的消费者对“无意识地散发腐朽价值观的危害”十分敏感，所以没有明确目标的企业，在广告或者在社交网络上轻易谈论与社会、环境相关的话题是非常危险的，一旦被认定为“腐朽价值观的再生产”，很快就会遭受大规模的网络声讨。真如此的话，就根本谈不上什么收益了。

① SDGs 是 Sustainable Development Goals（可持续发展目标）的缩写，ESG 是 Environmental（环境）、Social（社会）和 Governance（治理）的首字母缩写。——编者注

那么，这个看上去非常关键的目标要怎么才能制定出来呢？我翻遍书架上的商业书后发现，虽然很多书都说“当然要有目标”，但很少有书对目标的制定给出详细的指导。在这个问题上，我觉得科幻思考法就非常有用。

一直以来，科幻总是会领先现实一步，指出社会中潜藏的矛盾和扭曲。少数如何战胜多数？如何打破无聊的常识？如何战胜破坏环境、摧残弱者的邪恶势力？说起来，早在SDGs这样的词被创造出来之前，科幻就通过虚构文学提出了种种可以称作SDGs加强版的问题。因此，当我听到很多公司说自己在践行“创造共享价值经营”“包容性经营”之类的经营理念时，有时候内心难免会想：“怎么现在还在搞这个？”改变陈腐的社会，讲述新的故事，这样的思考框架在科幻作品中是基本设定。

比如，美国科幻作家保罗·巴奇加卢皮的《发条女孩》（*The Windup Girl*），是一本讲环境问题的科幻小说。这本书描写了一个在石油枯竭的未来，人们用基因改造技术创造出一种巨大的动物，通过拧它身上的发条积聚所需能量的故事。在这样奇特的社会里，企业之间展开了激烈的竞争。你可能会认为“我才不想要这样的未来”，但如果针对“眼前的问题”只思考“自己想要的未来”，在面临巨大的变化时会变得非常脆弱。为了达到“战胜困境”这一积极目标，需要特意设想一些负面的情况或问题。这样的科幻思考，恰恰可以为企业在寻找目标的过程中提供帮助。

科幻可以引发创新

可能还是会有很多人提出反驳——“科幻小说这个文学类型不过是在创

作一些虚构故事吧？”“那样的东西能用在商业中吗？”其实我跟日本人讲起科幻这个话题时，经常会遭到对方的嘲笑——“科幻没什么意思，写的都是些现实中根本不可能发生的事情。”“我看不了科幻电影，因为我总会在意其中那些不符合科学常识的地方。”

亏他们笑得出来。正因为有他们指出的这些问题，科幻才是有用的。科幻作品中经常出现一些小工具，也不知道是用什么样的科技做出来的。这些小工具会引发问题，而故事中的角色会解决这些问题。优秀的科幻读者会思考这些小工具为什么是合理的，甚至想试着自己做一个出来。就这样，很多创业者都是从科幻作品中得到灵感，并开启了自己的事业。包括我在本书开头列举的那些著名人士在内，很多开发出新技术的研究者，最初都是出于对科幻作品中小工具的憧憬才开始研究的，这样的例子不胜枚举。

他们不是去否定虚构文学，而是努力让现实去接近虚构文学。正是这样的思考方式，才会产生创新。让我们来看看实际的例子吧。

不知你是否听说过一位叫尼尔·斯蒂芬森（Neal Stephenson）的作家。他于1992年发表的科幻小说《雪崩》，俘获了一众当代伟大创业者的心。《雪崩》的故事发生在近未来[①]的美国，但在书中，美国社会已经分崩离析了。分裂出去的特许邦国，分别由资本家进行着特许经营。主人公是一名自由黑客，他在数次登录VR网络时被卷入了某个阴谋。

在这个近未来的世界里，企业的地位高过国家的，还有VR网络这种技术。书中描写的景象唤醒了硅谷的很多创新之魂，引发了互联网创业狂潮。此外，书中创造的很多词语，如代表网上虚拟空间的“元宇宙”、代表现实

① Near Future，标定科幻小说题材的一个时间概念，泛指“不久的将来”。——编者注

人类在虚拟空间中的分身的“虚拟形象”等，很快就广为人知。我们都知道，当初硅谷产生的创业企业如今已经变得非常庞大，有些甚至具备了足以影响世界经济的影响力。这种创业文化的兴盛与《雪崩》的畅销是相辅相成的。通过一本科幻小说，美国的创新者们发现“初创企业有可能变得极为强大，甚至与国家匹敌”。在那个瞬间，巨大的能量旋涡产生了。

尼尔·斯蒂芬森后来成为开发 AR 头盔的企业 Magic Leap 的首席未来学家。此外，他还担任了贝佐斯创立的太空旅行公司 Blue Origin 的顾问。他的作品《七夏娃》也受到比尔·盖茨、奥巴马等人的推崇。

再举一个例子吧。2010 年前后曾经流行过一股“创客”风潮。人们希望将制造业从大企业中解放出来，让消费者可以亲自设计更符合自己心意的产品。“创客”这个概念是从《连线》杂志原主编克里斯·安德森（Chris Anderson）的著作《创客：新工业革命》（*Makers: The New Industrial Revolution*）开始为人所知的。而安德森自己曾说过，这个概念的提出是受到科幻作家科利·多克托罗（Cory Doctorow）的小说《创客》（*Makers*）的启发。

科利·多克托罗这个名字可能在日本鲜为人知，在海外却非常有名，他被认为是具有惊人预见性的科幻作家。早在 Facebook 推出“点赞”功能之前，他就在作品《魔法王国的沉沦与灭亡》（*Down and Out in the Magic Kingdom*）中描写过类似功能。此外，该作品还是世界首部在知识共享许可协议下发行的小说。不管是从内容上还是形式上，这部作品都远远地走在了时代前列。在互联网法学研究方面非常著名的法学家劳伦斯·莱斯格（Lawrence Lessig），也曾在自己的作品《免费文化》（*Free Culture*）中提到它。

从这些事例中可以知道，美国的创新者们为了获得新的创意，会有意识地阅读各种各样的科幻小说，寻找各种各样的科幻作家。顺便一提，不管是尼尔·斯蒂芬森还是科利·多克托罗，他们的很多书都还没有日文译本，翻译过来的几本也基本绝版了。这些书在美国引发的巨大经济波动，与日本的情况可谓是对比鲜明。这种差距会直接导致经济上的差距。日本是不是也应该学学美国，更加重视一下科幻呢？

不过，有一点希望大家不要误解，那就是科幻并不能“预测未来”，只能指出一种“可能性”。这些可能性会如何发芽、如何生长，取决于我们从什么样的角度阅读科幻作品，以及如何参考这些作品采取行动。

先行实践的科幻运用

在以美国为代表的英语国家，商业与科幻的关系之所以如此密切，科幻之所以能在商业中得到灵活运用，背后是有一些历史原因的（见表 1-2）。欧美很早就有了“未来学”（futurology）这样一个学术分支，很多企业都会雇用未来学家。此外，先进的国际化大企业还会设置首席创新官（Chief Innovation Officer，简称 CIO）这个职位。这些在日本几乎看不到。

欧美的科幻作家很多都是或者曾经是科学家，虽说写的是虚构文学，但作品内容却和现实中的科学或者科技有着紧密的联系。这也是欧美科幻的一大特征。鲁迪·拉克（Rudy Rucker）是数学家，罗伯特·L. 福沃德（Robert L. Forward）、格里高利·本福德（Gregory Benford）是物理学家，彼得·沃茨（Petter Watts）是生物学家……这样的例子不胜枚举。因《2001：太空漫游》为人熟知的科幻巨匠阿瑟·克拉克（Arthur Clarke）也是卫星通信理论的奠基人。

表 1-2　科幻的社会影响史

年份	与科幻相关的事迹
1865 年	儒勒·凡尔纳出版《从地球到月球》。这部作品与 1870 年发表的续集《环绕月球》一起，影响了后世众多火箭工程学研究者
1886 年	维利耶·德·利尔 - 亚当（Villiers de L'Isle-Adam）出版《未来的夏娃》，创造了“仿生人”（Android）一词
1920 年	卡雷尔·恰佩克（Karel Čapek）发表剧本《罗素姆的万能机器人》（*R. U. R.*），创造了“机器人”（Robot）一词
1942 年	艾萨克·阿西莫夫发表《环舞》（*Runaround*），后来被收录在 1950 年出版的短篇集《我，机器人》中，影响了后世众多的机器人工程学研究者
1968 年	日本未来学会创立。日本著名科幻小说家小松左京对此产生过极大影响
1970 年	大阪万国博览会召开，科幻作家以各种各样的方式参与其中
1984 年	威廉·吉布森（William Gibson）出版《神经漫游者》（*Neuromancer*），创造了“赛博空间”① 这个词
1985 年	玛格丽特·阿特伍德（Margaret Atwood）出版《使女的故事》。该作品于 2017 年被改编成美剧，成为当时如火如荼的“#MeToo”运动及反特朗普运动的一部分
1992 年	尼尔·斯蒂芬森出版《雪崩》，创造了“虚拟形象”这一脍炙人口的词，影响了众多互联网创业者
1993 年	美国著名科幻小说家弗诺·文奇（Vernor Vinge）在美国国家航空航天局的会议上提出了“技术奇点”这个概念
1999 年	英国杂志《自然》开始刊登短篇科幻小说
2005 年	布鲁斯·斯特林（Bruce Sterling）发表《状物》（*Shaping Things*），提出了将科幻与设计联系在一起的“虚拟设计”这一概念
2008 年	刘慈欣发表《三体》。该作品于 2015 年获得雨果奖，影响了扎克伯格、奥巴马等人，也对中国的科幻产业产生很大影响
2009 年	科利·多克托罗发表《创客》，影响了后来的“创客运动”

① 赛博空间（Cyberspace）是哲学和计算机领域中的一个抽象概念，依托计算机和网络技术生成的以地理空间为基础的新的另类生存空间。——编者注

续表

年份	与科幻相关的事迹
2011 年	布莱恩・戴维・约翰逊（Brian David Johnson）发表《支持英特尔产品开发的科幻原型设计》，提出了“科幻原型设计”这一概念
2012 年	阿里・波普尔（Ali Popper）创立了将科幻运用在咨询业务中的咨询公司“科学未来”（SciFutures）
2012 年	日本人工智能学会的会刊开始刊载超短篇科幻小说，并于 2017 年汇总出版短篇集《人工智能做的梦》
2012 年	美国亚利桑那州立大学设立科学与想象力中心（Center for Science and the Imagination，简称 CSI），进行科幻实用性研究
2013 年	安东尼・邓恩（Anthony Dunne）与菲奥娜・雷比（Fiona Raby）出版《思辨一切》。这本书讨论了如何将科幻灵活运用在设计方面
2015 年	微软研究院邀请科幻作家去研究院体验生活，并出版了作家们受其科研过程启发而创作的短篇集《未来图景：微软科研启发的原创科幻小说》（*Future Visions: Original Science Fiction Inspired by Microsoft*）
2016 年	美国海军陆战队战斗研究所举办了科幻工作坊，18 名隶属于海军陆战队和海军的军人在作家的指导下创作科幻短篇，其中的 3 篇作品被收录在《科幻未来》（*Science Fiction Futures*）中

注：表中标注的年份为原版发表时间。

更进一步，欧美还会有意识地将科幻应用在国家战略层面。美国国际政治学家约瑟夫・奈（Joseph Nye）在他 1990 年出版的《美国注定领导世界？——美国权力性质的变迁》（*Bound to Lead: The Changing Nature of American Power*）一书中提出了“软实力”这一概念。他认为在国际关系中，一个国家制造内容产品的能力，有着可与其军事实力匹敌的巨大影响力。事实确实如此：如果一个人喜欢好莱坞电影，那自然会对美国抱有好感；热爱韩国电视剧的人肯定也会喜欢韩国这个国家。约瑟夫・奈认为这种软实力甚至能够遏制战争。

如果将国家软实力与科幻结合，那就会成为经济增长的强大助力。能够产生优秀科幻作品的国家，会被看作科技强国，更容易聚拢人才与资金。实际上很多人都会认为美国是科技发达的国家，但如果仔细地看看自己的周围就会发现，其实身边并没有很多先进的美国产品。《钢铁侠》《星球大战》中充斥着现实中并不存在的高科技，这些虚构作品的影响力比人们想象的还要大。顺带一提，好莱坞电影的系列作品票房收入榜上，第 1 名是“漫威宇宙”①，第 2 名是“星球大战”，这两个系列都是科幻大片。

近年来，中国的科幻产业也取得了巨大发展。南方科技大学科学与人类想象力研究中心发布的《2019 年度中国科幻产业报告》显示，中国科幻产业 2019 年上半年总产值超过 315 亿元人民币。从《三体》的畅销中信心倍增的中国，增加了在科幻方面的资金投入和政策支持，这可能是中国科幻产业快速发展的原因之一。在中国，人们一谈起科幻，经常把它和教育、技术开发联系在一起。《三体》的作者刘慈欣也经常为企业、机构等提供创意。

反观日本，情况又是怎样的呢？非常遗憾，日本似乎完全没有跟上前面所说的这种潮流，成了后进生。不过，日本也并非没有自己的强项。在创造内容的能力方面，日本有着不同于其他国家的优势。不管是在美国还是在中国，日本的科幻作家创造出来的内容都拥有大量粉丝。就连正当红的刘慈欣本人，也曾公开表示自己“受到过小松左京的巨大影响”。

有关前面提到的软实力，英国波特兰公关公司（Portland Communications）每年都会对各个国家的表现进行评判，发布世界软实力排名。在 2019 年的榜单中，亚洲唯一一个进入前 10 名的国家就是日本，名列第 8 位。

---

① 将美国漫画行业领军者漫威漫画公司发行的数个漫画作品中呈现的世界观综合在一起，制作出的一系列科幻电影的总称。《钢铁侠》是其中的一部作品。

日本也曾有过走在世界前列、利用科幻预见未来景象的例子。

本书的共同作者藤本敦也、关根秀真所属的三菱综合研究所，创立于1970年，在同年召开的大阪万国博览会（简称大阪万博会）上，三菱集团设置了一个叫“三菱未来馆”的场馆，主题是“50年后的未来”。也就是说，场馆里展示的是2020年的社会和生活。在这一项目中，科幻作家星新一、圆谷制作株式会社创始人圆谷英二、东宝株式会社执行董事田中友幸等顶级创作者都曾深度参与其中，为世人展示出了一幅前所未见的未来图景。

其实大阪万博会有很多科幻作家参与策划。大阪万博会的主题是“人类的进步和协调”，为构想这一主题做出极大贡献的是当时的新锐科幻作家小松左京。这一主题的安排，当时在世界范围内可以说是十分先进的。

即便如此，日本并没有因为科幻产生巨大的经济变革。迄今为止，日本的科幻小说在中国大受欢迎，日本的动画在美国也都获得了很高的评价。但在当时，科幻文化却被认为是小众文化，被排斥在主流文化之外。虽然有点大言不惭，但我觉得当时人们并没有正确地理解科幻的潜能，而是带着点“居高临下”的态度看待它。

不过只要读了本书，这种毫无根据的成见一定会荡然无存。

未来需要更多的科幻思考

如前所述，灵活运用科幻，不管是在激发创新潜能方面，还是在促进广泛共享未知科技的社会图景方面，都是非常有效的。今后，科技还会不断进步。同时，科技能够描绘出的未来可能性也将不断延展。随着科技的细分化与专门化，描绘能够俯瞰整体的、全方位的未来图景会变得越来越困难。作为连接不同领域的黏合剂，科幻所能发挥的作用会越来越大。

目前，日本政府所描绘的社会图景是，在2050年实现“登月目标”。索尼计算机科学实验室的CEO北野宏明制定并参与了此计划的远景会议。他曾经提及“机动战士高达”，并表示在这样的未来构想中，讲一个能将不同领域连接起来的共同故事是非常重要的。我认为，他提出了一个极为关键的问题。

像这样的共识逐渐被传播开来，日本也终于有越来越多的人尝试将科幻运用到商业中了。前面提到的远景会议，科幻作家藤井太洋也是参会者之一。此外，清水建设株式会社、理光集团、日产汽车、日立制作所等越来越多的公司致力于用商业逻辑创作科幻短篇小说。Anon株式会社、WIRED Sci-Fi原型设计研究所等机构，也开始了运用科幻开展咨询业务。

本书所介绍的三菱综合研究所与我推进的一些工作，当然也是其中之一。后面也会说到，三菱综合研究所除了在公司内部以各种方式运用科幻，还在多个企业和学校举办了工作坊。很多案例因为签了保密协议，所以相关内容不能公开，但可以告诉大家的是，这些工作坊不管是事前的关注度、事中的现场反应，还是事后的反响，都非常积极热烈。

此外2021年6月出版的一本叫《科幻原型设计——从科幻产生创新的新战略》的书，由我和本书监修者大泽负责编著，本书的共同作者之一藤本敦也也作为座谈嘉宾参与其中。类似于这样，在日本的商业实践中，科幻的存在感越来越强。

不过，说是要“灵活运用科幻”，那具体可以做一些什么样的事情呢？从下一章开始，我们将解答这个疑问。通过提出“科幻思考”这一概念，将很多人都觉得离自己很遥远的创作世界，拉近到各位的身边。

学者眼中的科幻思考：从底层支撑尖端科技

大泽博隆

科幻为科学发展提供底层支撑

科幻思考不仅可以被运用于企业中，也可以被运用于学术研究方面。在本专栏中，我想向大家介绍如何将科幻运用于学术以及在运用时需要关注哪些问题。

其实，学术与科幻的关系本来就非常密切。创刊于 19 世纪的《自然》杂志不仅是一本学术期刊，还会探讨与科学相关的各种主题的内容。《自然》不仅会将发现的科学事实以论文或短讯的形式共享给读者，而且作为一本综合性科学杂志，它还提供了一个讨论的场所，会讨论科学家们的研究和发现怎样改变社会与未来的发展方向。而科幻则是催化剂，能够为这些科学家们的研究和发现加速。

聊到科幻的历史，不得不提的一位作家就是赫伯特·乔治·威尔斯（Herbert George Wells），从 19 世纪到 20 世纪，在时间旅行、宇宙航行、外星人入侵、生物变异、原子弹爆炸、世界政府等主题下，他创造出了很多常被后世的科幻作品借鉴的小工具，堪称科幻这个文学类型的鼻祖之一。他创作的《时间机器》（*The Time Machine*）、《世界大战》（*The War of the Worlds*）也曾被拍成电影，可能有些读者曾经看过。

但是很多人都不知道的是威尔斯还有另一个身份，他同时也是《自然》杂志的科学记者。在将近半个世纪的时间里，他在《自然》杂志上刊登过多篇文章。其中，写于 1902 年的《发现未来》（*The Discovery of the Future*）是一篇非常具有抱负的文章。文中总结了 19 世纪的诸多科技进展，对人类社会的发展进行了数理性预测，讨论了人类的进化。这篇评论不仅是他此后创作小说的基础，也成为很多科学家及科幻作家的灵感源泉。

《自然》杂志考虑到科幻刺激科技工作者进行研究这一作用，从 1999 年开始邀请众多著名的科幻作家撰稿，尝试刊登超短篇科幻小说。对于刊载事实的科学杂志中是否应该出现虚构作品这个问题，据说也曾有过一番讨论。但是从结果来看，连载小说的 Nature Futures 专栏成了一个大受欢迎的栏目。

科幻将不同学科连接在一起

尤其能够发挥科幻功效的地方其实是在学科与学科的边界，也就是不同学科交汇在一起的领域。拥有不同专业知识的学者们在分享研究成果的时候，科幻经常能够起到非常好的作用。特别是像机器人科学、电脑科学等需要在新的学术领域中将不同的知识组合在一起的学科，通过科幻进行讨论能有效避免研究视野的狭隘化。

我研究的是人与人工系统的交互。在这个领域，每年都会召开一个名为 CHI[①] 的大型国际会议。在这个国际会议中有一个特别环节，就是收集一些与平常论文不同、提出了特别想法的另类论文。我也曾经发表过此类论文。在那里，文章形式不限于平常论文的格式，还接受各种各样的奇思妙想，其中也包括科幻畅想。CHI 也曾邀请科幻作家举办讲座，讨论未来电脑的交互方式。此外，也有工程师在这个领域设计出了科幻小说中所描写的交互方式，并将之实际运用在了社会中，包括多点触摸交互、AR 在内的 VR 技术，跟虚构文学之间的关系尤其紧密。

此外，在机器人领域也有很多科幻元素的应用。我曾在有关人机交互的国际研讨会议（Human-Robot Interaction）中，担任过几次学生设计大赛的评委。在这样的设计大赛中，选手会从科幻的角度设计未来机器人的形态。这个比赛通过让未来有志成为设计师和工程师的不同学术领域的学生一起组队，培养他们成为能够理解其他学科思维方式的人。

日本的科幻与学术动向

当然，这样的趋势不仅发生在国外，也发生在日本。到目前为止，类似机器人这种有形的、会移动的控制技术方面的研究一直是日本的强项。相反，日本在无形的软件开发研究方面就比较落后。在最先进的人工智能技术方面，更是落后于美国和中国，但是日本有一个独特的强项，那就是日本拥有跟欧美稍有不同的科幻作家，

① 全称为“Conference on Human Factors in Computing Systems”，是人机交互领域顶级学术会议，也是中国计算机学会认定的 A 类会议。——编者注

他们的能力范围不仅限于小说创作，还逐渐扩展到视觉方面。目前日本已经有多个团队开始进行尝试，力图将这种强项更加积极地发挥出来。

比如日本人工智能学会 2017 年编撰的《人工智能做的梦》这本书，它是将发表在日本人工智能学会会刊上的超短篇科幻小说汇总成的一本短篇集。与《自然》杂志的尝试类似，日本人工智能学会会刊每期都会刊载一篇与人工智能相关的科幻小说。当时的科幻作家俱乐部与人工智能学会共同策划并实施了这个项目。我在项目中途参与进去，除了负责准备给作家们阅读的说明资料，还参与了短篇集的策划。这本短篇集是将各个超短篇科幻小说按照不同的研究领域进行汇总，并加入由当时的研究者所撰写的解说。这样的形式可以从结构上促进学术研究和科幻小说的相互理解。

日本人工智能学会跟日本机器人学会一样，都是比较重视科幻的学会。随着人工智能技术在社会中的应用，会出现一些伦理问题，于是成立了讨论这些问题的日本人工智能学会伦理委员会。当时，除了学者和媒体相关人士，科幻作家长谷敏司也作为委员参与其中。长谷敏司卸任后，科幻作家藤井太洋承担起了这一任务。在日本信息处理学会中，宫本道人、明治大学的福地健太郎、产业综合研究所的江渡浩一郎共同推进了一个项目——以山田胡瓜创作的科幻漫画《AI 电子基因》中的剧作手法为基础，让研究者们以自己的研究为主题创作科幻小说。

研究科幻思考本身：为了更好地运用想象“力”

随着活用科幻事例的不断增多，对科幻思考本身进行专业研究的研究机构也在增加。2010 年之后，美国此类的研究中心越来越多，例如亚利桑那州立大学的科学与想象力中心、加州大学圣迭戈分校的阿瑟·克拉克人类想象力中心（Arthur Clarke Center for Human Imagination）等。它们试图通过将宇宙科学、认知科学、城市工程学、遗传工程学、神经科学等尖端学科与科幻结合，获得某种新的视角。在中国，这种利用科幻进行思考的方法也得到了广泛应用，如南方科技大学设立了科学与人类想象力研究中心。

我们也在进行着类似的工作。目前为止，我们在日本科学技术振兴机构社会技术研究开发中心的人与信息环保系统项目下，启动了“想象力的升级：人工智能的设计虚构”这一研究，旨在探究在人工智能研究领域中科幻的影响及其应用方法。其中，我们正从学术上验证科幻原型设计的实施效果。科幻原型设计作为近年来颇受瞩目的将科幻应用于社会的方式之一，将虚构文学的构想过程应用在商业创新中，到底给参与者们带来了怎样的效果呢？实际上，这种科幻原型设计的手法与认知科学以及人工智能研究中进行的想象力支持研究非常类似，其设计手法和分析方法都可以应用到我们这项研究中。我与三菱综合研究所合作设计面向公司新员工的科幻思考应用工作坊时，也开发出了一种方法：通过将众多参与者分成小组，赋予各组不同任务的方式，引导他们开展更加有创意的讨论。

想象力之所以被称为想象“力”，是因为想象这件事，跟使用身体进行的活动一样，是人类所具备的一种力量。对于依靠身体进行的体育运动，专门有“体育科学”这样一个研究分支。请大家回想一下，我们通过“体育科学”的研究，了解到了怎样活动我们的身体是有效率的、如何保持健康才是有效的。从这些研究成果中获益的不仅有运动员，还有很多普通人。我们希望这个试图探究想象力作用方式的科学研究也能达到同样的效果。我相信，对想象力的研究不仅能让专业作家受益，也能让探索未来形态的所有人获益匪浅。

第2章

3×5的科幻思考法

宫本道人

看似荒诞的科幻其实并不荒诞

在本章中，我将给作为方法论应用到商务中的“科幻思考”下一个明确定义。为了方便理解，我想和大家一起思考科幻特有的故事结构。现在，让我先站在推广科幻应用的立场上，吐槽一下世人对科幻的刻板印象吧。

在第1章，我提到在日本，人们总是“居高临下”地看待科幻。这些讨厌科幻的人，经常把下面这句话挂在嘴边：

科幻不就是有外星人和超能力出现的荒诞无稽的故事吗？

除了部分作品之外，这种认知完全是错误的，而且犯的是双重错误。

首先，近年发表的很多科幻作品都经过了缜密的科学考证。很多时候，虽然乍看起来荒诞无稽，但其中描写的那些技术在将来是完全有可能实现的。至少，如果不是行业专家也能立刻看出“技术上不可能实现”并立刻加以否定，那这样荒诞的作品恐怕并不是真正的科幻。

其次，这一点非常重要：有外星人和拥有超能力的人出没的小说，并非就是荒诞无稽的。作为佐证，我想举两个曾进入奥巴马推荐书单的科幻作品的例子。一个是在第1章已经多次提及的《三体》，另一个则是英国作家娜奥米·阿尔德曼（Naomi Alderman）的女性科幻小说力作《力量》。前者获得了雨果奖，这是科幻界的极高荣誉；后者斩获了以女性作家为颁奖对象的百利女性文学奖。这两部小说是当下广受好评的科幻作品，主题分别是“外星人科幻”和“超能力科幻”。在《三体》中，外星人从距离地球4光年左右的半人马座α星朝着地球驶来。在《力量》中，只有女性获得了从手中发出电击的超能力。

看上去确实很荒诞。但正是因为设想出这种极端到荒诞的情况，科幻才能卸掉读者思考的桎梏，让大家从根深蒂固的观念中获得自由。这种看向不同可能性的目光，让发现新的价值观、获得深刻的洞察力成为可能。只要阅读过《三体》，人们就会自然而然地畅想基础科学的重要性、宇宙开发的可能性，以及社会分化带来的风险。只要阅读过《力量》，人们自然就会对日常生活中常常被忽略的男女不平等和社会扭曲的现象变得敏感。如果在外星人和超能力出现时，就因为觉得“不可能”而把书丢到一边，那也就不可能会有这些发现。

科幻中的外星人和拥有超能力的人，有时候并不只是指字面意义上的外星人和拥有超能力的人，而是一种比喻。现实中，男性的力量一般是强于女性的，这也引发了很多犯罪和骚扰。但如果认为这些问题的产生是“理所当然的”，那这些问题就瞬间隐形了。就连现实中的不平等和矛盾，也经常被视作根本不存在。但是，如果引入人物拥有超能力这一虚构设定，转换男女的立场，又会发生什么呢？之前看不见的东西，现在就能看见了。这时，读者基本上都会深感震惊。这种冲击非常重要。拥有超能力的人并不仅仅是拥有超能力，还是为了让大家试想“如果男女的力量平衡发生变化，社会会如何改变”而创造的一种装置，这是一个非常巧妙的比喻。

科幻可以运用惊人的比喻，以极为震撼的方式，让我们看到之前认为理所当然的事情的奇怪之处。这样的发现会给人们带来新的思考方式，并引导人们采取新的行动。《力量》中所展现出来的未来可能性不仅鼓舞了女性，或许还能让很多处于少数派立场的人们获得力量。

确实，科幻作品很多时候都是从一个荒诞无稽的设定开始的，但如果读者能够主动地阅读，在比喻和现实之间架起桥梁，那就会出现一个意想不到的丰饶世界，甚至拥有改变现实的力量。即使开头荒诞无稽，结尾也绝不会是荒诞无稽的。这才是优秀的科幻作品。

1865年儒勒·凡尔纳写下的《从地球到月球》，是一部可以被称为“科幻鼻祖”的作品。在这个故事里，天文学家们是乘坐炮弹去月球的。小说创作于150多年前的19世纪后半叶，那时候的人类还没有进行过宇宙航行。现代人看到“炮弹”会觉得很惊讶，但当时的人则会觉得“去月球”这个想法本身就是非常滑稽的。但是，有个人却没有一笑置之，而是把这些想法当真了。他就是被称作“宇宙航行之父”的苏联科学家康斯坦丁·齐奥尔科夫斯基。他读了凡尔纳的小说后深感震撼，居然靠自学提出了“火箭理论”。这个充满热情的科学家，将荒诞无稽的幻想故事变成了现实。

如今，没有人会认为宇宙开发是荒诞无稽的。希望大家也能够认识到之所以会这样，是因为有像齐奥尔科夫斯基这样愿意挑战荒诞无稽的人，也因为有荒诞无稽的科幻小说，才激活了这些乐于挑战的灵魂。

科幻小说中还经常会出现一些“理论上可能，但目前还无法实现”的装置或者小工具。把已经有实际理论支撑的科技先一步变为现实，为异想天开的世界赋予真实感是科幻的常用手段。

一个具有代表性的例子是“太空电梯”。将“太空电梯”这个概念普及给世人的是英国科幻作家阿瑟·克拉克 1979 年的作品《天堂的喷泉》（*The Fountains of Paradise*）。小说描写了一位地球建设公司的技术人员，努力在赤道正下方的虚构岛国塔普罗巴尼上，建设一个可以直达太空的电梯的故事。此外，日本的科幻小说家小松左京在 1965 年出版的《无尽长河的尽头》里对太空电梯也有过详细的描写。虽然看上去是离奇怪异的空想，但实际上在这些小说发表之前的 1960 年，就有一个叫尤里·阿尔楚塔诺夫的工程师提出了有关建设太空电梯的构想：从赤道上空的静止轨道上垂下一条朝向地球的电缆，利用离心力使它保持稳定，然后就可以在这条电缆上运行像电车一样的搬运机了，用于搬运人和物。

现在，太空电梯被认为是比火箭成本更低且更安全的往来太空的方式，很多研究机构都在进行相关研究，渴望早日将其变为现实。在日本，大林组株式会社就宣布了“太空电梯的建设构想”，并且已经为此开展相关实验。

顺带一提，第一个在日本发表阿尔楚塔诺夫的太空电梯构想的并不是学术杂志，而是一本科幻杂志。由此可知，科幻杂志的编辑们会最先关注到未来的技术，还会渴望把这些技术告诉自己的读者，也就是那些科幻迷们。这样的事实真是让人感慨颇深。

科幻作品独有的三个阶段的未来预测

那么，为什么科幻作品可以描绘出对现实产生巨大影响的景象呢？秘密就是“科幻作品独有的三个阶段的未来预测”。

在科幻作品中，故事的基本结构是这样的。

首先，出场人物基本上都会生活在一个“出乎意料的未来”中。也就是说，他们生活在跟真实的现实世界或者现实世界延长线上能够想象的未来略有不同的社会。接下来，他们会遇到未曾设想的问题，然后就会思考如何从逆境中突破困局，并采取行动。

让我们从中梳理出构思科幻作品的过程：①想象出一个出乎意料的未来社会；②想象这个社会中存在的问题；③想象问题的解决方法。这样的三个阶段的想象就是科幻特有的“三个阶段的未来预测”。

实际上，很多科幻作品都具备这个结构。以艾萨克·阿西莫夫创作于1956年的《裸阳》(*The Naked Sun*)为例。故事中，①未来社会中病毒大规模传播，②人们极度害怕相互之间的接触，③导致所有人躲在自己的家里通过远程通话进行交流。在这样的设定下，故事不断推进。

没错，这简直就是新冠肺炎疫情大流行时的情况。

然后在科幻作品中，这种三阶段思考会重复很多次。在《裸阳》中，刚才提到的三阶段不过是故事的前提，接下来，①为了让足不出户的生活能继续下去，人们用到了机器人，②在这样的社会环境下，发生了凶手不在场的杀人事件，③机器人警察和人类警察协同合作破了案。这样，新的三阶段故事产生了。这种故事结构不断重复，最终就会把读者的思绪带到一个意想不到的地方。在科幻中，①的设定本身就是“出乎意料”的，在出乎意料上叠加出乎意料，就会离现实越来越远。

在这里，“出乎意料的未来”的设定具有比喻功能。“出乎意料的未来”

如果不是单纯的荒诞无稽，而能够起到很好的比喻作用，那即使离现实非常遥远，读者也一定能够洞察到它与现实之间的联系。不过为了做到这一点，②中的问题，以及③中的解决方法，就必须具有一定的普遍性。

“三个阶段的未来预测”，与经常运用在小说、戏剧、电影以及其他各种虚构作品中的“三幕式结构”模型非常类似。只不过，以现实为轴心的虚构作品与科幻作品不同，它们的三个阶段是：①现实世界中的日常；②问题发生；③解决问题。虚构作品从第一阶段开始就脚踏实地地立足于现实世界。如果是经常接触这一类“有真实感的故事”的读者，光是看到科幻作品中出乎意料的未来，恐怕就会觉得“不，这不可能吧”，想要加以否定。但是，这样的态度是把“三个阶段的未来预测”在第一个阶段就早早拒之门外了。如果这么做，也就全盘否定了必须通过第二、第三阶段才能获得的科幻价值。所以，必须完整经过三个阶段，最初的“比喻”才有意义。半途而废实在是太可惜了。

在前面讲到的《天堂的喷泉》中，没有基础知识的读者可能看到“全长9万多千米的电梯”就已经开始本能地拒绝了。但只要读到推进地球规模巨大工程的过程中可能发生的各种问题，以及主人公直面问题时的苦恼，就能轻易地感受到真实。总之，“即使看到的未来与自己预想的未来不同，也不要一上来就否定”，这在科幻思考中是非常重要的。

顺带一提，《裸阳》是一个系列作品，其中大部分故事都贯彻了这种三个阶段的未来预测：①在“机器人三定律”[①]制约下的社会；②出现对机器人是否违反了定律的怀疑；③解决这个问题。众所周知，“机器人三定律”至今也还在很大程度上继续影响着现在的机器人研究者。这个系列还第一次使

---

① 又称“机器人学三定律”，出自阿西莫夫的《我，机器人》。——编者注

用了“机器人学”（robotics）这个词语。再说一个逸事，生产出大受欢迎的扫地机器人 Roomba 的 iRobot 公司，其公司名就取自本系列中的《我，机器人》。也就是说，阿西莫夫的一些想象已经成为我们这个现实世界的一部分。

科幻作家的思考方法——创造意料之外的未来

科幻为什么可以震撼人心、激活人们的创新之魂、拥有改变现实的力量呢？经过前面的这些说明，各位读者一定能够理解其中的原因。科幻乍一看讲的是在远离现实的世界中发生的故事，实际上却是深入挖掘人类的本质以及探讨人类社会普遍性的故事。那么，科幻作家是经过怎样的思考过程才创作出这样的故事呢？接下来我想向大家具体说明他们的思考方法。

不过，现实中作家们都分别有自己独特的思考方法，并不能简单地将之全部归纳为某种方法论。我在这里介绍的只不过是构思具有科幻形式的未来故事的一般性方法论，这是一种类型化的方法。基于此，我总结出“科幻作家的思考方法”主要有以下 5 个基本要点：

- 第 1 点　创造有些奇怪的“虚构词语”。
- 第 2 点　想象某项技术取得了飞跃性进步的世界。
- 第 3 点　构思拥有不同于当下价值观和生活方式的角色。
- 第 4 点　从不同立场的人的视角去观察未来社会的结构。
- 第 5 点　讨论在这个世界中出现的新课题以及产生的结构性矛盾。

第1点　创造有些奇怪的“虚构词语”

首先要做的事情就是创造“虚构词语”，这是“出乎意料的未来”中世界观的核心。比如在小说《雪崩》中，这个虚构词语就是“特许国家”。即使在现在看来，这也是一个很有冲击性的词语。这种冲击性来自象征着巨大权力的“国家”居然“被特许经营”了。而且这个词还给人一种具有破坏性的印象，居然“有能凌驾于国家之上的强大企业”。如前文所述，这样的图景给世界带来的影响是非常巨大的，比如谷歌、网络虚拟游戏《第二人生》（*Second Life*）、Oculus 等，都是受《雪崩》制造的这种未来图景的影响而产生的。

创造词语基本上等同于创造出一个新的概念。要创造出某种不存在于这个世界上的东西，创造“虚构词语”是最简单的方法。虽然这样说，但要从零创造出一个新词并不简单。因此，我想推荐给大家一个方法，那就是把现在已有的词语进行奇怪的排列组合。比如“特许国家”这个词就是这样来的：“特许便利店”“独裁国家”这样的词语既不奇怪也不违和，但如果变成“特许国家”“独裁便利店”，马上就有了一种诡异的感觉。从创造这些虚构词语开始，幻想逐渐展翅高飞。

第2点　想象某项技术取得了飞跃性进步的世界

接下来，让我们想象一下某项技术取得了飞跃性进步的朋克世界吧。这会为“出乎意料的未来”打下基础。

这时，一个有效方法是以一个小工具为起点，展开横向思考。比如在

《雪崩》中，作者想象的是互联网变得高度发达的“赛博朋克”[①]世界。在这本书出版的20世纪90年代，互联网的发展还处于黎明期。当时很难想象，互联网有一天会像现在这么发达，所以书中描写的未来图景在当时相当具有冲击性。

在科幻作品中，蒸汽动力机械极为发达的“蒸汽朋克”的世界观也非常受欢迎。还有实现了环保节能的“太阳朋克”世界，以及最近讨论度很高的“盐朋克”，该话题是以因地球温室效应导致的海平面上升而沉入海底的荷兰为背景展开的。此外还有“柴油朋克”“丝绸朋克”“生化朋克”等。

本书的作者之一藤本敦也，也曾构思过狗有着与人类几乎相同能力的“狗狗朋克”。停车场中涵盖全部城市功能的“停车场朋克”，这种设定或许也可行。像这样，故事的舞台就搭好了。

第3点　构思拥有不同于当下价值观和生活方式的角色

在一个奇妙的世界里，人们日常使用着“虚构词语”，某项技术取得了飞跃性进步。那里有一些什么样的人？他们过着怎样的生活呢？从我们所处的这个“当下”，一直到那个“出乎意料的未来”，在这个变化的过程中，人们的生活方式、工作方式会发生怎么样的改变呢？让我们来试着思考一下吧。

此时，一个关键的要点是重视“主观”。试着以“我”为主语进行思考：

① “控制论、神经机械学”与“朋克”的结合词。此类作品的情节多围绕黑客、人工智能及大型产业之间的矛盾展开。——编者注

“如果是我，在这个世界里会怎样生活？会觉得兴奋吗？还是很紧张呢？”在这个世界中的自己要怎样才能维持生计？会有什么样的亲朋好友？每天吃什么？有什么娱乐活动？要把自己完全想象成那个世界的人去思考，去表达。为了让虚构世界更具有力量，主观和实际感受是很重要的。自己开口说一说，立刻就会明白，“这个听上去就很假”或“这个很令人感动”。

一旦角色动起来，虚构的世界就有了血肉，心脏便开始怦怦地跳动起来。

第 4 点　从不同立场的人的视角去观察未来社会的结构

在构思角色的同时，对支撑这个世界的产业结构和社会系统等制度和规则进行细致思考也是非常重要的。其中一定有比现实世界自由的部分，也有不如现实世界自由的部分。有些事情会变得很方便，但有些我们现在觉得理所当然的、重要的东西，可能正在消失。某些事情会被禁止，相反地，某些事情可能会得到鼓励。

为了进一步细化社会制度的详细内容，找到“在这个社会中谁是弱者”这样的视角是非常重要的。要去思考，什么样的人会因为这个世界中发达的科技、新产生的知识而受苦，或者遭受不公正的待遇。

科幻作品非常重视少数群体。一个原因是，如果只是把现实中的多数群体变成作品中的特权阶层，让他们掌握主导权并进行社会活动的话，那故事就索然无味了。不过更重要的原因是，在现实中常被忽视的“弱者”的这个角色，往往隐藏着具有科幻特质的创新思想。

第 5 点　讨论在这个世界中出现的新课题以及产生的结构性矛盾

好的，我们的故事框架的构思已经渐入佳境。接下来让我们设想一下在这个虚构的世界中会出现的问题，并为这些问题想个解决方案吧。三个阶段的未来预测中，“问题”是必不可少的一环。问题如果出现在自己身上就只是麻烦，但快刀斩乱麻、把问题解决掉的情节，在任何时代都是引人入胜的。

构思问题可能是非常困难的，这时可以试着从“这个未来社会的弱者为什么会是弱者”开始思考，或者也可以换个角度，尝试思考这个技术中隐藏着哪些问题可能会容易一些。

VUCA 时代同时也是“危机社会”时代，不管是现代社会还是未来社会，这一点都是一样的。随着技术的进步，社会变化的节奏会越来越快，新的问题也越来越多。如果科幻作家着眼于这些问题，准确地进行模拟，用具有真实性的手法将其生动地表现出来，那就会是一个能让很多人感同身受的优秀故事。不管是在现实的商业中还是生活中，我们都经常见到因为预案做得不够充分而出现问题、因为粗暴对待而伤势加剧的情况。对于这些问题，每个人都不可能完全“置身事外”。

以上 5 个要点虽然看上去非常简单，却是我提炼出的“科幻作家的思考方法”的精髓，也是本书接下来要详细解说的“可以运用在商业中的科幻思考”的核心。

不过，我觉得把它单独拿出来直接使用是没什么意思的，或者说，这些要点作为“科幻思考”还不够充分。因为这些要点只不过是“科幻作家构思科幻小说的思考方法”而已，即使商务人士把这 5 个要点应用到商业中，也只不过是“幻想了一些具有科幻性的故事”罢了。要把它活用到商业中，还需要从多个视角对之加以进一步提炼。

具体来说，就是要将“科幻编辑的思考方法”和“科幻读者的思考方法”结合起来。

科幻编辑的思考方法——将意料之外的未来与当下相连

科幻作品需要很多人同心协力共同创作，仅靠作家一个人的力量是无法完成的。在商业中也是一样，重要的不只有制造部门，如果没有广告、营销、销售等部门的共同努力，产品是无法作为商品得以流通的。

在这种共同创作的过程中，最重要的角色就是编辑。编辑的工作从构思策划、邀请作家执笔开始，在创作过程中会作为伙伴为作家提供支持，作品完成后则要尽全力把它“推出、推广到市场上”。在创作活动中，作家常常被神化，但其实很多优秀作品之所以能被创作出来，背后都跟编辑贡献的力量有很大关系。

因此，“科幻编辑的思考方法”也就显得非常重要。我自己也曾从编辑的角度参与过科幻作品的创作。除了自身的经验，我还借鉴了平时合作的一些编辑的见解和做法。就这样，我写下了“科幻编辑的思考方法”的 5 个要点。

- 第 1 点　挖掘人身上潜藏的专业知识，创造思考未来的契机。
- 第 2 点　将身边的烦恼与未来社会相连，引发共鸣。
- 第 3 点　不是为了预测未来，而是为了让创意飞跃而收集知识。
- 第 4 点　为了获得新顾客升级价值观。
- 第 5 点　不以故事的完成为目标，而是事先计划好完成后的扩展。

第 1 点　挖掘人身上潜藏的专业知识，创造思考未来的契机

从冗杂繁多的信息中捡拾有闪光点的信息并将其应用在策划中，这是编辑的一项重要职责。各类媒体自不必说，社交媒介也不能放过，甚至路上行人的对话也要注意聆听，因为这都是重要的信息来源。这之中尤其重要的是人们的独特品位，里面往往隐藏着有趣的信息，所以编辑会对闲聊格外重视。我自己也曾通过和编辑闲聊，勘探到了一些连我自己都未曾注意到的意外矿藏。

顺带一提，前面讲到的阿西莫夫的“机器人三定律”，其实也不是阿西莫夫一个人想出来的，而是一位名叫约翰·W.坎贝尔（John W. Campbell）的编辑，在读了阿西莫夫的短篇小说后提出建议，然后两人通过讨论慢慢摸索出来的。

赋予科幻说服力的，是因个人执着而积聚起来的、扎扎实实的专业知识。在公与私的陡峭交界处，才更有可能蕴藏着宝藏。不过，对当事人来说这种触手可及的知识往往太过寻常，因而很难注意到其有趣之处。以闲聊为契机，从形形色色的人那里获得专业知识，并进一步发掘出隐藏在他们内部的知识，这可以说是编辑的一项必不可少的技能。

第2点　将身边的烦恼与未来社会相连，引发共鸣

科幻小说既然是描绘未来的文学类型，就不可能和宏大社会议题毫无关系。不过，如果只是描写宏大社会议题，就很难成为一个能让读者产生共鸣的故事。要创作出能“戳中”大家的故事，关键在于将宏大议题与个人观点连接在一起。

大的社会动向和小的个人感受，科幻编辑平时就非常注意关注这两个方面。这是因为，小小的烦恼、所处的困境、偶尔的抱怨、令人不愉快的事……这些市井平民的日常表现中往往隐藏着巨大的灵感，可以激发作家的创意。取得巨大成功的商品，往往最初是为了解决某一个人的烦恼而被生产出来的。这和作家创作可以说具有同样的机制。

社会与个人、长期与短期、宏观与微观，来往于两种极端视角的意识，在组织小说情节的过程中也是非常重要的。关于宏大技术和社会背景的大段描写令人觉得无聊，但如果全是个人琐事，则也会令人生厌。要把握好节奏，交替描写这两个方面，引导作者将自身所处的客观世界与主人公视角下的世界呈现为嵌套结构，是科幻编辑的重要职责。

第3点　不是为了预测未来，而是为了让创意飞跃而收集知识

因为要写到科学和科技，那向可信赖的信息源征求意见，或者请来合适的监修者，在作者不能独立完成的科学考证方面给予支持，也是编辑的工作。顺带一提，监修者经常被认为是“检查完成的作品中是否有错误并纠正错误的人”，但其实，完成这份工作需要回应编辑提出的各种要求，比如“请想出能支撑作家某个创意的科学技术”，或者“为了完成背景设定，请

提供一些能让创意放飞的知识”，很多时候都要在作品创作的深层次上给出创意。在科幻创作中，监修者也是创意团队中的一员。

同时，当作者的创意基于错误的知识时，也不能马上就否定它，而是要具有包容幻想的宽容姿态。这跟前面说到的不能在“三个阶段的未来预测”的第一阶段就进行否定的态度是相通的：不能因为一个想法的科学根基薄弱就马上否定它，而是应该在更广的范围内收集信息和知识，给予作家支持，让这些想法可以在正确的方向上茁壮成长。作家如果想进行一些“打破常规”的尝试，那么首先，学习什么是“常规”就是非常重要的。为此提供一些辅助材料，可以说也是编辑思考的要点。

第 4 点　为了获得新顾客升级价值观

编辑作为“第一个读者”，是最早与作品相见的人。正因如此，编辑要从各种各样的角度审查作品，防止作者不自知的陈腐价值观或者偏见扩散出去。这样做当然有对冲“网络暴力”风险的意思，但如果因为过度恐惧风险而制约了表达，那就本末倒置了。提起“政治正确”，可能很多人都认为它是制约表达的恶敌，但我觉得正确的做法应该是尊重多样性、不破坏伦理道德，把它当作树立新时代价值观的机会，并加以利用。不过，编辑所拥有的视角也是有限的，所以有些时候需要成立一个成员多样化的“编辑委员会”，引导编辑转换视角，这样的制度建设也是必要的。

当然，在充分认识风险的基础上挑战世人的价值观，这样的姿态也是可以的。这个时候就要具有足够的觉悟，做好充分的准备，对世人的批判，诚恳地尽到说明责任。

第 5 点　不以故事的完成为目标，而是事先计划好完成后的扩展

科幻作品并不是“写完了就算了”。当然，可能所有的商品、服务都是这样。将完成的作品出版并投放到市场中去，这才是真正的开始。所以对编辑来说，预想作品上市后的发展情况及相关的处理方法，这样的思考能力也是非常重要的。在这个方面，为获得更多读者而进行的营销推广自不必说，还要构思对作品的扩展，包括续作、番外等系列化，以及影视化改编等。此外，如果是面向儿童的作品，作品中出现的小工具还有可能被制作成玩具等周边产品，为了让这些能有条不紊地进行，有时要在作品中事先进行一些设计。

当作家埋头于构建虚构世界的创作活动时，编辑要考虑如何将作品与现实世界结合起来，预先做好规划。

科幻读者的思考方法——探索意料之外的未来

作品面世后，读者终于可以接触到作品中的世界了。众多的读者，会如何解读、怎样感受呢？可以说是在有了读者之后，科幻作品才算真正完成。实际上，如果读者的反响很热烈，那作品系列化的可能性就更高，作品也就能够进一步扩展。因此，读者也可以说是科幻创作共同体中的一员。

也就是说，“好的读者”能够让科幻作品的阅读体验变得非常丰富，他们的思考方法也是科幻思考的重要组成部分。说这话的我当然也是科幻读者中的一员。或者可以说在成为作者、编辑之前，我就是个科幻读者了，我在这方面的职业生涯是最长的。我提炼出了“科幻读者的思考方法”的5个要点，总结来说是下面这些。

- 第1点　把自己当成主人公，亲自考证未来世界的细节。
- 第2点　动用自己全部的知识储备，深究作品中虚构的科技或小工具。
- 第3点　面对意外的未来社会图景，想象它的历史和背景，尝试理解它。
- 第4点　跟朋友就虚构世界展开认真讨论，情况允许的话和作者交流。
- 第5点　虽然是虚构出来的未来图景，但还是想努力去实现它。

第1点　把自己当成主人公，亲自考证未来世界的细节

阅读科幻作品时，不是把科幻作品当作与自己无关的事情，也就是说不能仅仅把它当作虚构作品来读，而是要去思考“如果自己是主人公的话会怎么做”，这是非常重要的。如果处于主人公身处的那种境地，自己会做哪些事？面对主人公卷入的那些问题，如果自己是主人公，会怎样解决？要尝试具体地去思考。

面对作品中出现的陌生价值观，要询问自己是否会有先入为主的观念。如此一来，科幻作品所讲述的未来社会的故事，就变成了私密的“为我而写的故事”。

第 2 点　动用自己全部的知识储备，深究作品中虚构的科技或小工具

科幻作品中经常会出现虚构的技术或小工具，对此不要不假思索地全盘接受。如果对哪个地方抱有疑问，那么就去实际调查，或者通过实际计算、绘图，去验证它们在现实中是否成立。如果理论不是非常充分或者计算结果对不上的话，就要思考如果想让它们成立，需要怎样的理论。

如果有人说这是在“找碴”，那也确实是这样。但这种做法并不是单纯发出抱怨或者嘲笑，而是在探讨可能性，所以是非常具有未来性的。这才是最有趣的。

最早出版于 1996 年的《空想科学读本》曾大受欢迎。这本书用实际的物理规律去检验《哆啦 A 梦》中的竹蜻蜓以及《科学小飞侠》中的变身机制，正是这种精神的体现。

第 3 点　面对意外的未来社会图景，想象它的历史和背景，尝试理解它

作品中描写的世界观或者社会情况，如果与现实世界差距很大，那就可以试着思考为什么会变成这样。可以通过制作年表、绘制角色的人物关系图来进行整理。厘清这些内容之后，想法就会源源不断地冒出来：“除此之外，如果有这样的人物出现也挺有意思。”“主人公小时候过着什么样的生活呢？”这个时候就可以借用原作的设定进行二次创作，可以写同人文[①]，也可以画

① 对作品的改编、再创作，也可以是完全原创。——编者注

插图或者漫画。越是人气高的作品，这样的二次创作也就越活跃，甚至还会产生相关的网络社区。

第4点　跟朋友就虚构世界展开认真讨论，情况允许的话和作者交流

科幻迷们非常喜欢讨论作品。有着相同爱好的他们会聚集在一起，热烈讨论作品中哪里好、哪里不好。各地都会举办像这样的读书会，有时候还会邀请作者来参加。科幻大会就是科幻作品读书会的扩大化，自然也会有很多读者围在作者身边进行讨论。这些资深粉丝形成的“粉丝文化”，其中蕴含的力量可不容小觑。

奥巴马在读完《三体》后立刻给作者刘慈欣写了邮件，贝佐斯则邀请了《雪崩》的作者尼尔·斯蒂芬森来担任自己公司的顾问。听到这些事例，你可能会想：“这是因为他们是名人，是特别的。”事实上并非如此。在科幻领域，读者跟作者直接取得联系并不是一件稀罕事，很多作家也会在科幻大会之类的场合与粉丝积极地进行交流。科幻本身就是这样的一个行业。当然，跟作者搭话一定是为了进行建设性的意见交换，否则就是没有礼貌了。交流的过程中必须抱有敬意，这不仅限于科幻，而是一种常识。

第5点　虽然是虚构出来的未来图景，但还是想努力去实现它

“移动计算机之父”艾伦·凯（Alan Kay）说过：“预言未来最好的方法就是创造未来。”即使是可能性极低的未来，也不要去否定它，而是从中寻找可能会对现实有意义的部分，有时甚至努力将虚构的小工具变成现实。这

种行为本身，就是在创造未来。

VR 研究者稻见昌彦研制出了科幻漫画《攻壳机动队》中的光学迷彩，AI 研究者大泽正彦一直在探索将那个家喻户晓的猫型机器人——哆啦 A 梦实际制造出来的方法。寻找能够激活自己创作之魂的科幻作品，抱着这样的目的去阅读，会乐在其中。

上面我用 3×5 这样的形式向大家介绍了“科幻思考”的思考方法，虽然前文已经多次提到，我还是要再强调一下，本章整理出的方法并不是所有科幻作家、科幻编辑、科幻读者都会使用的思考方法，而是我基于个人经验提炼出的一些可能对大家有帮助的要点。不过我认为，只要掌握了这种“3×5 的科幻思考”（见图 2-1），任何人都可以产生“出乎意料的创意”。

市面上已经有很多名为“×× 思考”的方法论，但如果那只是“复制了精通某种特殊技能的专业人士的思考方法”，要应用在其他方面就会非常困难。就像前文介绍的“科幻作家的思考方法”，只能单独用来“写科幻小说”一样，这类方法很难运用在自己的工作和生活中。

但是，如果将科幻作家、科幻编辑、科幻读者这三个不同立场的思考方法组合起来，并有意识地去转换不同的立场，那应用范围一下子就扩大了，就可以运用在需要“描绘未来”的所有活动中。

这是为什么呢？因为通过将三种不同立场的思考方法组合起来，就不仅有了“制作”，还包括了“上市”“吸收”“应用”这些阶段。此外，这些思考方法有一个共同点，那就是都有成为“创作者”的意识。世界上的所有东西都是通过协同合作被制造出来的。并不是只有作家才有创作的特权，也不是说只有作家才有某种魔法一般的特殊能力。每个人只要愿意，就都可以在自己的领域成为佼佼者。我非常希望大家能用“科幻思考”去体会一下那种快乐。

科幻作家的思考方法		
	第 1 点	创造有些奇怪的“虚构词语”
	第 2 点	想象某项技术取得了飞跃性进步的世界
	第 3 点	构思拥有不同于当下价值观和生活方式的角色
	第 4 点	从不同立场的人的视角去观察未来社会的结构
	第 5 点	讨论在这个世界中出现的新课题以及产生的结构性矛盾

×

科幻编辑的思考方法		
	第 1 点	挖掘人身上潜藏的专业知识，创造思考未来的契机
	第 2 点	将身边的烦恼与未来社会相连，引发共鸣
	第 3 点	不是为了预测未来，而是为了让创意飞跃而收集知识
	第 4 点	为了获得新顾客升级价值观
	第 5 点	不以故事的完成为目标，而是事先计划好完成后的扩展

×

科幻读者的思考方法		
	第 1 点	把自己当成主人公，亲自考证未来世界的细节
	第 2 点	动用自己全部的知识储备，深究作品中虚构的科技或小工具
	第 3 点	面对意外的未来社会图景，想象它的历史和背景，尝试理解它
	第 4 点	跟朋友就虚构世界展开认真讨论，情况允许的话和作者交流
	第 5 点	虽然是虚构出来的未来图景，但还是想努力去实现它

图 2-1　3×5 的科幻思考

商业中常用的思考方法与科幻思考法有何不同

藤本敦也

描绘未来的思考方法有很多，在商业场景中经常使用的是“宏观趋势分析”“情景规划”“设计思维”三种。为了让科幻思考的特点更加明晰，我们来整理一下它和上述思考方法的不同之处。

预测可能性高的未来 —— 宏观趋势分析

读者经常见到的可能就是这种类型的未来预测方法。说起用“20XX 年的未来图景”之类的标题描绘的单一未来图景，可能很多人会恍然大悟：“啊，原来就是那个呀！”

在进行这样的未来预测时，人们经常使用以“PEST 分析”为代表的宏观趋势分析方法。所谓“PEST 分析”是指从以下四个角度去把握宏观趋势的方法：政治（Politics，法律修改、管制、政权交替、SDGs 应对措施等）、经济（Economy，社会景气动向、GDP、物价、股价等）、社会（Society，人口动态、劳动环境的变革、文化环境、流行趋势等）、技术（Technology，互联网、基础设施、新技术等）。

在商业中，公司需要分析某个宏观趋势会对自己的业务产生怎样的影响，并据此制定策略。因为是以近几年发生概率较高的因素为基础，分析它们对现有业务的影响，所以当时间区间限定为 5 年左右时，这种方法对未来预测的准确度还是很高的。很多企业都会把它用于中期经营战略的制定。

为可能到来的不同未来做好准备——情景规划

情景规划是以“不确定性”为前提进行的未来预测，这一点是它与“宏观趋势分析”最大的不同。这种方法不是优先考虑可能性高的事情，而是假设“虽然可能性低，但有可能发生的事件”，并分别制定不同的对策，为可能的未来做好准备。荷兰皇家壳牌石油公司就是因为运用“情景规划”这种思考方法，考虑了“由 OPEC 主导的石油价格暴涨”这一情况，并提前为这项可能发生的危机做好了准备，才能够在 1973 年的石油危机中迅速做出反应。这是个非常著名的案例。

因为考虑的是事件发生的不确定性，所以可以用于 10～20 年的中长期规划，这也是“情景规划”的特点之一。因为会制定多个不同的对策，所以这种方法非常适合应对可预测的危机。不过，因为“情景规划”是基于宏观分析而进行的预想型（线性）未来预测，所以没有“我想要制造这样的未来”之类个人意志的体现。

从用户角度思考未来——设计思维

不管是“宏观趋势分析”还是“情景规划”，它们都是从宏观视角来进行分析的。因此二者都有一个特点，那就是很难“在描绘未来图景时反映人类的价值观和用户需求的变化”。

因此，这两种方法虽然在价值观和用户需求不怎么发生变化的年代非常有效，但在VUCA时代，如果还想用这两种方法来预测未来，恐怕很难取得很好的效果。于是，近几年一种叫“设计思维”的方法逐渐流行起来。

所谓“设计思维”，是指将设计师的思考方法用来开展新业务、新服务的思考方法。“设计思维”这一概念是由斯坦福大学创立的跨学科教育学校D. School在2005年提出并推广的。这种方法需要先深度理解用户的需求，在深刻理解用户需求的基础上，设置正确的课题，进行原型设计，在快速试错的循环中产生新的商品或服务。

设计思维能够创造出可以解决用户真正问题的、具有吸引力的商品或服务，因此，近年来很多公司都开始使用这种方法。最近也开始有人提倡“设计经营”，尝试将设计思维运用在经营中。

我画了一张简单易懂的图（见图2-2）来总结前面提到的这些特征。纵轴表示“从短期去预测还是从长期去构思”，是将对未来展望的态度和时间进行了综合。横轴则是视角的位置，表示“以人为中心（重视人的主观想法和情感），还是以社会为中心”。

科幻思考有重视不确定性、时间轴较长（10年以上）的特点，和“情景规划”相似，但二者的视角位置是不同的。此外，在“以人为中心”的视角位置方面，设计思维与科幻思考类似，但前者要深度观察当下用户，后者则需要凝视未来的人类。也就是说，科幻思考与前面提到的这些方法都有差异，是一种特别的思考方法。

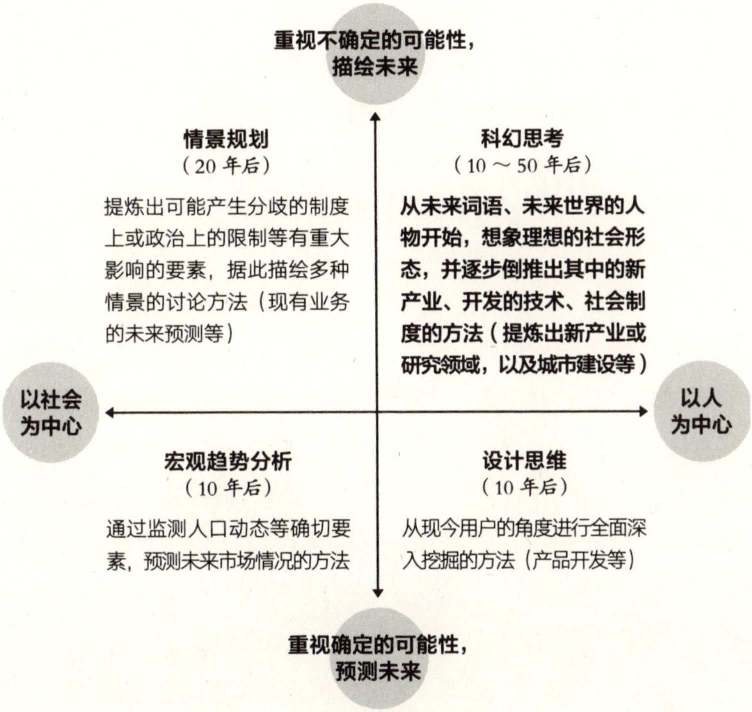

重视不确定的可能性，描绘未来

情景规划
（20 年后）
提炼出可能产生分歧的制度上或政治上的限制等有重大影响的要素，据此描绘多种情景的讨论方法（现有业务的未来预测等）

科幻思考
（10 ～ 50 年后）
从未来词语、未来世界的人物开始，想象理想的社会形态，并逐步倒推出其中的新产业、开发的技术、社会制度的方法（提炼出新产业或研究领域，以及城市建设等）

以社会为中心

以人为中心

宏观趋势分析
（10 年后）
通过监测人口动态等确切要素，预测未来市场情况的方法

设计思维
（10 年后）
从现今用户的角度进行全面深入挖掘的方法（产品开发等）

重视确定的可能性，预测未来

图 2-2　应用于商业的 4 种思考方法

资料来源：三菱综合研究所

虽然图中内容已进行了简化，但这并不意味着每种方法都只能够预测自己所在的这一个象限内的未来。不过很明显，每种方法都有各自的优缺点。其中，“以人为中心”描绘未来的科幻思考，在思考未来的生活方式、商业形态时，或许会是不可或缺的一种思考方法。

我之所以会这样说，是因为人类的寿命在不断延长，据说“人活百年”很快就会变成理所当然的事情。那么，人类个体要考虑的时间跨度毫无疑问会变得更大。不仅如此，像以前那样职员依附于公司的生活方式也会不再适用，每个人都要亲自规划自己的人生和事业。这不正是科幻思考可以大展身手的时候吗？

比“宏观趋势分析”“情景规划”更具挑战性

位于图 2-2 左侧的两种方法，就是以社会为中心进行未来预测的“宏观趋势分析”和“情景规划”，它们都是在当下趋势的延长线上描绘未来的。因此，它们描绘出的未来社会图景很容易让人产生认同感，会让人觉得“果然如此，感觉确实会变成那样”。不过，由于它们很难反映人的情感和主观想法，所以即使是做出预测的本人也很难对这些未来社会图景产生深厚的感情。

最近，不管是哪个领域的未来预测，都很难脱离“数字化”这个巨大的潮流趋势。于是，大部分预测都倾向于得出大同小异的结论，即“经济活动的轴线会大幅向数字化这边倾斜”。很少会有人觉得这些结论激动人心（当然，如果能从这些分析结果中获取“我希望这样做”的强烈意愿，那就另当别论）。

在“认同感”这个方面，科幻思考可能略逊于靠事实积累进行未来预测的思考方法。但是，使用科幻思考进行预测的人会投入自己的情感，而且还会在过程中对未来的人类情感进行各种各样的想象，所以更有可能创造出具有挑战性的、令人振奋的、感动人心的未来故事。

比设计思维更能看向遥远的未来

那么，设计思维和科幻思考的区别是什么呢？二者都采用重视人的情感和价值的“以人为中心”的方法进行预测，但是，它们能够处理的时间区间却有着非常大的差异。

设计思维聚焦当下，科幻思考考虑的则至少是 10 年后甚至可能是 30 年后、50 年后的未来。也就是说，使用科幻思考的人，需要在目前无人知晓的未来，探寻用户需求，思考服务或产品可能存在的问题。如果说设计思维是要用正在开发中的服务或产品解决近在眼前的用户的问题，那么科幻思考就要考虑现在开发中的服务或产品会在解决哪些问题的同时，产生哪些新的问题。

思考“遥远的未来”的同时，还要考虑到“广泛的社会环境”，这也是科幻思考的特点之一。因为如果要去想象长远的未来，那就不能只局限于自己的专业领域，而是要把相关领域都囊括在内，在一个更大的范围中去思考社会的整体图景。比如，如果要想象 2050 年的未来居住情况，那就不能只考虑不动产和建设相关的情况，人们的工作方式、家庭结构的变化等也需要考虑，甚至“是否实施了最低收入保障制度”“能够飞行的汽车有没有被制造出来”“如果造出来能够飞行的汽车的话会卖多少钱”等社会制度和其他行业的变化也都要纳入考虑范围。

社会景象中包括各种各样的要素，它们以复杂的方式交织在一起。因此，要把它们作为一个整体，一点点慢慢打磨，这非常重要。需要讨论这些问题时，可以以小说的形式输出，这也是科幻思考与其他思维方法的一个很大的差异。

在商业场景中活学活用

就像前面说到的那样，描绘未来的方法有很多种，重要的是要根据不同的目的，选择不同的方法。如果需要对现有业务进行短期预测，那“宏观趋势分析”或“情景规划”就比较合适。如果是要从现在开始开发新商品，打算在 3 年后上市，则应该运用“设计思维”。

但是，如果是要在较长的时间区间内对新研究开发、新业务开拓等问题进行筹划，那科幻思考就更为合适。不过，科幻思考虽然能够产生更具挑战性的结果，但却不太容易让人产生认同感。因此在商业上使用时，把科幻思考和“宏观趋势分析”，或者同现今的技术路线图等思考工具灵活地组合在一起使用，会更加行之有效。

此外，在对现有业务进行未来预测时，在运用“情景规划”的同时，也可以加入一些科幻思考的精髓，这样不仅可以让讨论更加活跃，也可以让未来图景变得更加清晰。比如，可以组织这样的讨论：“2040 年时，公司职员 XX 先生 / 女士面对前来进行校友访问的学生会说什么？”这可以让未来的角色开口说话。

这里提到的 4 种思考方法，相互之间并不是独立的，重要的是要根据不同的目的，把它们灵活地组合在一起使用。

第3章

用科幻创造“独属自己的未来”

藤本敦也

源自未来没有自己立足之地的焦虑

……未来……并不是朝着某一个方向一直走下去的……

一定有我们可以选择的未来……

这是轰动世界的经典科幻漫画《阿基拉》中的台词:“可以选择的未来”。在思考科幻时，这是一个非常重要的关键词。不仅是阿基拉，很多漫画和小说中的登场人物虽然身处悲剧性的状况之中，但会靠着自身的强大意志摆脱那样的状况，然后去改变世界。不管是《鬼灭之刃》还是《咒术回战》，都是这样。甚至在《终结者》中，正邪两方都从未来穿越而来，不知为何在现代相遇，然后进行着改变未来的战斗。在努力改变未来方面，这些科幻作品的内容设定可以说是登峰造极了。

我也受小时候读过的漫画的影响，天真地认为“未来可以凭自己的意志去创造”。但是跟很多人一样，我也在求职过程中屡遭挫折（像本书的合著者宫本道人那样，始终能够保持初心的人恐怕是少数吧）。我也想成为创作者，创作出能够感动别人的作品，因此面试了很多娱乐行业和广告行业的公司，但都失败了。现在冷静下来想想，他们确实不可能录取像我这样没有品位的人（而且我也并没有付出比别人多得多的努力），他们做出这种决定也是可以理解的。不过，当我听到电话中“这次很遗憾无缘和您一起工作”之类的留言，我就会自顾自地生气："那下一次缘分到底出现在什么时候啊？"

在一次校友访问中，我遇到了一位创作者。他对我说："你看上去很适合做一个咨询业者。"我记得自己只是嘴上说着"原来是这样啊"，但内心其实非常愤怒："我是想成为创作者才来见你的，为什么要跟我说其他职业的话题？不要擅自决定我的人生好吗？"但结果跟他所预言的一样，我现在在三菱综合研究所的商业咨询部门工作……

总而言之，在这个时期，通过在现实中把自己安置在已经存在的某种职业中，还稍微留存于心的"我可以成为任何人"的感觉轻易就蒸发殆尽，不得不认同"人生的轨道"这种东西。自己能选择的职业是有限的，进入某家公司之后，就只能沿着某种固定的轨道亦步亦趋。在做了几次校友访问和面试之后，我有了这种感觉，那就是仿佛能看到"如果进入这家公司，20 年后就会变成的样子"，好像未来已经被什么东西决定好了。各位读者，你们在刚进社会的时候，是不是也多多少少有这样的感觉呢？

我还做了很多描绘企业未来图景的工作，其中很大一部分都是使用"宏观趋势分析"① 描绘未来社会图景，整理出中期经营计划或者业务战略。通过与企业经营层反复讨论，运用"SWOT 分析"② 或"业务影响分析"等方法，最终制作出将近 100 页的分析调查报告。虽然很辛苦，但我对工作内容是非常满意的。参与到发展新业务或确定研究开发主题的工作后，我突然开始烦恼了。如果是要在现有业务中加入新的服务，那中期经营计划所定下的 3 年

---

① 关于宏观趋势分析这类商业中的未来预测方法，请参考第 2 章末尾专栏《商业中常用的思考方法与科幻思考法有何不同》。

② 又称强弱危机分析或优劣分析法，是一种企业竞争态势分析方法，是市场营销的基础分析方法之一，通过评价自身的优势（Strengths）、劣势（Weaknesses）、外部竞争上的机会（Opportunities）和威胁（Threats）进行定位。——编者注

这个时间轴就是合适的；但如果要开发新的业务，就需要 5 ～ 10 年的时间。如果是进行基于某项主题的研究开发，就需要看向 10 ～ 20 年之后的未来；但如果跟分析现有业务时所用的方法一样，随着数据的不断积累，时间轴越长，条件分支就会越来越多，可能性也会不断提高，于是得出来的结论也就不像 3 年期预测那样有说服力了。

比这些更严峻的问题是，“如果在‘现在’的延长线上描绘未来，人们会感觉很无聊”。原本思考新的业务、新的研究开发主题应该是非常具有挑战性的工作，但如果作为其背景的未来景象是“远程医疗已经普及”“工厂中的 AI 非常发达”之类，罗列着一些“现在”延长线上的想象，那企业除了觉得“确实很有可能会那样”之外，也不会有什么别的感想了。

人类的工作会变得越来越有效率，生活会变得越来越便利，劳动时间会变得越来越短，寿命会变得越来越长……虽然都是一些很积极的内容，但却没什么惊喜。虽然看上去很便利，但完全不生动，总觉得没什么真实感。无法让人涌起这样的决心：“说什么我也要把这个变成现实！”要怎么才能唤起大家对新业务或研究开发的兴趣呢？我感觉非常苦恼。为了摆脱这一困境，我整理并分析了国内外其他机构得出的未来预测图景，反复征询专家和极端用户的意见，经过多次的内部讨论，总算是得到了一个能够让大家都满意的结果。不过，每次讨论都非常辛苦，让人筋疲力尽。所以我迫切地想得到某种方法，渴望创造出激动人心的未来图景。

还有，未来预测图景所描绘的人们总是微笑着的，我一直觉得这一点好像怪怪的。未来的人们全都家庭幸福，在社区中能贡献力量、和大家和睦相处。他们不仅能将最新技术运用自如，还在自己擅长的领域实现了自我的价值。但是，对于我这种笨拙的人来说，要寻找自己擅长的领域本来就非常困难，在“现在”延长线上的未来预测图景中，我还是无法找到自己的位置。

这个时候我就想，如果我参与探索未来的尝试，一定要创造一个我自己也能觉得快乐的未来社会。但是，这些尝试进行得很不顺利。比如说，有人认为："技术发达、工作变得轻松、跟家人在一起的时间增加，人就会觉得幸福。"对于这种意见，我无法做出有力的反驳。但未来的人们就那么容易感到幸福吗？虽然很难解释清楚，但我觉得大家难道不是应该有一些更加现实的烦恼和痛苦，以及幸福吗？现在想来，那应该是因为我当时缺少一种能力，也就是抛开"自己认为的有关幸福的价值观在未来也不会改变"这种无意识的前提后，再去探讨未来的能力。

不管是未来的社会还是未来的幸福，本就应该拥有无限的可能性。但因为我自己能力不足，于是被困在"现实"的延长线上。在那样的未来中，并没有我的立足之处，由此产生的焦虑感让我感到非常苦闷。

迈向科幻思考的第一步

这样下去是不行的。我尝试把自己工作的愿景和存在的意义用自己的语言描述出来，开始了为描绘 5 年后、10 年后未来图景的试错工作。但不管怎么努力，我都只能描绘出毫无新意的画面。

我尝试阅读，也试过去参加工作坊。一桥大学商学院楠木建教授的《战略就是讲故事》给了我很大启发。阅读《竞争战略论》《蓝海战略》《创新者的窘境》等经营战略理论方面的名作时，我感叹于其结构化的细致，并为其中提到的事例感到激动。虽然我能理解里面的内容是什么意思，却搞不明白"到底要怎么做，才能创造出像这个事例一样的新业务、新愿景"。

楠木教授的厉害之处就在于，他断言：“品位决定了一个人能否讲好一个故事。”因为太过赞同这个观点，我甚至会想：“确实如此，因为我没有品位，所以我可能不适合进行畅想未来的工作。”

我也尝试过“设计思维”或“艺术思维”之类的方法。因为我原本就渴望成为光芒四射的创作者……是的，我立刻就失败了。我见到的每一个创作者都对艺术和设计了如指掌，我也曾被那种聪慧、华丽的感觉震慑住。我用的笔记本电脑不是苹果电脑，我用在报告里的照片不是用单反相机拍的，背景也没有经过虚化处理。每当这些被轻易地否定，我就越来越觉得自己果然还是缺乏品位，也就越来越丧失了信心。

实际上，确实有很多时候，我会想：“果然还是要靠品位啊！”提到要提高自己的审美水平和判断标准时，作为一个对自身品位没有信心的人，我会觉得：“唉，我果然还是做不到呢。”

这样的我，终于与科幻思考邂逅了。这也是我与本书的共同作者宫本道人的邂逅。但是说实话，我对宫本先生的最初印象可以说是糟糕透了。我们是因为三菱综合研究所的50周年纪念研究而相识的。2020年，在三菱综合研究所创立50周年之际，我参与到思考2070年未来社会的研究中，作为研究组成员之一我拜访了筑波大学的大泽博隆老师，对研究概要进行了说明。对这个过程，我记忆犹新。当时，旁边的宫本先生说道：“这项研究看上去非常无聊，没有任何有新意的东西。”

这可能只是一个场面性的发言，却深深刺痛了我。我心想：“没错，就是那样，又要开始那样的对话了吗？所以我真的不擅长跟搞创作的人一起工作。”但是，我在这方面却有着毫无意义的成熟，所以认真听取了对方的意见。因为难得相聚，我们还决定一起去喝一杯。毫无意义的成熟，有时候也会导向不错的结果。推杯换盏之间，宫本先生对我说了这样一些话："要想出点有趣的概念，这谁都做得到。比如说，只要把这间居酒屋里写着的话，跟刚才我们讨论的 2070 年未来社会的主题结合起来就行了。"

当时我正好在考虑下一杯要喝什么，看到菜单上写的"总而言之来杯啤酒"，一边想着"嗐，估计还是会被否定"，一边试着提议："比如说'总而言之科学技术沟通'什么的？"

出乎意料的是，宫本先生热情地赞美了我的创意，大呼："不错啊！要的就是这种感觉！"单纯的我那时候感到非常开心，后来可能也说了很多类似的词组。后来问了他我才知道，宫本先生那时看着不断提出新创意的我，内心也觉得如果能一起做点什么项目的话，应该会很有趣。

那次的"成功经验"是我迈向科幻思考的第一步。我切身体会到，在词语的组合中偶然产生的新词语，让我的思绪飞到了我自己都意想不到的地方。这就是宫本先生提到的"科幻作家思考方法的第一步"——"创造有些奇怪的'虚构词语'"。每次在工作坊中的步骤 1，也就是"用未来的语言跳向意料之外的未来"时（读了下一章你就会知道那是什么），我总是会想起在那家居酒屋发生的事情，以及当时味道有点淡的海波鸡尾酒（其实我当时并没有点啤酒）。

以这个居酒屋之夜为契机，三菱综合研究所和筑波大学开始了科幻思考应用方法的开发，我们将科幻作家、科幻编辑、科幻读者的思考方法的要点进行分解，在团队作战中通过活用这些方法创造未来。也就是说，我们希望形成一种简单易懂的方法论，寻找一种"用科幻思考创作未来故事"的方法。就这样，以宫本先生和我为中心，在大泽博隆老师和关根秀真等研究成员的协助下，这项研究开始推进了。

科幻思考改变自己，也改变未来

在那之后，我一边开始设计科幻思考的框架，一边开办了几次“创作未来故事的工作坊”，为它提供实操的场所。我想告诉大家，通过这些工作，我的内心也逐渐发生了改变。很重要的一点是，我开始认为：“如果未来看上去很无聊，那我们自己去梦想、使它变得有趣不就行了吗？”只要创造出一些稍微有点奇怪的“虚构词语”，就能想象出新的未来、新的职业和新的商业形态，这个过程比我以为的要简单得多。这样一来，不管是新的未来、新的职业还是新的商业形态，我只要不断创造它们、给它们下定义就可以了呀。

此外，科幻思考的另一个要点是，通过技术进步、社会事件、制度更迭等路径，思考如何才能实现那个幻想出来的未来。如果能做到这一点，那什么样的未来都并非遥不可及。我开始树立起了这样的信心。在现实社会的延长线上看上去是不可能实现的事情，只要制度发生改变，或者因为某些事件而导致价值观发生变化，只要引入了这样或那样的技术……啊，说不定真的可以实现！

是的，小时候的那种斗志又回来了，我又开始相信“未来可以凭自己的意志去创造”。于是，不管什么样的未来，我都不会轻易否定，而是会进入“我要寻找实现它的路径”这个状态。即使我没有找到也不会立刻放弃，不会觉得“不行了”，而是会想要“换个前提再试试”。也就是说我不会像以前那样很快就放弃，自己让比赛直接结束。

调整到这个心态之后，我对待周围人的方式也发生了改变。“如果能把世界变成这样就好了”“我想出了一个这样的商业模型”“我想要用这样的方式去生活”，听到这样的话，我能够第一时间就很自然地说道：“应该可以成功的，要怎么做才能成功呢？”于是不可思议的事情发生了，我身边梦想实现有趣未来的人、想要开拓新业务的人越来越多，不知不觉间聚集起了很多从事创意性工作以及有创新精神的人。

一说到梦想的未来或者商业形态，很多人都会立刻充满诚意地认真否定：“不，那样的未来是不可能实现的，那样的商业形态是不可能存在的。要说原因……”（虽说我很难理解为什么大家想要绞尽脑汁地否定它们。）如果是以前的我，听到这些会觉得确实也没错，因此无法提出反驳的意见。

但是，现在我掌握了科幻思考的方法，能够从不一样的角度看待这些问题了。我会思考“这个人设定为前提的东西是什么呢”。那些说“远程办公不可能普及”的人，从未将“流行疾病导致人的移动和聚集受到限制”作为前提。反过来想，只要先破除大多数人无意识中设定的前提，梦想中的未来就完全是有可能实现的，而破除这些前提其实出乎意料地简单。经历过新冠肺炎疫情之后，大家应该都对此有了亲身感受。

在科幻思考中会产生很多常识不同于现在、价值观不同于自己的角色，只要习惯了通过他们去观察事物，就能看到更多之前看不到的世界的层次。即使是同样的事物，不同的人也会做出不同的反应。有人觉得好，有人觉得坏；有人会喜欢，有人则讨厌。于是，在跟与自己不同价值观的人对话时，我会想“这些人或许也可以是未来的某种角色”，也就能把自己定位成“跟他们不同的人”。

同时，我还养成了一个习惯，不管梦想的是什么样的世界，我都一定会这样思考：“在这样的世界中产生了新的弱者，他们是什么样的人？”于是，我描绘出的未来社会就有了厚度，且更加具有真实感。我们所进行的科幻思考不是单打独斗，基本都是团队作战。所以这并不是“一个非常有品位的人幻想出来的一个无比璀璨的未来，周围其他人只能紧随其后……”，而是会让每个人都觉得自己也是这个非常具有多样性的团队中的一员，一定要在其中做出自己的贡献。

在和宫本先生一起工作的过程中，有一件事情让我印象非常深刻。那时，我们在创造这样一个未来故事：“如果给小狗装上了AI芯片，让它们能用人类的语言讲话，小狗就像人一样正常地工作，甚至能经营自己的公司。未来是不是会这样呢？”我们在闲聊中想到“不如试着为小狗经营的公司构建一个商业模式、做一份利润表”。

我计算了小狗的衣食住行等固定费用，以及设定目标客户、构建商业模式、年营业额、行政等附加费用，制作了一份利润表。如果不提前面的设定，这些事情跟我平时的工作并没有什么区别，对我来说就是日常的工作。

但是宫本先生看到这些，受到了极大震动。“在这么荒诞无稽的设定下，居然能进行这么现实的计算！”我看到他这么感动，也非常高兴。因为我切实感受到，只要正常地发挥自己的技能，就能为创造意料之外的未来故事贡献出一份力量。

当然，也有很多人有着极佳的品位，一个人就能创造出惊人的未来图景。但是作为普通人，也能够通过团队作战制作出同样惊人的未来图景。认识到这件事之后，之前一直有点旁观者心态的我，对待未来的态度有了很大的变化。除科幻作家之外，我和各行各业的创作者们一起推动项目的机会也增加了。我能够带着自信说出“我能够做出某种贡献”，并且以这样的心态参与其中。大家觉得我提出的建议非常有趣，会感谢我，这样的情况也越来越多。

将科幻思考更多地运用在商业中

在第 1 章和第 2 章中，大家应该已经明白，乍一看和商业没有任何关系的科幻，其实与商业有着非常深厚的关系。不过，可能还是会有很多人觉得：“虽然你那样说，但要把科幻和商业联系起来，恐怕只有少数有创意的人才能够做到这种天马行空的事情。”

但是，只要读了本章前面的那些内容，大家就会明白，这样的想法是不对的。任何人都可以拥有科幻思考，只要学会了科幻思考，人自身就会发生改变。当自身发生了改变之后，周围也会发生改变，这个人的未来也就会发生巨大改变。我想说的并不是“全世界都来学科幻思考，然后一起朝着意料之外的未来前进吧”。如果你对现状感到非常满足，对生活感到非常幸福，觉得未来是现状的延续也没什么关系，那没有必要刻意去思考一些奇怪的事情。

然而，如果并不是那样呢？如果总是会觉得哪里怪怪的，有一种焦躁感，该怎么办？那样的话，就当是被骗了（不，我可没有骗你），来试试科幻思考吧。特别是像我这种有着很多烦恼的普通商务人士，请务必试上一试。

小时候沉醉其中的小说、每周期待的动画片、受到巨大震撼的电影……其中有着与日常完全不同的酷炫未来。肯定有很多人曾沉浸于那些作品的世界观中，进行各种各样的畅想。对现在 50 多岁的人来说，这样的作品可能是《赛博格 009》。如果是 40 多岁的人，那可能是《攻壳机动队》，30 多岁的人就可能是《电脑线圈》，20 多岁的人则可能是《心理测量者》……每个时代都有象征了这个时代的科幻杰作陪伴在我们身边，而且这些作品后来也一直被大家喜爱着。从宫本先生展示的丰富案例中也可以知道，科幻展示的未来图景越是“出乎意料”，就越能使人震撼。比喻越是丰富，就越能让更多的人感受到作品的魅力，越能让更多人想去努力实现这样的未来。也就是说，从结果上来讲，这也就越可能是一个“可以实现的未来”。

让我们把这种科幻的力量也应用在商业场景之中吧！这样就能够具体地描绘出从未有人想到过的、激动人心的未来图景，并涌现出将其实现所需的能量。比如说，在下面这些场景中，科幻思考就能够发挥力量。

因新业务及研发工作思考未来时

在商业世界中，如果想要开发新业务，或者要进行某个主题下的研发工作，那么对未来社会的想象就必不可少。特别是城市规划、能源、交通等基础设施产业，它们的时间轴非常长。实现商业化需要经过很多费时的材料相关的研发工作，至少也要看向 10 年之后的未来。

但是，很多时候在实际的工作中，业务的时间轴通常被设定为1～5年，这也是事实。此外，不管设定的是几年之后的未来，都很难预测像新冠肺炎疫情这种非连续性的突发状况。另外，在思考新业务或研发工作的主题时，如何探索无法从当下情况推演出的、远期未来中的用户需求，这也是一个巨大的难题。

这样的工作该如何开展，恐怕没人有头绪吧。公司要求制定业务计划→收集先例和相关案例→用有效率的华丽方案塞满 PPT →“只要实施全部业务计划，成本就能够削减 ×%！”像这样意气风发地进行展示，在解决眼前的任务时，这是一种非常端正的态度。但如果缺少长期视角，仅仅用“比现在更加……”的理论，且一味追求自动化和效率化的话，恐怕前方很有可能会出现一个与“理想未来”完全不同的未来。

这个时候，就轮到科幻思考登场了。先暂时忘记眼前的现实，描绘“我希望这样”的未来，然后以那样的未来为起点，倒推出现在应该执行的方案。不是去预想未来，而是去创造未来。充满创新性的概念往往就是从这样的尝试中产生的。

设定部门或个人目标时

为了促进个人与组织的成长，很多公司都导入了“目标管理制度”。可能有很多人都被要求过设定个人目标吧。本来，这样的目标应该是按阶段一步步设定出来的：先有公司的愿景，然后据此设定部门目标，最后设定个人目标。

也就是说，每个员工在个人目标的前方应该时时都能看到整个公司的愿景，这样每天才能为了达成目标而努力工作，干劲十足。但实际上，公司目标经常只是“比上一年增长 × 个百分点”之类的数字，这早已司空见惯。这种情况下，提高数值能够达成什么目标，自己做的这些事情最终会以什么样的方式对未来产生影响，这些还一片模糊。

如果是这样，员工确实很难提起干劲。那么，到底应该怎么做呢？我想大家应该已经知道了。只要靠自己的力量描绘未来社会的图景，朝着那个图景努力就可以了。这样的话，之前那些“他人交办”的工作，就会变成对自己来说充满意义的工作。你会发现你需要新的技能和经验，成长也会不期而至。

想让团队更加团结时

用科幻思考创作未来故事，这样的方式在团队建设中也能发挥很好的效果。三菱综合研究所也曾将科幻思考应用在面向新人培训的工作坊中，让他们进行各种各样不设限的想象、对未来进行活跃的讨论。通过这样的过程，同时进入公司的新员工们，彼此之间的了解一下子就加深了很多。

通过对未来进行讨论，每个成员都能将自己的想象融入团队的未来中，这非常能振奋团队的士气。虽然同样都是描绘未来的思考方法，“情景规划”是客观地进行推导，很难融入个人的想法，而科幻思考则不同：科幻思考需要有着不同专业领域知识的成员主观地、自由地陈述意见，将未来变成只属于自己的东西，因此运用科幻思考能得到好的成果。科幻思考更容易把成员间意外的化学反应体现在成果中。刚组建起项目团队时、团队中加入了很多新的成员时，或者团队快要分崩离析时，请一定让大家试试用科幻思考来创作未来故事。

每个人都可以用到的科幻思考

在此之前，市面上并不是没有将科幻运用到商业中的思考方法。英特尔公司的未来学家布莱恩·戴维·约翰逊 2011 年就已经在书中对英特尔如何运用“科幻原型设计”进行商品开发做过详细说明。但是，这种方法设定的运用主体并不是普通的商务人士，而是像约翰逊这样的研究者、思想家之类的专业人士。时间轴也多设定为“100 年后”之类，描绘的是极为遥远的未来。

确实，研究者肯定想知道“自己的研究今后会被如何运用”“在社会中会有怎样的实际应用”，这些对未来的想象，对他们来说是极大的动力源泉。另外，对于普通的商务人士来说，100年后是极为遥远的未来。跟自己相关的业务在100年后会发展成什么样，自己根本无法想象，因此无法产生任何兴趣。实际上确实是这样。

我自己也是如此。我经常从描绘未来的科幻作品中感受到震撼。《黑客帝国》《攻壳机动队》《侏罗纪公园》《头号玩家》……每次接触到这样的杰作，我总是会非常激动：“或许有一天这样的时代真的会到来！”但是，晚上睡了一觉，第二天起床后就完全没了那种心情，只是回到眼前现实的工作中去。看科幻只是个人兴趣，我从未想过它可以跟我的工作产生什么联系。但是，联系是确确实实存在着的，不管是我的工作，还是你的工作。虽然上司和客户不会直接指示说“请帮我创作一个科幻小说一样的未来故事”，但我想可能很多人都被问过这样的问题：

- 10年后，你想做什么样的工作呢？
- 10年后，你觉得我们公司会变成什么样呢？
- 这个业务你准备做到什么时候？今后准备怎么让它成长起来呢？
- 进行研究开发是可以的，但研究取得成果要等到5年之后，你觉得那时的用户需求会变成什么样呢？
- 开发产品是可以的，但你觉得会有人想要去使用它吗？

这些问题，出现在普通的商业场景中并不会让人觉得奇怪，但实际上可能很多人都会一时恍惚，不知如何作答。而所有这些问题，其实都需要一个能将“现在”与“未来”连接起来的故事，才能够回答。这时候就轮到科幻思考登场了！

我们的目标是，开发一种“能具体地描绘出激动人心的未来，且普通的商务人士也能熟练使用的方法”。为了做到这件事，我们把现在已经存在的各种思考方法进行了综合，经常在商业中使用的“情景规划”“科幻原型设计”等方法自不必说，还综合了科幻作家们的思考方法，以及作为剧本创作手法广为人知的“三幕式结构”等方法。通过反复实践，商务人士就能够掌握科幻思考法。

运用科幻思考创作未来故事的 5 个方法

这个思维框架的特点是，可以让普通人通过普通的思考，在不勉强自己的情况下创造出“意料之外”的未来。然后，人们可以一边享受创作未来社会、未来产业、未来的产品和服务、未来的用户需求等过程，一边将未来变得越来越具体。在这个过程中，人们不需要任何特别的品位或者创作能力，也不需要不停地跟数据打持久战。人们只要按部就班地进行，就算故事一开始很粗糙，也能靠气势让故事慢慢形成完整的形态。

因此，科幻思考可以让普通人不必借助作家、未来预测专家、咨询师等专业人士的力量，只靠自己就能将故事推进下去。

当然，如果有具备专业知识的成员加入进来，那成果最终的品质也会更好。团队成员越多样化，也就越容易得到一个不偏颇的未来图景。但是，只要组织团队，任何人都可以创作未来故事。这个才是重点。具体方法是以下5个。

方法1　首先要有语言！——从“普通的词语”出发

为了想象“出乎意料的未来”，需要让想象进行非连续性的跳跃。为此，我们需要运用“科幻作家的思考方法”——要从创造“有些奇怪的‘虚构词语’”开始。可能你会这么想：这也需要奇特的想象力啊！别担心，只要把普通的词语组合起来就可以了。然后，从这样的“虚构词语”开始，思考：“那会是什么样的商品（或者是服务）呢？”“在未来，它会被如何使用呢？”这样一步步把想象扩充开来。

在这个阶段，关于“使用了什么样的技术”，或者“真的有可能实现吗”之类常识性的担忧，都可以完全无视。因为采取的是与“宏观趋势分析”的未来预测法完全相反的步骤，所以可以直接想象具有挑战性的、非连续性的未来。

比如说，在我们的工作坊中曾经出现过“共情肩颈僵硬”这样一个词语。从这个词语开始，展开进一步的联想：“这可能是某种服务，它能够分担别人的精神压力，将其转化为自己的肩颈僵硬感觉”。有了服务内容后，接下来就可以继续想象它的应用场景，“使用共情肩颈僵硬，就能更加理解别人的想法，是否可以用它为建造充满同情心的社会助力呢？”“是否可以在公司内部的管理者培训中，用它来让大家体验经营管理的巨大压力呢？”

如果这项讨论是从“压力测量技术的应用方法”开始的，我们的想象还会走这么远吗？即使可以想象出一些内容，恐怕也会止步于“精神健康的可视化程序”的阶段吧。直接从创造‘虚构词语’开始，可以产生意想不到的跨越边界的力量。

方法2　在抽象和具体之间来回往复！——通过角色将未来变得“与我有关”

要让意料之外的未来具有真实感，“具体性”是必不可少的。不过，如果要从抽象的概念中构筑起具有逻辑的具体形象，那就需要一步一步地进行阶段性推导：概念、社会图景、市场、用户……如果要以未来社会为前提细致地开展这项工作，那就要分析不同情况下的发展状况，还要分析与其他事项之间的关系。这就会变得过于复杂，需要花费很多的时间。此外，即使花费大量时间，也不一定就能顺利地实现具体形象的构筑。

这时，能够为整个过程迅猛提速的是“将身边的烦恼与未来社会相连”的科幻编辑的思考方法。通过来往于抽象和具体这两个极端，强制性地回归现实。我们总结出来的方法是，概念完成之后，就直接把自己想象成用户，试着去进行对话。以关于“共情肩颈僵硬”的交流为例，就可能是下面这个样子：

A：最近参加了公司的管理者培训，我戴上了一个可以实时体验到上级压力的“共情肩颈僵硬”的装置。据说用它能判断大家是否适合成为管理者。

B：感觉怎么样？经营管理的巨大压力是一种什么样的感觉？

A：白天完全没什么感觉，我还以为可以轻松过关。结果到了晚上，肩颈突然就难受得不得了，我简直都要丧失斗志了。

B：真的吗？经营管理的压力果然不容小觑啊。所以整晚都会感受工作上的压力，对吗？

A：不，我直接向上司确认后才知道，他晚上其实完全没有在工作。严重的肩颈僵硬，是上司家庭问题的重压导致的。

B：不能选择只接受对方的工作压力吗？那可真是无妄之灾。

“好真实呀！”是不是有这种感觉？通过这样的对话，抽象的概念一下子就变得“与我有关”了。

方法３　不要掩盖不合心意的未来！——发现未来的问题和弱者

不论是什么样的未来社会，其中都会有问题，也会有弱者。即使想象了一个解决了当下所有问题的未来社会，那个社会中也会出现新的问题，产生新的弱者。在科幻思考中，我们会带着极大的热情凸显未来的问题和弱者，因为这正是创造比出乎意料的未来更加美好的未来社会的关键。

在未来社会受苦受难的角色，我们可以让他们说出自己的心里话，让他们尽情诉说自己为什么会变成这个样子。这样一来，我们就能够从现在开始思考：如何为这样的未来做好准备。

将这个过程明确地加进整个流程，那些容易被掩盖起来的、未来中不合心意的部分都会被展示出来，我们可以进一步制造出一个更加有趣的未来图景。

方法４　进行团队作战！——从“普通”中产生“卓越”

科幻思考的最大特点就是采用了工作坊这种形式，也就是说，它是一种“团队作战”。科幻思考不是一个人进行思考，而是通过团队共同创造未来，让想象大面积扩大。自己提出的创意可能得到共鸣、赞同、反对、感兴趣等各种各样的反馈，通过这些反馈，新的创意又会不断产生出来。团队作战更容易产生一个人单枪匹马地思考时难以产生的突破。人们经常说，团队作战的好处就是“1+1”不是等于“2”，而有可能等于“3”，甚至是“4”。独自一人的创意是“普通”的，但是把大家各自的个性、专业结合在一起的话，就能够产生“某种卓越的东西”。

不过，从方法论上来说，我们把它改进成了一个人也可以实施的形式：一个人进行也完全没有问题。即使是一个人进行科幻思考，也要尽量让自己拥有多种不同的视角，比如可以试着一个人同时当“捧哏”和“逗哏”、上司和同事，也可以站在朋友的角度，想象“他们会如何对我提出反驳意见（或表达共鸣）”，这一点是非常重要的。

方法 5　不要试图完美！——“速度和气势”更令人兴奋

在科幻思考中，比起“创作出完成度很高的未来故事”，我们更重视“把故事当成讨论的工具”“把科幻思考安装在自己身上”。因此，比起细节部分的完整性，对我们来说更重要的是速度和气势。

如果想提高故事本身的准确度，那就会在意一些细小的矛盾，逐渐走向“想让故事很难被吐槽”的情况。这样的话，抽象和具体之间的边界就会越来越模糊，自己都不知道到底什么才是有趣的了。

创作未来故事的过程中，最重要的就是“让自己兴奋起来”。故事本身只是创造自己理想未来的工具而已，只是一个用来打磨的雏形。尽管有些粗糙，但完成它、使用它才更重要。只要遵循这样的方法论，依靠速度和气势，就一定可以创作出一个盛满自己愿望的未来故事。

尽量寻找与自己不同的伙伴

工作坊的具体推进方法，我们会在第 4 章详细介绍。但是在那之前，我们要先把团队成员聚集起来。根据我多次开办工作坊的经验，最能让讨论顺利进行的成员人数是 4 人，最多可以增加到 6 人。如果人数超过这个数值，那最好还是进一步分成不同团队。

该怎么挑选团队成员呢？前提当然是“这个人要对讨论的主题感兴趣，参与进来之后可以享受创作未来故事的过程”。在此前提下，希望可以均衡地召集到有着与主题相关的掌握三种不同知识的人：①技术知识；②商业知识；③关于人的知识。同时，也要注意性别和年龄的均衡。比如，围绕“2040 年的住所”这个主题来组织一个 4 个人的团队，如果他们分别是建筑公司的员工（20 多岁的女性）、建筑师（50 多岁的女性）、承包商（40 多岁的男性）、科幻作家（30 多岁的男性），那这个团队的知识、性别、年龄的结构就可以说是比较均衡的。

当然，我们不能仅仅根据职业、年龄、性别去判定一个人，出生地、家庭结构、性格等也是非常重要的。我们无法用这么几个人去均衡覆盖所有的特性，这是不现实的。如果连这种程度的均衡都难以实现的话，那标准可以变成“找跟自己不一样的人”，这样也就足够了。重要的是要去实践。即使不完美，只要能组成团队、开始实践，一切就有了开始。

对大部分读者来说，使用科幻思考的动机基本来自商业场景，比如要思考新业务的形态，或者发掘研究开发的主题等。那么从下一章开始，就让我们从商业视角具体地讨论如何将科幻思考运用到商业之中。

第 4 章

创作未来故事的 5 个步骤

藤本敦也

锻炼科幻思考的捷径就是增加“想象激动人心的、意料之外的未来”的次数。在商业中，只要常常从意料之外的未来看向现在……习以为常的日常也会成为通往激动人心的未来的起跑线。于是，顾客的愤怒、领导的训斥、不被周围人理解的苦闷，这些之前令人感到有压力的情绪，都会变成未来更上一层楼而磨炼自己的、不可多得的好机会。

在这个工作坊中，我们在“运用科幻思考寻找未来商业的灵感”的框架之下，将“创作与自己的商业主题相关的未来故事”这一工作分为 5 个步骤，归纳成了方法论。然后，仅仅通过两次（两天）工作坊的讨论，我们就能够学会“创造意料之外的未来”。从这个意料之外的未来中，我们可以推导出下一个像 Alexa 或者 Oculus 一样的崭新的商业概念。

当然，虽然话是这么说，但肯定不会让大家一下子就像科幻作家一样写出真正的科幻小说。但是，请大家想一下前言中提到的“斯特金定律”。要讨论质量，首先需要有一定的数量。总而言之，我们首先需要批量生产出各种各样的未来。工作坊可以提供达到这个目的的最佳方法。

在工作坊中，我们将与宫本先生一起打磨，反复试错。根据目的和主题的不同需要进行一些调整，但是基本上遵循的就是以下 5 个步骤（见图 4-1）。我们是按照步骤 1 ～步骤 3 是第 1 次工作坊讨论内容，步骤 4 ～步骤 5 是第 2 次工作坊讨论内容这样的想法设计的。

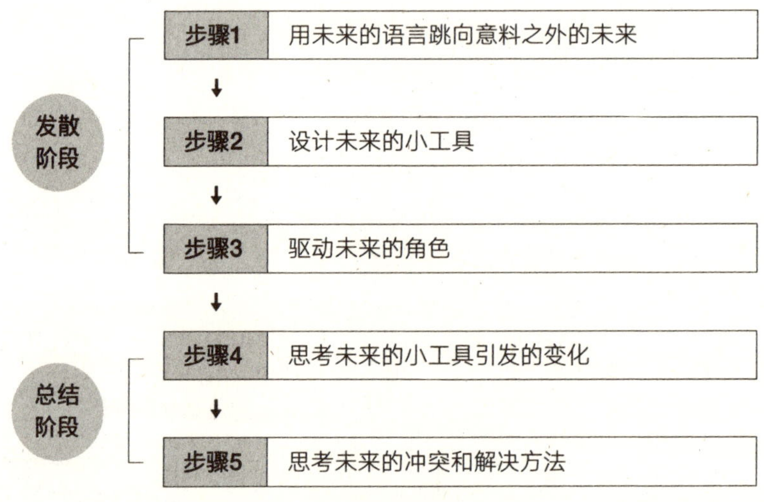

图 4-1　创作未来故事的 5 个步骤

之所以要分成两次，是因为我们将前半段工作坊讨论设定为“发散阶段”，后半段则设定为“总结阶段”。在“发散阶段”，人们可以随意想象，即使完全脱离实际也没有关系，总之，就是要让想象力尽情飞舞。相反，在“总结阶段”，人们要把发散出去的想象根据目的和主题进行归纳总结。我们也可以将它理解为，之所以要把工作坊讨论分成两次进行，是为了让大家更好地切换两种不同的状态。

特别是带有上下级关系的公司员工一起参加工作坊讨论时，场面会变得非常凝重，很难进行发散讨论：经常是从头到尾都进行着和谐的讨论，整个过程变得像一场普通的会议。每个公司的风格不同，具体情况也会有所不同。不过，如果主持人正式地告诉大家，“我们会在第 2 次工作坊讨论中好好总结，所以请大家今天尽情地发挥自己的想象力”，这样会更容易让讨论变得活跃（这个部分主要是在公司中应用科幻思考的要点，会在第 6 章中详细说明）。

在上一章中我们已经说过，一个团队的成员最好是 4 ～ 6 个人。在开始工作坊讨论之前，需要确定好负责活跃讨论气氛的主持人，以及负责记录发言内容的记录员。如果没有主持人，讨论可能会停滞不前；如果没有记录员，大家可能就沉默着不停地在笔记本上做着笔记。如果没有这些角色，讨论很难热烈起来。这两个角色可以由两个人担任，也可以由一个人兼任。

此外，工作坊的各个阶段都注明了规定时间。请遵守规定时间，按照节奏来推进。如果想不出好的创意就不往下推进，否则就只是浪费时间。而且很多时候，推进到下一步后，出乎意料地就会有好的方案产生。所以在进行了一定思考之后，就请往下推进。规定时间也会成为一种压力，在此情况下更容易产生好的方案，所以在推进过程中，主持人需要让大家意识到工作坊讨论是有规定时间的。不过，如果在讨论未来社会的有趣细节中，大家都在积极提出意见，正在好的方向上进行热烈的讨论，那这个时候稍微超出规定时间也是没有关系的。

那么，接下来我就用在工作坊中实际使用的内容向大家讲解具体的推进方法。

步骤 1　用未来的语言跳向意料之外的未来

终于要正式开始了！

请先把目标告诉所有团队成员：“今天我们将围绕‘未来的小工具’（未来社会的商品或者服务）来进行想象，让想象力飞起来吧！”

第1次工作坊讨论的大致流程是这样的：首先，参与者根据各自的兴趣、关注点引出一些私人化的词语，然后根据主题想象词语，最后随机将前两个步骤的词语组合在一起。这时会产生很多稍显奇怪的“虚构词语”，可以从中选择一个作为“未来的小工具”的名字，再进一步思考这个词语的意义。

我要再次强调，不用考虑太多后面的事情，只要尽情地、快乐地提出词语就可以了。为了缓解紧张的情绪，可以采取“破冰”的方法，先让大家做个自我介绍，顺便坦诚地讲一讲自己最近沉迷的东西。其实这个环节不仅仅是为了破冰，最棒的一点是，大家提到的词语后面都可以当作虚构词语的材料。

破冰① 引出私人化的词语

破冰① 自我介绍

- **在意的事情、感兴趣的东西或某种执念，或者最近买的或是喜欢的东西都可以说一说。**
  - 跟主题完全无关也没关系！
- **请举出几个与之相关的词语。**
  - 有没有什么可以形容工作工具、技能之类的专业术语或者行业用语呢？
  - 非常欢迎提出只有行家才明白的冷门词语！

限定时间： 2分钟/人×5人=10分钟。

破冰①中收集的词语

肩颈僵硬	午睡	无人机	邮购美食
浅渍[①]原料	冷冻牛角面包	条漫[②]	昆虫

① 日式腌菜。——编者注

② 用智能手机的漫画App阅读漫画时，需要向下滑动页面来阅读的漫画。

主持人请尽量积极地收集那些不常听到的小众词语。比如，喜欢漫画的人会提到“条漫”，喜欢西班牙的人会提到“午睡”和“tiqui-taca”①，出现这些平时不太听到的词语，就会变得很有趣。不过，最好还是避开“苹果iPhone”“任天堂Switch”之类的商品名，因为大家对它们的印象已经很深刻了。不仅是物品的名字，也可以试着在规则、制度之类的资料里面多找一找。当然，就算是普通的词语也完全不用顾虑，大家可以尽情提出来。在实际的工作坊中，曾经出现过“肩颈僵硬”“邮购美食”“浅渍原料”“冷冻牛角面包”“动画播出”之类的词语。

这个过程是为了挖掘“小组成员中潜藏的专业知识”。在实际的商业场景中也是一样，在准备开发新商品、新服务时，也会从乍看上去与主题没什么关系的领域广泛收集信息。因为在与主题看似不相关的领域中，往往隐藏着意想不到的商业灵感。创新就是在与不同的知识、不同的想象碰撞的过程中产生的。我们在这里设计这个环节，就是要刻意引发“不同领域之间的冲突”。收集到20个词语之后，大家就可以在闲聊的气氛中开始进行下一个环节，也就是“破冰②”。

破冰② 引出与主题相关的词语

破冰② XXX 的未来是什么

- **就“XXX”这个主题，聊一聊你所关心的、希望实现的事，以及想要开发的技术吧！**
- **请举出几个与之相关的词语。**
  - 禁止出现过于常见的词语！（如：AI、数据库、大数据、商业平台。）

限定时间： 2 分钟 / 人 × 5 人 =10 分钟。

① 巴塞罗那足球俱乐部的一种足球比赛风格。

破冰②中收集的词语

营养师	共情治疗	未病	口罩
精神健康	长寿善终	医疗崩溃	医疗创业

在这个环节中，请大家尽情列出与主题相关的词语。例如，如果主题是“未来的医疗或健康护理”，就可能会有“远程医疗”“未病”“医疗崩溃”“精神健康”“长寿善终”之类的词语；如果主题是“未来的书店”，则会出现“意念交流”“音频图书”之类的词语。这些词语都会成为虚构词语的材料。在破冰①中收集的都是与主题无关的词语，破冰②中收集的词语则与主题密切相关。把这两种词语放在一起，就可以自然而然地将两个截然不同的领域结合起来，并且还能贴合主题。

在这个部分，也请收集 20 ～ 30 个词语。有一个必须注意的事项是，不能用 AI、DX[①]、VR、商业平台之类轻易就能想到的词语来敷衍了事。为此，最好事先就列出一些不能提及的词语，做一些硬性要求（如果在这一点上有所放松，就会有人不知不觉举出 DX、AI 之类的词语，还觉得自己指出了公司未来发展的方向。整场讨论就变成一直追在这些人后面问的局面）。

收集了好多词语！接下来，让我们用这些词语做材料，制作出“未来词语”吧。这些会成为谁也没见过的“未来的小工具”的名字。制作方法如下：把破冰①中收集的“私人化的词语”放在左边，把破冰②中收集的“与主题相关的词语”放在右边。然后，把左右两边的词语随意组合在一起。条漫医疗、共情肩颈僵硬、医疗午睡、邮购精神健康、无人机营养师……奇怪的词语就这样源源不断地被生产出来。

① 多媒体编程接口，由微软公司创建。——编者注

这一过程的诀窍就是不要思考词语的意思。不要让常识阻碍你的思考，只要一鼓作气、尽可能地组合出更多的词语。如果有人犹豫着说不出口，请鼓励他说："没关系！以后再考虑具体含义就行了！"

通过组合词语创造虚构词语

- **在未来社会，什么样的词语是被普遍使用 / 流行的呢？**
- **请将破冰①②中的词语组合起来，创造虚构词语。**
  - 词语的含义以后再思考，现在请尽情发挥创意！
  - 加入破冰中没有出现过的新词语也没关系！

限定时间： 10 分钟。

请开始创造虚构词语。

破冰①比较私人化的词语	破冰②与主题相关的词语	新的词语
肩颈僵硬	营养师	医疗午睡
午睡	共情治疗	邮购精神健康
邮购美食	未病	医疗昆虫创业
无人机	口罩	冷冻未病
浅渍原料	精神健康	无人机营养师
冷冻牛角面包	长寿善终	条漫医疗
条漫	医疗崩溃	冷冻牛角面包口罩
昆虫	医疗创业	共情肩颈僵硬
	随心所欲地进行组合吧！→	长寿善终原料

用 10 分钟左右的时间收集到 20 ～ 30 个词语后，请从中选出 5 个左右比较有趣的词语。这些就是"未来的小工具"的候选名称。

判断词语"是否有趣"的关键在于，它是否"乍一看不明白什么意思，但好像能给出好几个不同的定义"。以此为标准选择的话，"条漫医疗""共情肩颈僵硬”看上去比较有趣。相反，含义过于宏大的词语组合（比如“医疗民主化”），或者意象类似、毫无违和感的词语组合（比如“时尚哲学”），看上去就不是很有意思。

搭配好词语组合之后，以这个词语组合给人的奇奇怪怪的感觉为线索，展开想象，思考它的含义吧。那是一种什么样的商品或者服务呢？它是因为什么样的机缘被创造出来的呢？

思考未来的小工具的内容

- **创造出来的这个词语具体是指什么呢？**
- **来思考商品、服务、制度的具体内容吧！**
  - 不仅要思考好的部分，也讨论一下不好的部分吧。
  - 只挑选能产生画面感的词语也没关系！

限定时间： 15 分钟。

请思考未来的小工具。

小工具的名字	小工具的具体内容	小工具的好处和坏处	使用小工具的用户
（未来的办公室）进击的牛角面包	·可以在自动贩卖机购买的保健食品	·一瞬间就能产生能量 ·营养丰富 ·价格昂贵	·高强度工作的社畜[①] ·灾害时的应急食品 ·冒险家、运动员
（未来的医疗保健）共情肩颈僵硬	·能以共情肩颈僵硬的方式感受他人精神重压的服务	·能与他人产生共鸣 ·能测量抗压强度 ·社会氛围变得和谐	·管理层候选人

“共情肩颈僵硬”是在工作坊中真实产生的词语。“从不肩颈僵硬的人，

① 公司中辛苦劳动的普通员工。——编者注

是否会与肩颈僵硬的人产生共鸣呢？”“日本人经常会有肩颈僵硬的问题，把这种感觉共享给外国人，是不是就可以促进文化交流了呢？”“这个方式是不是可以模拟体验别人感受到的精神重压？这是否会成为一种新的交流方式呢？”大家提出了以上这些意见。

到了最后一条意见，大家都觉得它“有可能”实现，是“不错的”，就可以暂时采用这个定义，接着推进到下一个步骤。就像这样，只要采用小组讨论中不知不觉间取得共识的方案，就能推进得很顺利。大致推导出“未来的小工具”是什么之后，请继续讨论它能带来的价值和收益。

如果是“共情肩颈僵硬”，就可能会有以下价值和收益：

- 可以共享难以被人理解的精神压力，进而减少误解。
- 可以模拟体验公司管理层那种压力很大的工作，进而判断一个人是否适合这项工作。

步骤 2　设计未来的小工具

渐渐地，未来的小工具变得越来越具体。在步骤 2 中，我们将会从技术层面，把逐渐具体化的未来小工具的形象进一步加强。未来的小工具，是由还未实用化的未来技术制作而成的。那会是什么样的技术呢？这种技术还可以应用在哪些商业领域中呢？

如果用现在的技术也可以制作出来，那就请从改善功能、扩大用户群体、削减成本等层面，思考如果要让业务进一步发展，会需要什么样的技术。相反，对于无论如何都研究不出来的技术（比如时间机器），只能要么先把这种小工具搁置在一边，要么降低技术难度，重新下一个定义。比如说，假设有这么一个提案，预想在2040年出现“无人机学校”这样的小工具。如果把它定义为“像无人机一样能飘浮在空中的学校”，在技术上就非常不切实际。但是，如果把定义修改为“授课主要通过在线的方式进行，但实体的教材和作业会由无人机直接送到家里，是一种混合了现实世界与虚拟空间的学校”，先不考虑性价比，技术上的可实现性一下子就提高了。

在“共情肩颈僵硬”这个案例中，能正确测量压力、疼痛并将其量化的检测技术，以及能够将其转化为“肩颈僵硬”这种感受的信息输出技术都是必不可少的。而且在此之前，可能还会需要对压力产生和肩颈僵硬的原理做出非常细致的解释。

制造未来的小工具所需的技术

- **需要哪些技术才能保证未来的小工具的可行性？**
- **这些技术还会派生出哪些商业模式？**

限定时间：10分钟。

请思考未来所需的新技术。

小工具	实现小工具所需的技术	用一句话解释这种技术	这种技术派生的商业模式
例：进击的牛角面包	例：可以快速恢复元气的技术 填入大家讨论得很热烈的词语吧！ →	例：可以快速且高效地提升人的消化和吸收速度、提高人的干劲的食品加工技术	例：康复用的医院食品 从技术的横向发展出发，进一步思考新的商业模式！ →

如果某种技术能够准确地计量压力，这种技术应该也能用于预测和防止各种骚扰。

如果某种技术能够准确地计量疼痛，这种技术应该可以在医疗实务中帮助医护人员把握患者的疼痛程度，调整麻醉剂量。

如果能够详细地对肩颈僵硬的原理做出解释，那未来社会可能就不存在肩颈僵硬了，只能通过“共情肩颈僵硬”在虚拟世界体会这种感觉。

通过思考并应用小工具背后的技术，可以极大地提升小工具的真实感。此外，通过把这些技术横向展开、思考新的小工具，可能会产生更加优秀的小工具方案。

如果想到了更好的小工具，那就替换成那个方案，接着往下推进。小工具的定义基本确定之后，就可以把自己想象成这种小工具的用户，试着进行对话。

即兴的用户对话

- **把自己想象成未来小工具的用户，试着进行对话吧。**
  - 对未来小工具感到满意的用户。
  - 对未来小工具感到不满意的用户。
  - 对用户意见进行归纳并升华的人。
- **具体地想象未来的用户画像吧。**

限定时间：10 分钟。

请从有关未来小工具的讨论中选出讨论比较热烈的 2 个讨论。

特别注意台词 2，请想象申请新业务时上司会提出的否定性意见。

小工具	台词 1 （对未来小工具感到满意的用户）	台词 2 （对未来小工具感到不满意的用户） ※ 并不是不满意，而是否定新业务提供的价值。	台词 3 （对用户意见进行归纳并升华的人） ※ 基本上是需要一边承认台词 2 中的否定意见，一边提出“可以改善 XX”“有 XX 的功能”之类的意见。
例：进击的牛角面包	例：昨天也多亏了进击的牛角面包，真是帮了我大忙。	例：如果每个月都用，效果就没那么好了。使用者可能会受到副作用的反噬。	例：这种技术可能有副作用，但是，出现意外的时候会需要它，发生灾害时是不可或缺的。
①________	________	________	________
②________	________	________	________

登场人物分为 3 种：①对小工具非常满意（持肯定性意见）的用户；②对小工具不满意（持否定性意见）的用户；③听取二者意见，进行归纳并升华（持建设性意见）的人。主持人分别指定不同的用户，给他们一分钟的思考时间，然后开始即兴对话。

这个步骤的目的是要让小工具的好处和坏处都变得更加明确，并找到改善这种情况的灵感。请大家分别以不同的心态参与到讨论中来。

饰演满意用户的人，请以相信小工具价值的心态参加讨论；饰演不满意用户的人，要试着从独特的角度对小工具的问题或缺点进行深究；负责归纳并升华的人，则要一边肯定二者的意见，一边努力提供新的讨论素材。

这个过程有时候会很顺利，有时候则会出现问题。所以请尝试2～3次，每次讨论可以用相同的小工具，也可以用不同的小工具。作为参考，我提供几个在实际的工作坊讨论中出现过的对话案例。

案例1 未来的农业中出现的新的小工具——“宇宙作物”的讨论

① **满意的用户：**我又买了宇宙作物，它又大又好吃，我现在已经没办法再回去吃地球作物了。

② **不满意的用户：**据说宇宙作物很容易因为紫外线、宇宙射线等产生变异，而且不清楚对人体有什么影响。

③ **进行归纳并升华的人：**最近的宇宙作物都是在宇宙温室中进行培育的，这很好地隔绝了射线，而且它比地球作物更加环保。

案例2 未来的医疗保健中出现的新的小工具——“共情肩颈僵硬”的讨论

① **满意的用户：**在管理层培训中，我使用“共情肩颈僵硬”模拟体验了上司的工作重压，这并没有我想象的那么难以忍受，感觉工作更有干劲儿了。

② **不满意的用户：**能感受到上司的所有压力真是太痛苦了！如果上司负债累累，私底下是个充满负能量的人，那该怎么办呢？

③ **进行归纳并升华的人：**压力数据与个人生活数据相关联，小工具会根据压力原因进行过滤。经调整，用户不会对工作之外的压力产生反应，所以不会有问题。

案例3 未来的出版中出现的新的小工具——“真心与假意书店”的讨论

① **满意的用户：**最近我去了“真心与假意书店”，只是对着“解

读真心 AI”大喊“那个上司太讨厌了”，它就给我推荐了非常有帮助的商业书籍。我感觉神清气爽，好感动啊。

② **不满意的用户：**啊，不就是那家危险的书店吗？如果说出“那个家伙我绝对无法原谅”这类可怕的真心话，它就会认真地推荐有关格斗技法的书籍。

③ **进行归纳并升华的人：**不，如果是可怕的真心话，就会一边假意推荐书籍，一边联络精神健康窗口，让那边进行专业的应对。

通过这样的对话，未来小工具的轮廓就会变得越来越清晰。比如“共情肩颈僵硬”的讨论，就会给人这样的感觉。

- **未来小工具的名称：**共情肩颈僵硬。
- **服务简介：**能够以“肩颈僵硬”的形式模拟体验他人因特定职务感受到的精神重压的服务套餐。
- **提供价值：**能够让他人实际体验特定职务感受到的压力，从而判断潜在候选人是否能胜任该职务；通过共享精神重压，能够减少误解和沟通问题，构建和谐的社会。
- **必要的技术：**能够检测压力、疼痛并将其量化的技术；能够提供“肩颈僵硬”这类感觉信息的技术；提供生活数据等，能够将压力和其原因联系起来的技术。

步骤 3　驱动未来的角色

以目前人们能想象到的小工具为基础，畅想一下未来社会中的世界观吧。这里也要用到科幻思考。通过让未来的角色讲述意料之外的未来社会，能够创造出未来社会中无穷无尽的细节。

先想象一下生活在未来社会中的各种角色吧。

未来社会中的各种角色

- **参考现实中的公司职员、工作人员、顾客，创造出个性独特的人、符合刻板印象的人、极端的人等各种虚构角色吧。**
  - 通过夸大特征，或者将不同人的特点组合起来，创造出与现实人物不同的角色吧！
  - 虽然现在是少数派，但以后可能会增加的角色（如公司中海外出身的经理或女性经理）；虽然现在是多数派，但今后可能减少的角色（如中层男性经理），创造角色时请意识到这些情况。

限定时间： 10分钟。

请开始创造角色吧。

种类	角色概要（名字也要起）	品位、外貌特征、癖好	内在特征
公司员工	________	________	________
顾客（甲方）	________	________	________
客人（孩子、老人等）	________	________	________

在这个部分，先思考“可能在与主题相关的行业中出现的人”，可以更加顺利地推进想象。比如说，如果主题是“未来的居住”，那就可以想象出家庭富裕的房东、房地产商中气场强大的销售部长、有古典气质且固执的手艺人、时尚且有着良好品位的建筑师等角色。不仅要想象非常有可能出现在行业中的人，也可以想象一下现实中不太会出现的类型，比如热爱健身且满

身肌肉的会计负责人。

从中心到边缘，从大众到小众，从两方面出发进行考虑，未来才会变得越来越立体。现在小众的存在，未来可能变得非常大众……通过这样的设定，想象会变得更加容易。比如，可以试着想象“七成公司员工都是女性的建筑公司”，或者“其中的研究员全都是文科专业毕业的生化企业”等。

实际上，通过这样的设定，未来图景有时一下子就会变得清晰起来。如果现在的少数派变成了未来的多数派，那么很可能是某种技术进步或巨大的环境变化之类为他们助力。那人们就可以思考：“出现什么样的情况才可能发生那样的变化呢？”在这些角色大展身手的未来，劳动方式、业务流程、工作工具都会跟现在有很大的不同。

还可以从“未来的人际关系”角度出发，如果主题比较难以聚焦到某几个行业，可以想象一下你在公司或兴趣团体中遇到过的很有个性的人，把他们作为想象未来角色的参考。不过，即使以身边的人作为参考，也要对某种特征进行夸张，或者把几个人的特征组合在一起，试图创造出新的人格。

不仅要创造出自己能够产生共鸣的角色，也要想象自己完全无法理解的角色，这一点非常重要。在无法理解的角色中，往往隐藏着未来。在开拓新业务的过程中，“极端用户访问”是提炼未来用户需求的手法之一。访问有着极端价值观、极端生活方式的人（极端用户），从他们的话语中寻找未知的用户需求。比如说在思考“下一代通勤方式”时，可以访问乘坐新干线进行超远距离通勤的人，或者在公司旁边建了房子，实现“0 分钟通勤”的人，听听他们是怎么说的。创造未来角色的过程与此有类似之处。通过极端的思考，能够想清楚一些事情。

有了4～5个角色之后，接下来就可以开始思考各个角色的细节特征了。重点是从外部到内部这两个方面思考他们的特征。比如说“房地产商中气场强大的销售部长鬼瓦先生”（男性，50多岁），外部特征可能包括“声音很大”“睫毛很长”“喜欢谐音梗”“爱好皮革制品”等，内部特征可能包括“出乎意料地细致，对周围的变化非常敏感”“虽然在大型会议上非常严厉，但在面对面的工作小会上却很温和”。想象自己正在把这个人介绍给朋友，带着那种感觉设定角色的爱好和口头禅。

在这个部分，起名字的时候可以尽量避开周围人的名字，最好用看上去就是虚构的名字。经常会有人使用上司或公司管理层人员的名字，结果对那个人的印象会严重影响后续的进程。此外，如果无法顺利地创造角色，可以尝试把两个角色的要素组合在一起。把两种要素组合在一起的话，或许会比较容易创造出角色。

从角色设定开始具体地思考未来，这是科幻思考的一大特征。接下来，就让我们把设定好的角色送到未来社会中吧。在社会结构和价值观都已经完全发生了变化的未来，角色的行为和态度也会和21世纪20年代有很大的不同。

请对小工具改变的生活方式、日常生活、价值观等进行思考。比如“声音很大的50多岁的销售部长”，如果他在能把所有令人不快的声音全部消除的未来办公室中工作，也就没有理由会大声说话。不过，他可能会使用存在感很强的巨大虚拟形象机器人来威胁周围的人，使他们不得发出令人不快的声音。文科专业出身的生化研究员（假设这位是20多岁的女性，就叫她出绘涂江小姐吧）可能从未使用过显微镜，但是她有能帮她进行各种实验的AI机器，她可能只需要不停地赞美、鼓励AI机器，让它按她的需求运作就可以了。

就像这样，每个角色从事着什么样的工作、如何工作、有什么样的家人、住在什么样的地方、吃着什么样的东西……请详细地对角色进行讨论。大家可以想象角色的“抱怨”或“低语”，就会感到“哇哦，好神奇”。这样，具体的内容就被想象出来了。

角色的低语① 对未来社会的切实感受

- **刚才想象出的角色，如果去有未来小工具的 2040 年，他们会说些什么呢？**
  限定时间：10 分钟。

- **刚才想象出的角色如果去 2040 年，那里有我们在步骤 2 中想象的小工具和新业务，他们会说些什么呢？（特别是与主题相关的低语，如“没想到会变成 XX 这样……”）**

不一定要让刚才想象出的所有角色都去未来，但请起码从男性和女性角色中各派出一位。

角色名	低语的内容（家庭、住址、饮食习惯等，与生活相关的低语）
例：出绘涂江小姐（有心理学博士学位的员工）。	例：以前如果要提高人的积极性，需要运用心理学知识、评价制度等。不知道什么时候开始，只用食物就能提高积极性了呢，而且它们还被认证为精神健康类药物了。

下一步我们需要思考，为什么这样的小工具能够在社会中普及。把这些也通过角色的“抱怨”和“低语”梳理出来吧。试着让角色自己讲述，为什么会变成这样的社会形态。

角色的低语② 社会变化的契机

- **为什么这样的小工具、新业务会在社会中普及呢？让角色们说一**

说吧！

- 传染病的蔓延、少子化现象、身兼多职的普遍化、引发价值观变化的事件等。

限定时间： 10 分钟。

- **为什么这样的小工具、新业务会在社会中普及呢？让角色们来说一说吧！**
  - 例："之所以会变成现在这样的社会，都是因为XX做的那件事啊……"

如果卡住了，请参考下页内容。

角色	低语
____________	社会变化、技术发达之类的观点 例：之所以现在会有这么多精神健康类食物，都是因为温室效应导致的灾害增加啊……

比如说，"以前说到住宅首先就会想到开发商，但在房子能移动这件事变得理所当然之后，说起住宅大家想到的可能是汽车制造商了。2030 年原则上禁止土地私有化，现在已经过去了十年呢……"特别是社会经济或制度上的巨大变化、具有划时代意义的事件，只要思考出这些，关于未来的真实性一下子就提高了。

虽然这么说，但我想还是会有很多人不知道该提出什么样的想法，因此，我列出了一些这类变化的契机和事件，大家可以作为参考，尝试对此进行思考。

以上就是发散阶段。到此为止，先说一句：大家辛苦啦！

契机 / 事件

- **社会、政治上的变化（包括价值观）。**
  - 随着少子化的推进，劳动人口（药剂师、护士等）比现在进一步减少。
  - 为了降低医疗费开支，各自治体和健康保险组合开始致力于未病阶段的健康保健等事业（分配资源建立激励机制等）。
  - 2040年的社会现象（老龄化率为36%）。
- **经济上的变化。**
  - 让医生、官员都意识到设计和助推的重要性，积极地参与进来。
  - 在一家公司工作一辈子的工作方式成为少数。
  - 可持续性指标受到高度重视，它将作为所有行业企业的评价标准。
- **技术上的变化。**
  - 使用智能手机或可穿戴设备的比例接近100%（目前70岁以上人群的使用比例为40%）。
  - 通过基因解析，个人化未病防治普及，并取得一定成果。
  - 远程通过虚拟形象或机器人等方式进行的工作等活动大大增加。
  - 自动驾驶被普遍使用。
  - 根据个人既往病史和遗传信息进行的定制医疗取得进展。

步骤4　思考未来的小工具引发的变化

在发散阶段，我们通过让想象尽可能发散，最基础的未来社会图景得到大幅扩展。在紧随其后的总结阶段中，我们一边给这幅未来图景加入现实的精髓，一边将未来故事整理成型。

创作未来故事有三根支柱：①设定未来的世界观；②思考未来社会中的弱者和问题；③设定未来社会中发生的事件（当然，创作登场角色也是故事创作的支柱之一，但这个部分我们已经在发散阶段完成了，所以此处省略）。

在这个阶段，我们思考一下未来小工具背后的世界观。具体来说，包括三个方面：①产业的观点（会产生什么样的工作或者活动）；②个人的观点（未来社会中的快乐与痛苦）；③未来社会的新课题。从产业的观点出发，要思考受到小工具的影响而产生或者成长起来的产业或职业，反过来也要思考因此而衰退的产业或职业。

产业会如何变化

- **思考小工具在 2040 年前带来的社会变化。**
  - 产生了正面影响的既有产业 / 职业。
  - 产生了负面影响的既有产业 / 职业。
    ※ 请务必思考一下现有客户。
    ※ 可以一边看着行业地图一边思考。
    ※ 也可以是以现代人的眼光看上去与这个小工具完全没有关系的职业。

限定时间： 5 分钟。

小工具产生正面影响的既有产业 / 职业：________________

小工具产生负面影响的既有产业 / 职业：________________

职业 / 行业名称	产生了什么样的影响
例：罐装丙烷气的供应商。	例：因台风增多，比起管道天然气，罐装丙烷气更有效率（可以省去维修之类的麻烦）。

思考未来的新职业 / 新行业

- **创造一个以某种社会变化为契机发展起来的新职业的名称吧。**
- **请思考这个职业发展起来的契机和过程。**

限定时间： 5 分钟。

请思考未来的新职业 / 新行业。

新职业 / 新行业	发展起来的契机和过程
例：避难组织公司。	例：因台风增多，所以出现了组织居民迅速避难的专业公司。

在“共情肩颈僵硬”被普遍使用的未来，可能会有其他以共情为核心的业务，比如“共情培训”“共情治疗”行业可能会非常兴盛，可能会产生“共情咨询师”这种新的职业资格。比如经营者或者政治家等在工作中需要承受巨大压力的人群中，真正承受了压力的人会受到好评和爱戴，而只是口头说说、实际毫无压力的人则会被大家抛弃。

如果一时想不到，可以试着看看“行业地图”，因为有时候看上去没有关系的行业之间反而有着出人意料的联系。即使主题是医疗，也可以把金融、农业、建设、出版等看上去离得很远的行业都纳入思考范围。还举“共情肩颈僵硬”这个例子，如果把思考扩展到金融行业，可能会想到这样的用途：“或许可以设计一种动态定价型金融商品，实时测量上市公司经营者的压力数值，把利率跟这个压力数值挂钩”。

性质不同的东西的组合是产生创新的关键，请再次回想这句话。思考新产业、新职业跟思考未来小工具一样，拓展思维的诀窍就是直接给它起一个名字。相较于“使用感觉共享技术的服装类产业人士”，“共情造型师”这种名字更容易让人产生想象。

接下来要考虑的就是人的变化。在这个未来中，哪些人可以左右逢源，哪些人会过得比较艰辛呢?

人会如何变化

- **在这个未来社会中，自己以及创造出的这些角色是会觉得快乐呢，还是会觉得痛苦?**
- **这是为什么呢?**
  - 请试着加入“价值观相同/不同”“能/不能享受新业务的优惠”之类的观点。

限定时间：10分钟。

名字（假设）	快乐/痛苦	为什么快乐/痛苦

在这个部分，请试着先从自己开始思考一下。想象自己身处在那样一个未来里，你感受到的是快乐还是痛苦？为什么会有这种感受？请试着描述出来。

这个环节的设计初衷，就是为了让小组成员把各自的主观感受与未来图景正面碰撞。前面的环节基本是一边肯定大家的意见，一边塑造未来图景，所以这里应该不会出现什么否定性意见。不过，让所有人都 100% 满意的未来图景是不存在的。关于某个社会是好是坏，一个人的观点会随着年龄、立场的变化而变化。什么样的人精神饱满，什么样的人萎靡不振，这样的想象对塑造更有真实感的未来图景是非常重要的。在我们之前举办的工作坊中，这个环节也总是非常热闹。

重要的是，人们不能只表达喜欢或者讨厌，而要去发掘其中的理由。比如，如果有人说“要跟人联系紧密到那种程度，说实话，这让我感觉很压抑”，可以追问“那到什么程度是不会感觉压抑的呢”，以探寻联系的紧密程度，或者询问“如果用其他联系方式的话，是不是就不会觉得压抑了呢”，探究压抑感产生的原因。总之，请仔细地探究各种“为什么”。

会产生哪些社会课题

- **在这个未来社会中，可能感觉痛苦的是什么人，痛苦的原因（如社会课题、背景）是什么呢？**
- **在这个部分，让我们思考前面考虑的新业务是否可以帮助这些痛苦的人。**
- **如果能够提供帮助，那么是如何提供帮助的呢？如果无法提供帮助，那就去改善小工具或新业务吧！**
  限定时间：10 分钟。

※ 如果之前考虑的小工具或新业务无法解决问题，那就重新考虑新的小工具或新业务吧！

痛苦的原因：____________________________
新的小工具 / 新业务：________________________

不管是多么先进的未来，都会有人生活艰辛，都会存在各种问题。生活变得便利、舒适的同时，人们或许比现在少了更多隐私和行动自由，而不太能承受精神压力的人又或许会觉得很煎熬。

如果发现了问题，请思考怎么才能解决它。为此可以创造新的小工具，也可以思考如果要升级现有的小工具，可以加什么功能、做什么改进。再进一步想象这些小工具的使用场景，未来图景才会越来越清晰。

步骤 5　思考未来的冲突和解决方法

终于要开始编织故事了。

首先，我们来思考一下故事的写作方法。为了确定未来故事的方向，请你决定故事整体是要写得比较积极还是比较消极，特别是要考虑好把哪个部分写得积极（或者消极），为什么要这么写（想强调什么）。你可以一边回忆之前讨论得比较热烈的一些要点，一边思考这些问题。在这个部分，我们会决定要强调什么、如何强调，故事的主干部分就会变得更加扎实。

思考故事的描写方法

- **为了把之前我们思考出的未来社会图景、新业务（及其必要性）的轮廓传达给别人，创作一个故事（短剧）吧。**
- **首先决定故事整体是消极的还是积极的。**
  - （简单地写一下，希望在哪些要点上突出积极 / 消极情绪。）

  ※ 积极示例：对未来发生的变化进行善意的描写（虽然依然存在不确定的课题，但某种程度上有应对的方法）。

※ 消极示例：描写时强调未来的社会课题（还没有有效的应对方法）。
限定时间： 5 分钟。

请决定故事整体要描写得比较积极还是消极，并写下来：＿＿＿＿＿＿＿＿＿＿
＿＿＿＿＿＿＿＿＿＿＿＿＿＿＿＿＿＿＿＿＿＿＿＿＿＿＿＿＿＿

希望在描写时特别强调积极 / 消极情绪的要点：＿＿＿＿＿＿＿＿＿＿＿＿＿

然后，我们就可以开始创作情节了。情节的创作基本上遵循“起承转合”的规则。在“起”阶段，我们可以一边对世界的设定进行说明，一边描写日常生活；在“承”阶段，这样的日常生活因为出现问题而不再平静；在“转”阶段，描写解决问题的过程；在“合”阶段，描写恢复平静生活之后的世界。用这样的四个阶段来架构故事，虽然是很朴素的创作规则，运用它却真的更容易写出有趣的情节。

在“起”阶段，解释未来故事的基本设定。

在这个部分，我们需要确定主人公和其他登场人物：可以从之前创造出的角色中，选择看起来格外难以融入未来社会的，或者不是非常积极活泼的、比较容易使读者代入情感的角色充当主人公，会比较容易推动故事情节的发展。接下来，我们来制作主人公与周围角色的关系图吧，包括职场、家庭等，只要写清楚人物之间是什么关系就可以了。在工作和生活中，角色们都过着什么样的生活，请再次展开想象。

即使觉得算不上是故事，只要我们按照“起承转合”的规则推进情节，就会取得出人意料的成果，总而言之，尝试着把主人公的日常生活事项一条条写出来吧。把我们之前想象的未来的工作方式、产业的变化、生活的变化都写下来。

在“承”阶段，可能突然会出现非日常的内容。步骤 4 中想象的社会问题可以作为参考，这个阶段的关键是“未来的问题”。围绕着未来的小工具，角色们会被卷入什么样的事件中去呢？比如说，停电引发的机械故障、台风导致的交付延期、竞品的开发导致自家业务增长停滞等，可以想象出类似的各种各样的问题。在这个阶段，我们依然可以使用让角色开口描述的方法。先设置这样一个问题：“鬼瓦部长和出绘研究员带着一副苦恼的表情出现在办公室，他们到底在烦恼些什么呢？”然后集思广益。可以想象出现问题之后主人公的情绪、行为，以及周围角色的反应。

创作情节的前半部分（起 & 承）

- **终于要思考情节的前半部分了。**
  - 思考未来社会中主人公的行为、情感的变化，也要考虑主人公与其他角色之间的关系如何变化。

  ※ 不一定要让所有角色全部出场。

  ※ 事先确定好敌方和友方，这会让情节创作变得更加顺利。

限定时间： 10 分钟。

创作情节的前半部分。

阶段	主人公行为和情感的变化	主人公与其他角色之间关系的变化
起： 未来的日常（未来社会中作为前提的背景情况）	例：只靠食物就能提高工作积极性了呢，而且食物已经被认证为精神健康类药物了。 ※ 灵活运用在前半部分思考出的小工具的利用场景，以及角色们的低语（社会变化）等内容。	
承： 未来的非日常（被突然出现的问题 / 灾害裹挟其中）	例：因为海水温度迅速上升，灾害特别多。本来以为 19 号台风风力挺弱的，结果在主人公所在的城市突然增强，差点来不及避难。 ※ 灵活运用在未来社会可能感觉痛苦的角色及其痛苦的原因等内容。	

在“转”阶段，可以描写主人公如何解决问题。这个部分就是所谓的高潮，可以描写周围的角色帮助主人公克服困难，也可以写借由开发新的小工具而渡过了难关。我们最好可以深度挖掘出现问题的原因，找到可以触及问题本质的解决方法。

“合”作为收尾阶段，我们要描写解决问题之后，恢复未来世界中新的日常生活秩序。这里描写的日常应该与“起”阶段描写的日常稍有不同，且略有改进。描写的可能是新的小工具带来的新生活，也可能是发生问题后改变了的社会制度带来的新生活。

此外，社会制度可能并没发生什么变化，但主人公变得更加积极、更能适应未来社会了。这种结尾充满希望的积极故事，在召集创作伙伴确定故事的走向时会比较顺利。另外，创作强调问题的消极故事，给人的冲击力会更强，更容易让人对其中的问题产生思考。可以根据用途决定要创作什么样的故事。

如果想不出一个完整的结尾，或者感觉这么短的篇幅无法把自己想象出的世界讲述清楚，那可以像连续剧第一集的结尾那样，“看上去问题似乎解决了，但却出现了新的谜团”，写一个这种形式的结局也是可以的。

创作情节的后半部分（转 & 合）

- **让我们来创作情节的后半部分吧。**
  - 根据后半部分的情节，可以修改前半部分的情节，或者重新塑造之前设定的角色。
  - 要注意，我们创作的是科幻小说，而不是幻想小说或恐怖小说，请尽量在设定的前提条件下和可能发生的范围内创作故事。

・即使故事和业务开发主题完全无关也没有关系。

限定时间： 10 分钟。

创作情节的后半部分。

阶段	主人公行为和情感的变化	主人公与其他角色之间关系的变化
转： 未来的日常（克服问题／消灭灾害）。	例：宣布会免费发放原计划在灾害后发放的进击的牛角面包，于是居民们聚集到了避难所。 ※ 把新业务用于帮助痛苦的人。	________________
合： 未来的非日常（回到与之前略有不同的生活）。	例：进击的牛角面包激励大家将避难的方法固定了下来（与此同时，开发出了在灾害发生时也能维持三天的冷库）。	________________

最后，为了让这个故事看上去更像一篇“短篇小说”，我们可以进行“打磨”。之前我们创作的都是“情节”，要把这些情节打磨成一篇短篇小说，需要在“起承转合”的每个阶段中，创作“旁白”和“角色对白”，把它们连接起来，这样看上去就比较像短篇小说了。读出来的话，可能会感觉像电影的预告片。不一定非要按照这个顺序来进行操作，如果故事很难成立，可以试着把旁白或角色对白换到别的位置上，总之是要调整到最能让故事通顺的状态。

当然，要创作出一个“这样就完美了”的短篇小说是不可能的，但大家应该隐隐约约能够找到创作未来故事的感觉了。如果想把故事修改得更加饱满，可以从打磨情节开始进一步扩充。通过这个工作坊，大家一定能踏出思考未来的第一步！

将故事修改为一篇短篇小说

- **让我们把这个故事修改成一篇短篇小说吧。**
  - 分别为“起承转合”的各个阶段创作旁白和角色对白（可以参考电影预告片）。
  - 在一定范围内，可以自由地对结构做一些调整。
  - 请务必把台词分配给小组成员，让大家朗读出来。这样，有些意图不明确的部分或者其他问题就会凸显出来。

限定时间： 15 分钟。

请创作短篇小说。

阶段	旁白	角色对白（台词 1）	角色对白（台词 2）
起	____________	____________	____________
承	____________	____________	____________
转	____________	____________	____________
合	____________	____________	____________

为了方便大家理解，下文附上以这种形式创作出来的一篇未来故事。这个故事是由我提供创意，并委托宫本老师执笔，一起创作出来的。乍一看，你可能会觉得这个故事荒诞无稽，但你不觉得其中隐含着思考未来的灵感吗？

孤独的狗（预告篇）

2070 年，日本。

狗的脑子里被植入了无数的 AI 芯片，这些 AI 芯片赋予它们与人类进行交流的能力。很多狗都因此得到了一份工作，还产生了

“动物护理型日间服务”这种职业：也就是由以狗为首的各种动物，在白天为孤独的老人提供护理的服务。

杰克（狗，主人公）：“我们犬类由国家管理，毫无自由。虽然根据我们犬类的本能，确实能够感受到一些幸福，但是有时我的意识会对这样的生活感到不适。”

达纳（饲养员，负责饲养杰克）：“今天发生的事真是太让人震惊了。在我们去的那家动物护理型日间服务机构里，有一个顾客是有认知功能障碍的老人。他脑子里植入的AI芯片坏掉了，结果记忆就全部都消失了。因为他使用的是过了保质期的劣质AI芯片，所以坏了也只能自认倒霉。”

杰克在管理强化犬的强化动物就业管理局工作。警犬来到那里，要求它提供信息。

警犬：“有人报警说在强化老人实验特区和强化动物实验特区的交界地带，有一只强化犬失踪了。可以请您就这件事提供一些信息吗？”

杰克：“可能是一只叫小豆的狗，它负责用机械手修理管道。”

杰克与警犬一起在周边地区进行了询问。结果，有一只司机犬表示它看到过一只跟小豆非常相像的狗。社会上虽然已经普及了自动驾驶，但是现在还需要一个责任主体，所以一般会让狗来充当司机，驾驶最后一公里的路程。据那只狗说，它曾把一只非常像小豆的狗送到动物护理型日间服务机构的附近。

杰克：“难道这件事与我主人去的那家动物护理型日间服务机构有什么关系吗？”

警犬：“可能是小豆使用小型电磁波炸弹摧毁了那位老年客户的AI芯片，然后逃逸了。”

杰克和警犬的推理似乎揭开了部分谜底。但是，强化犬的AI芯片被设置了名叫“强化动物三原则”的行为限制系统，按理说应该是可以阻止它们犯罪的。那么这只强化犬到底是如何犯下损坏AI芯片的事件的呢？事件不仅没有得到解决，反而陷入了重重迷雾之中。

杰克："虽然还不能断定小豆是不是罪犯，但它一定知道些什么。小豆肯定没办法长期东躲西藏，因为强化犬如果不定期让宠物美容师维护身体和AI芯片的话，它们的身体渐渐就会感觉到很难受。"

达纳："小豆难道是被某个人类控制了？不过，那到底会是谁？他又是如何做到的呢？"

这时，杰克和它的伙伴们还不知道，它们正在一步步靠近高技术动物社会的阴暗面……

ＳＦ思考：ビジネスと自分の未来を考えるスキル

在东京大学进行的科幻思考教育实践

关根秀真

科幻思考不仅可以用于商业创新领域，也可以有效地运用于教育领域。接下来将向大家介绍我担任东京大学工学部的外聘讲师期间，在教授系统创新系的智能社会系统课程中运用科幻思考的实际案例。在系统创新系，有一个面向大学三年级学生的应用项目，通过团队分组讨论、研究，让学生掌握实践应用能力和课题探究能力。

在我负责的课程中，我从日本掌握的先进科学技术中，选取了宇宙商业部分，将其用于商业领域的案例分析。通过交替进行课堂学习和分组讨论，探讨业务战略与相关政策，并以商业创意大赛的形式让学生发表业务提案。学生们通过这门课程，学习了技术与社会之间的关系，深入地思考先进技术用于商业领域的可能性。

科幻工作坊的定位

在课程中，总计 7 次课（1 次 3 课时），其中一次课用来开展科幻工作坊。课程整体大致分成两个阶段。第一个阶段是学习阶段：学生们学习宇宙开发以及相关商业模式的概要，并向多位宇宙相关业务的创业者了解情况，深化对宇宙商业的理解。在第二个阶段，学生们在整合第一阶段学到的知识的基础上，分组讨论运用宇宙的具体商业模型，构思、发表相关提案和建议。科幻工作坊会在从第一阶段过渡到第二阶段的时间点上实施，目的是让每个学生立足于学到的知识，以提出商业模型方案为目标展开想象，“思考意料之外的未来”。

在科幻工作坊中，按照课堂上确定下来的设定，把业务目标指向 2030—2040 年的未来后，按照本书已经讲解过的各个步骤，将学生们分成 4 个小组（每组 3 ～ 4 人），实施分组讨论。学生们面对乍一看（或者感觉好像）跟宇宙完全没有关系的新词语创造活动，表现出了一些困惑。不过，随着步骤的不断推进，大家被从宇宙、从自己（或者其他小组成员）关心的事情中发掘出的新词语、新服务吸引，开始有了一些真正意义上的意料之外的想象。我可以介绍几个在科幻工作坊中产生的、未来宇宙商业中的新产品、新服务。它们包括“月面着陆帆布鞋”“无重力慢跑”“火星美术”“间谍卫星游戏”，等等。大家可以从这些词语中想象到什么样的新产品、新服务呢？（请试着思考一下。）

在课堂上，最终构想出来的创意要如何应用在商业中呢？需要什么样的技术才能实现它呢？包括应用场景在内，作为商业模式它是否能成立呢？在分析、探讨这些问题的基础上，设计商业创意。不过，每年都有很多学生在提出新创意的时候，感到非常困难。之所以会这样，其中一个原因是他们在无意识中用现有的技术和自己的经验，区分了能做的事情和不能做的事情，无法从“商业就该是这样”的固有观念中脱离出来。在科幻工作坊中，通过把想象“放飞”到意料之外的地方，在破坏固有观念的同时，还能提高参与其中的学生对宇宙本身的兴趣。结果是，在最终发表的商业创意大赛中，各个小组都拿出了比往年更加有创意的提案。

科幻思考的效果及其在教育领域运用的可能性

大学生（特别是理科专业的大学生）在日常生活中已经习惯了理性的思考。理性思考，这在研究学问的过程中是一件非常重要的事情。不过，如果思考过于理性，就会无意识地为思考的灵活性、创造力、想象力设限，面对无法从现在推演出来的意外的东西（或乍一看让人感觉不可能的事情），就会本能地想要否定它。

在今后的时代，“意料之外”将会变得理所当然。在这样的时代，暂时摆脱限制、尽情地去畅想，并把畅想出来的创意描述成一个（如有需要可以是理性的）故事，这是非常重要的。为了让日本能够产生未来的杰夫·贝佐斯、埃隆·马斯克，今后应该不断提升在教育领域运用科幻思考的可能性吧。

第5章

如何用科幻改变现在和未来

藤本敦也

灵活运用创作出的未来故事

运用科幻思考法创作未来故事，这个“创作过程”是最能学到东西的。因为你在这个过程中，可以学会“科幻思考法”这项技能——挣脱常识的桎梏，让想象飞向未来，从那里倒推出现在的情况。不过，只要遵循第4章中讲解的5个步骤，这个世界上的任何一个人都能创作出一个完整的未来故事，所以没有理由不去好好运用这个故事。运用的核心，是把它作为与各种各样的人进行讨论的基础。通过与不同的人讨论，不仅可以将未来图景打磨得更有质感，自己也能学到更多。

如果描绘的是自己公司的未来图景，请试着把它与上司和经营层、与公司内部的相关部门一起讨论一下。就故事中潜藏的理想、前进的方向、存在的问题听听他们的意见，思考自己的想法与他们的想法在哪些地方是一致的，又或者在哪些地方是不同的。此外，也请他们对故事中的世界观、角色的行为发表一下看法。“意料之外却又与现实相连的未来图景”对于他们思考业务中的长期课题一定可以起到帮助作用。如果其中潜藏着商机，还可以用它与公司内外的专家沟通，建立共识。

在这个部分重要的是，不仅要分享情节，还要把情节背后的思考方法（对未来产生影响的事件、问题、人们的价值观和需求的变化、技术的进步或衰退等）都细致地进行分享。因为未来故事不是为了娱乐而创作的虚构小说，而是未来的原型设计。

不过，如果创作出的未来故事还没有成熟到可以用作未来的原型设计，预计无法基于它来展开讨论的话，最好再进行一次工作坊的讨论，重新创作一个故事。判断的标准之一是读到这个故事的人是否会给出两个极端的意见，一些人说“这个未来好有趣”，另一些人则说“这个未来好讨厌……”创作的未来故事能够引发好感或者厌恶感，就证明其中总有明确的世界观，可以作为讨论的出发点。

“根本就没人想读”“完全提不起兴趣”，如果是这些意见，那很遗憾，这个故事完全不行。但必须说的是，如果读过的人都觉得“好像确实有可能会这样”，那这个故事就也是个半成品；如果所有人看完完全不想发表意见，那很遗憾，它只能静静地消失。

综上所述，假设创作出了值得讨论的未来故事，在本章中，我将举出几个在企业中实际发生过的案例作为参考，为大家讲解如何运用这些故事。可以说，科幻思考本质上就是为了“改变未来”而“创造未来”的思考。因此，从“想改变的是什么”这个角度，我会分 5 个方面来向大家讲解。

虽然这么说，但运用方法肯定不只有这一种。“还能这么用！”如果想到这样的点子，请务必实践一下。还有，请务必也告诉我一声！

“想改变淹没在日常业务状态中”的人，来学！

我想做与未来有关的工作，并从中感受到自己的价值。我希望获得可以在未来运用的经验和技能。虽然这样想，但却被眼前的工作淹没，被时间追着跑。不知不觉间，日子就过去了，突然之间，我心中掠过一抹对未来的不安……

我想可能很多商务人士都陷入了这样的情况。那么，就让我们运用未来故事，去改变身边的职场环境吧。

以未来故事为契机，在公司内部进行对未来的讨论

如果可以的话，本来希望能在部门内部举办“创作未来故事的工作坊”，但如果直接提议说“咱们来写一个科幻故事吧”，可能大部分人都会是“嗯？”的反应。

可以把有识之士聚集在一起，创作出一个未来故事，再提议“大家以这个故事为契机，一起思考一下未来”。如果是这样的顺序，就可以把它放进工作坊的议题中，实施的难度就降低了很多。

然后，基于通过步骤 1 ～步骤 4 思考出来的“产业的未来”“人的未来”等设定，思考公司的业务和流程应该如何改变，如果发生了那样的变化，自己所在部门的业务将如何规划。可以设定这一类的主题，大家一起进行讨论。于是就能得出很多具体的结论，比如：现在的业务在未来要如何发展，

或者从现在开始应该做哪些准备。

- 未来行业的变化 / 商业模式的一般形态（特别是目标用户及其需求）。
- 未来的 4P 营销理论[①] 相关概念（公司在行业变化范围内提供的服务、如何开发出这种服务、PR 战略[②]、价格）。
- 未来的组织（理想的组织形态、生产线、不同职能部门的工作方式、融资方式、人事制度）。

比如，如果以前面提到的“孤独的狗”为题材进行讨论，可能会产生这样的内容：“孤独的老人如何凑出购买动物护理型日间服务的费用呢？我尝试制作了这一商业模式的利润表，发现还是需要地方政府提供资金补助。那么，就像护理需求度这种标准一样，可以设立联系需求度（在防范孤独的意义上）之类的指标。面对这样的未来，是否可以通过改良公司的看护系统，实时计算出联系需求度呢？”

作为设定个人挑战目标的指导方针

有些企业会把个人的挑战目标作为评价制度的一部分。这个时候，请试着从未来故事倒推出个人目标。因为员工会把通向未来的目标放到了日常的工作之中，所以他对目标的投入度会更高。

还有一点非常重要，用从未来故事倒推的方法制定个人目标，如果它和

---

① 即产品（Product）、价格（Price）、推广（Promotion）和渠道（Place）。——编者注

② 公共关系战略，指通过获得有利的宣传，建立起良好的公司形象以及处理或防止不利的谣言和事件来与公司的各类公众建立良好的关系。——编者注

之前的个人目标相同也没有关系。实际上，在某家公司尝试用这种方法设定个人目标时，也有大约三成的员工得出了跟之前完全一样的个人目标。可能有人会想，如果目标是一样的，那是不是没有必要专门去创作一个未来故事呢？不，并不是这样的。如果在畅想未来的基础上，目标没有发生变化，那在面对“你为什么要把这件事放在最高优先级”这类问题时，你的心中会有明确的理由和信念。商务人士很容易就会陷入日常业务的汪洋大海中，仅仅是多了这份信念，未来可能就会有很大的改变。

“想改变总追在时代后面的公司风格”的人，来学！

任何一家公司都需要随着时代变化创造新的服务，或者给既有服务升级换代，不然就无法存活。为此，很多公司都会说：“我们要去寻找蓝海[①]！”但如果真的提交了有关新业务的提案，又会发生什么呢？很多时候，恐怕都会是下面这些话的“连珠炮”攻击。

你能保证会大卖吗？（要是能保证的话，那所有人都去做了！）

拿出案例来。（要是有案例，还叫什么创新？）

你不知道我们公司不是那种会冒险的风格吗？（公司主页不是写着“走在时代前沿”吗？）

如果我是用户，我不会买。（因为你根本就不是目标用户啊！）

……

① 指未知的市场空间。——编者注

有关新业务的提案就会陷入公司内部审核、调整的泥淖中，等终于可以作为商品或服务投放到市场上的时候，别说炒冷饭了，根本已经是一片红海[①]了。很多时候都是这样。资源充沛的大企业，如果把目标用户定为第二轮的追随者的话，或许还有可能成功。如果不是，那简直难如登天。可以的话，真想自己创造一片蓝海，在里面自由自在地遨游。我想，很多读者可能也是这么想的。

前面说到的人们对这些有关新业务的提案存在不理解的言论，很多都是由于“缺乏想象力”或者“缺乏将未知与已知结合思考的能力”。这个时候，用科幻思考创作出的未来故事就有了用武之地。这是因为，未来故事最擅长的就是“让人对未知事物产生具体的画面感”。

当然，商业提案要获得通过，不仅要让人有画面感，相关的数据支撑也是非常重要的。因此，在创作未来故事时，要在“加入具体数字的商业模式制作”和“显示变化萌生的证据收集”这两个方面加入翔实的材料，让故事更有可信度。

让我们重新整理一下未来故事的背景信息。在想象了20年后的未来市场后，让我们回溯10年前、5年前，明确不同阶段的背景，细致地思考：新业务是在哪一年突然发展起来的呢？它又是为什么获得了发展呢？请整理出成为业务发展契机的事件和变化的未来年表。

从这里开始，让我们来仔细地推导实际作为论点的5年后的市场规模，确认顾客需求的强烈程度（是没有它会苦恼，还是有了它会开心？）、需求产生的背景、潜在用户的数量（市场规模）、顾客终身价值[②]等预测值后，

① 指竞争十分激烈的市场。——编者注

② 归因于顾客关系产生的未来现金流的现值。——编者注

尝试制作新服务的预想收支计算表。思考到这一步，未来业务的价值链的形态也就初具雏形。

但是，如果只有这些，还不过只是个人的幻想而已。为了能在公司内部展开具体的讨论，要准备一些虽然小但经得起推敲的论据，这是非常重要的。然后，才能踏上“通往理想未来的萌芽探寻之旅”。

找到有着（或刚刚拥有）你思考出的未来价值观或未来需求的人，并采访他们。然后，探寻现在满足他们需求的商业模式是什么，其中不足的部分是什么，是否有已经开始提供新服务的人或机构。如果找到了细小但已确切出现的萌芽，那这就不再只是你一个人的幻想。虽然只靠这些证据可能还不足以让公司决定开发这项新服务，但我认为这至少可以让大家觉得这是一个值得关注的动向。实际上，某家企业曾开展基于科幻思考工作坊讨论的新业务方案大赛，10 组参赛队伍中有 3 组参赛队伍的方案都获得了肯定，被允许继续讨论下去。一个有些意外又非常有趣的事情是，参加讨论的员工担心“会不会太出格了”，结果经营层却觉得想象“还可以再放飞一些”。

“想实现聚集员工认同感的愿景”的人，来学！

新冠肺炎疫情让远程办公一下子普及开来。今后，像远程办公这样的分散化工作方式应该会继续发展。公司同事以及项目成员之间线下见面的机会越来越少、相互之间不会闲聊、也完全不会介入对方的私人生活……如果是这样，那作为一个组织的整体感也就会越来越弱。

当然，这可能是一件好事，但是员工可能会产生这样一些想法——“我有必要归属于这家公司吗？”“公司内部是什么情况我也摸不准，做好自己分内的事情就可以了。”如果这样想的人越来越多，员工即使想要开展新的业务，也无法发挥作为一个组织的整体的力量，因此可能会离做有趣的工作、创造有趣的未来的机会越来越远。

在现在这个时代，大家不会因为在同一家公司工作，就自然而然地产生团结一致的感觉。因此，用一个未来故事去承载企业愿景，让员工对此产生认同感；此外，让所有人都能明确地看到，为了实现它每个人需要付出怎样的努力。

如果希望实现一个能够聚集起员工认同感的公司整体愿景，请尝试在第 6 章中提到的那种方法，通过与职业科幻作家协同合作，共同创作未来故事。此外，为了能更好地运用未来故事，对它进行打磨也是非常重要的。

因此，请尽可能详细地列举出有可能决定自己公司未来的事件或者可能发生变化的趋势。这些可能都是通往未来路途中的重要节点。可以运用情景规划，从中归纳出几种“可能的未来”，制作出新的未来年表或者未来故事。然后，不只是把得到的这些成果展示出来，而且要像下面这样，将其运用到平时的工作中去。

- **当作指南书放在手边：**中期经营计划、企业社会责任报告书、部门的目标设定等，在每次需要制定有关经营、管理方向性的目标或计划时，都可以定期拿出来读一读，确认现在的工作或取得的成果与理想未来之间的差距，把它作为思考新方向的契机。

- **共享危机意识：**自然灾害等大型灾害、破产危机、失业人群大量产生等，通过想象未来面对的巨大危机，可以让所有人都意识到可能发生的危机。
- **用于企业公关（沟通策略）：**将公司畅想的未来传达给顾客、投资者、当地居民等公司外部的利益相关方，把这当作将他们转化为忠实粉丝的契机。
- **用于招聘活动（沟通策略）：**将公司畅想的未来传达给学生和考虑跳槽的职场人士，彰显公司职场的魅力。
- **让新人研修中的“未来故事读后感宣讲”成为惯例：**众所周知，持续思考未来是一件非常重要的事情。但是，大家常常会因为日常琐事缠身而忽略了对未来的思考，这也是人之常情。为了解决这个问题，一个可行的方案是在公司内部制定一种助推大家思考的制度，引导大家能很自然地意识到思考的匮乏并积极思考未来。具体来说，可以在给新员工分配岗位的时候设置一个固定环节，请他们从新人角度阐述一下自己对未来故事的意见（违和感、认同感、想要尝试的事情等），并就此进行讨论。
- **为了督促大家时常思考未来，举办“科幻思考大赛”：**未来故事并不是一次性的创作。它需要经常升级、持续讨论，这才是对待未来故事应有的态度。公司可以每年举办一次“科幻思考大赛”，让这个活动成为一种惯例，借此设置一个时常思考未来的时间。

“虽然想尝试，但实在没办法做这么多事情”，我也会收到这样的求助。这时候，我就会建议求助者试着想象：“如果2040年贵公司的××先生（虚构的员工）接受校友访问，他会如何向同学们讲解自己所在的这家公司呢？”想象这之类的场景，然后运用在科幻思考工作坊学到的精髓（让角色开口说话），尝试展开小组讨论。请大家也试试这种方法。

“想升级公司内部价值观”的人，来学！

历史越悠久的公司，内部越是会积淀着一些沉渣般的陈腐价值观，这使得公司很容易错失更新这些价值观的时机。今后，对多样性的包容、商业伦理会变得越来越重要。如果不能及时升级公司文化，就会逐渐落后于时代，甚至影响到公司的生存。

为了解决这个问题，你或许可以尝试基于未来故事，尤其是未来故事中的“社会价值观的变化”及“人们生活方式的变化”，开办一个“未来价值观工作坊”。

通过在工作坊中深入讨论“没有跟上价值观变化的公司和个人在未来社会中会是什么样子”之类的问题，不仅可以让员工更加明确地看到自己所在公司中存在的各种问题，工作坊的讨论还可以成为发现问题行为和问题言论并对之加以改善的契机。

可能会有人觉得“普通的合规讨论不就够了吗”？但在这个领域中，如果是基于实际的现实生活，出人意料的是人们会很难冷静地展开讨论。自己习以为常的事情被指责为“骚扰”或“落后于时代”时，恐怕没人能冷静地对待。

但是如果是在“未来故事”中，以虚构的形式提出这些问题，人们往往就能够冷静地应对。那些有问题的行为也不会因为人们的主观情绪而被认为是小题大做，它们会被当作社会结构性的问题而被大家理解。

与此同时，请一并讨论下列这些以人为本的问题：在未来社会中，哪些人是弱者？这些弱者需要具备什么样的条件才能在社会中发挥效用？哪些人大放异彩，哪些人艰难度日？

通过这些讨论，人们会发现即使是面对近在咫尺的现实，大家呈现出的价值观也是丰富多彩的，一个人的价值观不可能被所有人接受。相互确认这一共识，或许是升级价值观的第一步。

“想自己决定自己的未来”的人，来学！

自己的职业生涯不能交由公司，而是要由自己决定。在这个“人活百年”且终身雇用制已逐渐崩塌的时代，把人生交给公司可以说有弊无利。今后，一个人的未来、一个人的职业生涯，理应由这个人自己来决定。

未来故事可以帮助一个人自己决定自己的未来。你可以想象生活在未来故事中的自己，从工作方式、兴趣爱好、居住环境、家庭成员等各个方面展开想象；也可以把在公司创作的未来故事拿给家人和朋友阅读，请他们发表感想、提出意见；还可以请朋友谈谈你在未来故事中的状态。这样做的原因是，一个人能从非常熟悉自己的亲友那里了解到自己从未注意过的事情，很多时候，这个过程会让我们更清楚地看到该朝哪个方向行进。

如果你觉得在公司创作的未来故事有哪里不对劲儿，那我推荐你去创作一个只属于你自己的未来故事。通过从未来故事倒推现在，制作“自己的职业生涯指南书”，从职业生涯的角度审视自己当下的工作。让创作故事成为你的一个习惯吧！

在美国亚利桑那州立大学进行的科幻原型设计

藤本敦也

美国亚利桑那州立大学的科学与想象力中心（CSI）一直在进行“科幻 × 未来社会构想”的研究与实践，试图将科幻运用在未来创造中。我有去 CSI 实地参观考察、参与讨论的经历，这对开发本书中的科幻思考的内容，起到了很大的帮助。

利用“科幻”这一主题举办让很多人参与其中的工作坊，以这种形式来共创未来。CSI 的工作与本书中介绍的“科幻思考”，在形式上有着共通之处。CSI 邀请包括普通市民在内的各类人群参与了成员极其多样化的科幻原型设计工作坊的讨论。

CSI 根据不同的目的、不同的主题开设了很多工作坊，团队的成员构成也多种多样。有的团队中全部是科幻作家、编辑、调查员、工程师、研究员等专家，有的则都是对科幻一无所知的普通市民（见图 5-1）。后者推进起来比较困难，如何引导这些完全不了解科幻的人，让他们进行科幻思考、投入非连续性的未来，这是一个巨大的课题。于是，CSI 引入了游戏要素，组织者只是提供看似不经意的支持，却能让每个成员都能非常自然地学会用科幻思维进行思考。

图 5-1　工作坊团队成员合影

注：从右边开始第三位是宫本道人，第四位是大泽博隆；从左边开始第二位是关根秀真，最左边是藤本敦也。

比如，在成员都是普通人的工作坊中，在我们接下来要制作的“未来年表”上，需要事先确定好目标年份和目标。然后，组织者要提前选出可能对这个目标产生重大影响的事件并把它们写在便签上。参与者用摇骰子的方式随机选择便签，在与团队讨论的过程中，把它们贴在年表上（见图 5-2）。在这个过程中，一些因果关系就会很自然地被结构化，比如“如果发生了 A，就会实现 B”“以 C 技术为基础，产生了 D”。

这个过程结束后，请参与者把自己认为重要的事件写下来并贴到相应位置。与其他团队的年表进行对比并修改，在不断的修改中一点点完成它。接下来讨论这样一些假设：“如果没有了 A，世界会怎么样？”“如果 B 实现了，会对其他事情产生怎样的影响？”通过这种讨论，逐渐提高团队讨论中的“科幻度”。不是一上来就直接去做漫无边际的想象，而是先思考贴近现实的未来，再将其虚构化。通过这样的步骤，可以让想象力展翅高飞。

虽然具体的方法不同，但整体思路与我们开发的科幻思考的方法论有很多共通之处。两个团队的交流非常有意义，成员相互交换了很多信息。当下，各行各业都变得越来越专业化、细分化，跨领域的讨论变得越来越困难。“如果某项技术被应用在社会中，世界会变成什么样子？”对于这样的主题，专家和普通人已经非常难坐在一起平等地进行讨论了。

美国亚利桑那州立大学的努力为解决这类课题提供了巨大的灵感。科幻把未来的形态用故事的方式，借助任何人都能理解的形式表达出来，这是它的巨大优势。看着角色们苦恼、开心、奋斗的样子，我们可以一边代入自己的感情，一边积极参与到讨论中去，探讨人类作为整体应该前进的方向或应该解决的问题。

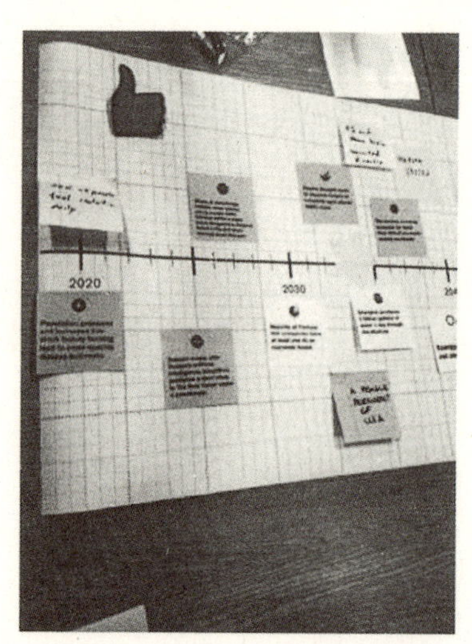

图 5-2　制作未来年表

注：在工作坊中，通过在未来年表的“可能发生的变化”中加入“希望引发的变化”，让未来图景逐渐具体化。

第6章

与科幻作家一起创作未来故事的7个步骤

藤本敦也

第6章
与科幻作家一起创作未来故事的7个步骤

在前面的章节中，我们解释了为什么科幻思考是重要的，介绍了如何运用科幻思考创作未来故事，还讲解了该如何运用创作出的未来故事。为了能够熟练运用科幻思考，请务必反复实践第 4 章和第 5 章的内容。即使最初不能取得令人惊艳的成果，多试几次之后一定能逐渐掌握技巧。那么，在接下来的第 6 章中，为了把科幻思考运用到整个公司中，我想邀请专业的科幻作家共同参与，以工作坊的形式共同创作未来故事。

“邀请专业科幻作家一起创作，难度也太高了吧！”可能会有人这样想。在这个工作坊中产生的作品，不仅可以在公司等组织的内部使用，还可以起到对外展示未来图景的作用。也就是说，我们设想它作为一个可以发挥巨大作用的沟通工具，能让大家对未来的社会图景达成广泛共识。即使只有普通人参与，科幻思考也能发挥功效。但如果想让创作出来的未来故事对外产生较大的影响力，那最好还是要借助专业科幻作家的力量。

此外，如果要让未来故事的品质达到可以在公司内运用的程度，仅仅邀请科幻作家参与工作坊，信息和论据都远远不够。因此，我们事先要对相关技术、市场、制度进行调查，以此为基础详细绘制出从现在到未来故事中的路径（包括技术路径图在内的未来年表），这些工作都是非常重要的（这些工作将在第 7 章中详细说明）。

所以，本章中讲解的步骤，是以邀请专业作家，尤其是有着小说创作技能的文学创作者（小说家或写作者）参与工作坊为前提的。当然，科幻除了小说之外，还有漫画、动画、短视频等多种形式。但是，考虑到目的是“用科幻来进行未来的原型设计（试制）”，小说这种形式可以说是最合适的。之所以这么说，是因为如果是文章的话，即使设定非常复杂也比较容易被描写出来，修改也比较方便。此外，如果“希望创作的内容更容易被读懂（看懂）”可以在用小说创作出未来图景之后，把它改编成漫画、动画、短视频等形式，这样会减少重复性工作，采取这样的顺序会推进得比较顺利。

将科幻思考创作出的故事，借助专业作家的力量修改为小说，图 6-1 展示了要达成这个目标所需的基本流程。当然，第 4 章中讲解过的用科幻思考创作未来的步骤 1 ～步骤 5 也包含在这个流程之中。

不过，如果是邀请了多位作家参与创作，那就需要在上述流程中加入一个步骤（见图 6-2）。为了避免在主人公的属性、世界观的设定上产生矛盾和重复，需要在作家之间进行一些调整。

前面刚说过最好找专业科幻作家执笔，现在说这个好像有点前后不一，但是，“包括小说执笔在内的所有事我们都想自己完成！”也是没有问题的。我要再强调一遍，科幻思考本身就是任何人都能掌握的技能，并不是只有专业科幻作家才有这样的能力。当然，专业的科幻作家更加习惯进行科幻思考，也更擅长写文章。如果能够请科幻作家参与，那当然是再好不过的。但是，我也没有任何理由能阻止正在阅读这篇文章的你进行同样的挑战。不过，既然要做，那就不要害羞腼腆也不要遮遮掩掩（也就是说，不要找借口），而是要真正成为一名作家，认真地按照上述流程参与其中，这是非常重要的。总之，既然要写，那写的时候就要相信“我是一个作家”！

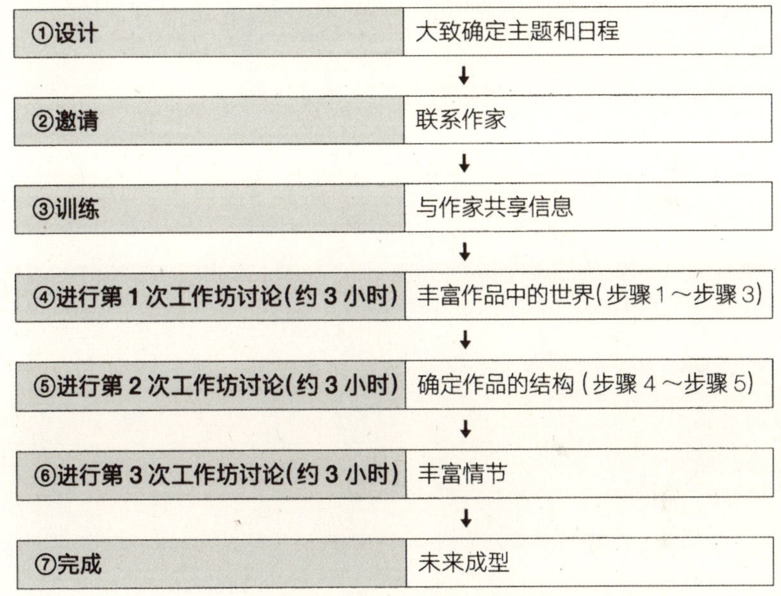

图6-1　委托专业科幻作家创作未来故事时的操作步骤

这个流程设定了3次工作坊讨论，每次3个小时，共计9个小时。工作坊可以线上进行也可以线下进行，但我认为它更适合线上进行。可能有人会觉得：“不，要产生创新性思考的工作坊，就是应该让所有人面对面聚在一起，热热闹闹地进行才行啊！”其实没有那回事。以我的经验来看，在公司开展工作坊的讨论时，成员之间虽然有某种程度的相互了解，但很难不会在意对方的职务和年龄，所以“工作坊完全在线上开展”会比较容易推进下去。实际上，我们开展过的几乎所有科幻工作坊，都是通过 Microsoft Teams 或者 Zoom 进行的。能够顺利开展的原因主要有以下两个。

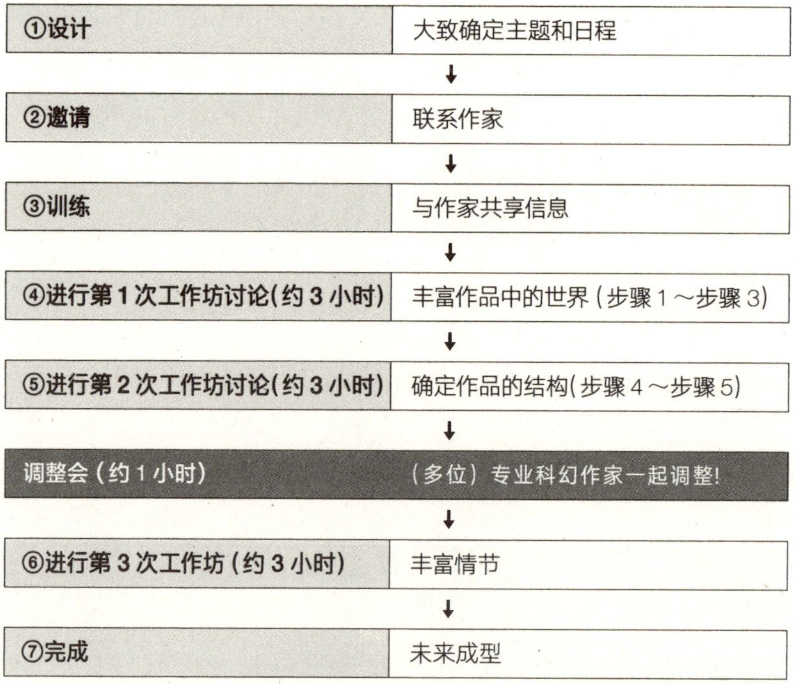

①设计	大致确定主题和日程
↓	
②邀请	联系作家
↓	
③训练	与作家共享信息
↓	
④进行第1次工作坊讨论（约3小时）	丰富作品中的世界（步骤1～步骤3）
↓	
⑤进行第2次工作坊讨论（约3小时）	确定作品的结构（步骤4～步骤5）
↓	
调整会（约1小时）	（多位）专业科幻作家一起调整！
↓	
⑥进行第3次工作坊（约3小时）	丰富情节
↓	
⑦完成	未来成型

图6-2　委托（多位）专业科幻作家创作未来故事时的操作步骤

- **线上开展比较不容易受公司内部上下级关系影响：**面对面开会的时候，上司或者年长的员工的发言总是更容易引起大家的重视。于是，整个讨论的气氛就很容易被他们的发言所左右，因此，创作出来的可能是年轻员工们很难赞同的未来故事。从这方面来说，线上开展工作坊讨论，能够减轻来自上司和年长者的压力，更容易使大家单纯聚焦在发言的内容上并展开讨论。
- **线上开展，用聊天功能让讨论加倍：**不仅能语音发言，还能灵活运用聊天功能，这是线上的优势。除了正在发言的人之外，其他人也能用聊天功能随时分享自己的“灵光乍现”。单纯从量上来说，讨论的内容就翻倍了，而且在线上开展还能自动地留下记录。如果是以产生某种成果为目的进行的工作坊讨论，那么先引导大家更多地发表意见就非常重要。这就是线上开展工作坊讨论的优势。

前面铺垫得太长了。接下来，让我们来看一看各个步骤中的详细内容吧。

步骤1　设计——大致确定主题和日程

为了开始与作家的共同创作，提前做一些准备是非常重要的。这个步骤就是为此设置的。我们先来确定主题。比如，假设你的公司是房地产开发商、工程承包公司，或者交通基础设施公司，从事的是与城市建设相关的工作。这样的话，主题也就必然要从这些方面进行选择：未来城市的样貌、人们在怎样的办公环境中工作、大家使用什么样的交通方式、住在什么样的房子里等。

方向性确定到上面这种程度就够了。不过有一点需要注意，那就是“不要选择过于宏大的主题”。为了不让讨论浮于表面，选择细化到某种程度的主题是非常重要的。比如，如果把主题定成“未来的城市”就有点宏大了。如果聚焦到“未来的车站”“未来的医院”之类的场所，估计就不会有问题。大家能大概明白我的意思吗?

还有一种情况，那就是公司内部可能已经有了某种想要进行商业开发的技术、想要研究的主题。在这种情况下，也不要直接使用商业逻辑下的词语，你可以发散思维，将词语重新分解、与别的词语进行组合，探索符合作品主题的词语和细化程度。话虽如此，但与技术或研究主题相关的词语大多比较抽象，让人很难想象出实际画面，人们会觉得："所以，说到底这对最终用户来说有什么好处呢？"比如，说到"有游戏性的健康护理机器业务"或者"制造工程的数字化"，人们也很难想象这会是什么吧？（但如果能够把具体的未来图景完美地从业务现场传达到最终用户的话，那就根本不需要依赖科幻思考了！）

首先，这些词语与其被当成作品的主题，倒不如在工作坊中当作刺激大家想象力的词语之源，或许这还能发挥更好的效用。因此，以防后续的流程中会用到它们，请暂时保留这些词语。其次，请决定作品大致的体量。考虑到要在公司内外广泛分发，所以最好是读者能够轻松读完的长度。作一个大致的标准，我认为每篇小说可以控制在 3 000 字左右，然后多创作几篇，这样应该是比较合适的。如果"为了把未来图景描绘得更加清楚，希望更加详尽地讲述世界观"，那也可以选择创作 1 万字左右的作品。最后，针对同一个主题，还可以从顾客的立场、公司的立场、最终用户的立场分别进行描绘，创作多篇 3 000 字左右的小说。不管是哪一种，都是可以被分类到"短篇小说"这个类别的体量。

作品的主题和体量确定下来之后，接下来请制定大致的日程表。虽然需要根据委托的专业作家的日程情况来调整，但最好按照至少 4 个月制定日程。具体的日程划分是这样的：预计要举办 3 次工作坊，第 1 次和第 2 次之间间隔 3 天就够了。不过，最后一次工作坊举办前需要作家提交情节方案，因此需要 1 个月的间隔。工作坊结束之后，创作作品也需要至少 1 个月的时间。收到作家提交的初稿后，如果有觉得不合适的地方，还要请作家再次修改。这个修改过程也最少要留出 2 周时间。这些工作全部合在一起，加上事前准备，再加上预留出的一些备用时间，基本上就是 4 个月。

当然，如果请的是日程紧凑、业务繁忙的作家，那就需要留出更多的时间。为了让作家不会因为过于紧张的日程而牺牲作品的质量，所以一定要在日程上确保留出充足的创作时间。

这个流程中，第1次工作坊讨论、第2次工作坊讨论就相当于第4章中讲解到的步骤1～步骤5。可能会有人提出疑问，明明参与讨论的都是同一批成员，为什么非要分2天进行呢？因为两次工作坊讨论各自要进行3个小时，如果合在一起，那就需要一口气工作6个小时。成员们可能会感到非常疲惫，头脑也不能好好运转了……当然这只是原因之一，其实还有更重要的原因。

在第4章中我们解释过了，步骤1～步骤3是“发散阶段”，步骤4～步骤5是“总结阶段”。为了让工作坊取得成功，明确地把这两个阶段划分清楚，是非常重要的。专门花时间举办了工作坊，却没能像预期那样得到有趣的创意。很遗憾，确实有不少这类失败的例子。而且，这类失败案例都有共通之处。也就是说，越是努力想要成功，越会习惯性地试图寻找落脚点，结果就无法得到好的创意！讽刺的是，越是在工作中非常能干的、习惯了工作坊运行模式的人，就越是容易落入这个陷阱。

把握讨论的气氛，盯住最终的落脚点，适当地发言，再适时地总结……这种能力在普通的会议或培训中是非常有用的，但在科幻思考工作坊中，它们有时会成为累赘。通过明确划分“发散阶段”和“总结阶段”，能够更加有效地规避陷阱。可以让成员们知道，“后面还有个总结阶段，所以现在可以尽情发散思维”。这样就比较容易形成好的气氛——“落脚点什么的到后面再去想就可以了。”“就算看不清前景也没关系，总之先畅想激动人心的未来吧！”大家会比较容易畅所欲言。并不只是说分割出两个阶段，以及分两天召开是更加有效的做法，而是可以让参与者明确知道，“今天进行的是发散阶段”！

嘴上说“请大家畅所欲言”是简单的。但是，只靠语言是无法解除人们心灵上的枷锁的。下班后大家一起出去喝酒的时候，就算被告知“今天不用讲礼数”，但恐怕还是不会有人敢不跟上司用敬语吧？如果有的话，那倒是挺厉害……如果真的想让大家“畅所欲言”，那就需要进行一些相应的设置。

作品主题、作品体量、工作日程确定下来之后，需拟定与作者方签署的合同草案。创作的报酬一般要从字数、会议日程、需要对方留出的时间来考虑确定，还要决定好著作权的归属。工作坊这类活动，一般来说，与作者签署的合同中会规定著作权归作者所有，但主办方可以保留在一定范围内使用该作品的权利（比如刊登在公司主页或公司内网上）。如果要买断著作权，就需要付出相应的费用，作者方也有权拒绝。请提前向法务部门确认，在考虑公司保密信息等保密义务的基础上，事先拟定合同草案。

步骤 2　邀请——联系作家

确定好大致框架之后，接下来就要邀请作家了。在作家的人选方面，虽然“是否适合作品的世界观和风格”非常重要，但如果可以的话，最好还是选择已经习惯了与企业共创工作坊这种形式的作家。

话是这么说，哪些作家习惯了工作坊的形式，这种信息一般也无从知道。或者说，可能大家根本不知道该如何联系科幻作家。总之，我比较推荐的一个方法是，可以先去日本科幻作家俱乐部咨询一下。很多科幻作家和评论家都加入了日本科幻作家俱乐部。本书的监修者大泽博隆就担任了日本科幻作家俱乐部的理事（2021 年 7 月至今），本书的合著者之一宫本道人也负责日本科幻作家俱乐部的对外事务（2021 年 7 月至今）。

此外，也并不是一定要请科幻作家来创作小说。在公司的宣传、推广活动中打过交道的创意工作者、有科学或技术方面专业知识的作家、科幻之外领域的艺术家，他们或许也能在一定条件之下发挥科幻创作的潜能。而且，他们不仅能创作小说，还可以综合考虑漫画和插图的创作。

步骤 3　训练——与作家共享信息

在确定作家之后，开始工作坊之前，需要与作家共享信息。特别是要让作家知道，最终“希望加进小说中的内容”和“希望从小说世界中剔除的内容”分别是什么。

接下来我会简单举几个例子。不过，这些内容会根据创作目的和小说最终形态而变化，请根据各自的情况分别讨论。

“希望加进小说中的内容”示例

- 故事背景是 2040 年左右的日本。
- 需要以某种形式描绘公司员工及客户企业员工的沟通内容、工作方式、生活方式。
- 基于 2040 年的城市、建筑而提供的服务和使用服务的场景，并包含用户感想。

- 最终以某种给人以希望的方式结尾。

“希望从小说世界中剔除的内容”示例

- 对犯罪予以肯定的描写。
- 杀人事件、性犯罪案件、毒品相关案件。
- 在当下也感觉陈腐的价值观，多样性的缺乏（比如登场人物全是男性）。
- 低俗笑话（不包括认真刻画未来的厕所、浴室等情况）。

此外，把与创作主题密切相关的“行业内部知识”事先尽量详细地告知作家，也是非常重要的。比如，如果这样委托对方，“我们想请您以未来的居住为主题，描写一下建筑公司员工的未来生活”。描写这些所需要的信息——比如建筑行业的行业构造和业务流程（谁？对谁？与谁？做什么样的工作？），与登场人物近似的角色（建筑公司的销售或者工地员工）的工作日常，业内员工普遍的习惯、用语，行业内经常发生的危机（容易引发纠纷的问题及解决方法、成为行业传说的失败案例等）——都要在工作坊讨论开始之前，尽量详细地告知作家。

如果只是从用户角度想象未来，那外部人士在某种程度上也能做到。但如果是行业内部独有的约定俗成的事情，如果没有业内人士的讲解，恐怕外部人士是无从了解了。最好专门抽出时间，就跟向求职的毕业生介绍公司或行业情况一样，细致地向作家进行讲解。

如果在公司内部已经进行过未来预测，这就会是非常好用的资料。就算觉得成果不算理想也没关系，请把它提供给作家。不管是为了进一步的改善方案，还是为了寻找新的方向，对现状的确认都能提供很多灵感。如果不知道原本的框架是什么，就无法突破框架进行思考。但是，如果因此就将作家的想象诱导到某个特定方向就不好了。一方面要把输入最大化，另一方面又不能对方向性加以限制。这是生产出乎意料的未来故事的关键。

步骤 4 第 1 次工作坊讨论（约 3 小时）——丰富作品中的世界

经过前面提到的这些事前准备步骤，我们终于迎来了举办第 1 次工作坊讨论的日子。工作坊讨论的推进方法已经在第 4 章讲解过了，也就是就是步骤 1 ～步骤 3。因此，这里我们只从“与作家共同进行创作”的角度，对需要特别注意的问题进行一些说明。

需要特别注意的是，“通过将信息组合起来让文本升华，作家才是这方面的专家。但在表达的主题上，他们却是外行”。尤其是在第一次工作坊讨论中，可以说在所有参与者中，对行业内的习惯和常识最不了解的就是作家了。在讲解希望大家深入理解的公司优势等内容时，讲解人最好用完全没有相关基础知识的人也能听懂的方式去讲解，或者时刻要有这个意识。

在工作坊讨论中对未来社会进行思考时，“行业会发生什么样的变化？”“未来的用户需求如何变化？”“如何满足那些新的需求？”面对这些问题，最能给出深刻见解的就是目前身处行业之中、共同面对着这些现实问题的人。能否在这个部分引导大家输出密度更大的信息，将会极大影响后续创作的作品的质量。责任重大啊！请拿出向作家进行商务讲演的气势，积极发言。

展示公司优势和未来需求的页面

- **面对新的需求，应该如何广泛发挥自家公司的优势或在自家公司擅长的领域内发展呢？（也包括今后会出现的优势。）**

  限定时间： 10 分钟。

请思考未来需求与公司优势。

新的需求	满足新需求的必需要素（技术等）	应如何广泛发挥自家公司的优势或在自家公司擅长的领域内发展
例：可以将紫外线照射量与地球上的农作物生长情况作实时对照的建筑物。		

说些题外话。我记得在某次工作坊中，在谈论“未来图景”时，大家的聊天气氛非常热烈，内容不断展开。不过，当话题转移到“自家公司的优势或在自家公司擅长的领域内发展”时，势头一下子就弱了下去。这是因为大家猝然发现，在好不容易制作出来的未来图景中，竟没有自家公司的容身之地。虽然会稍微有些失望，但是“现在如果不改变的话，自家公司就会消失”，如果能让所有人都感受到这种危机，也可以说是一大收获。

在接下来的第 2 次工作坊中，我们会以具体的业务为例，思考与之相关的项目、其中可能出现的问题等内容。为此，需要提前在某种程度上明确下面这些问题的大致内容：在业务的具体内容上，公司为此需要做哪些努力？

与哪些合作方进行合作？

在第 1 次工作坊讨论中，只要走到这一步就可以了。在规定时间内，顶多能大致看出未来的需求、业务形态，自家公司要在其中发挥怎样的作用、如何发挥自身的优势，要在这个阶段把这些问题都搞明白，恐怕是很困难的。这些遗留下来的问题可以作为“作业”留给大家，让他们在下次工作坊讨论前思考一下。作为示例，我在下面列出了我曾经留的“作业”。

作业页面

下次工作坊前希望大家思考的问题

- **小工具 A 或小工具 B 在不同使用场景下的具体意象。**
  - 不同场所中的购买方式，对用户的价值是什么呢？
  - 为了实现它们需要哪些技术，可以横向进行哪些发展呢？
- **现有产业的变化。**
  - 当讨论中的未来变得稀松平常时，现有产业会发生哪些变化？
  - 当讨论中的未来变得稀松平常时，竞争对手可以发挥优势以及自家公司可以发挥优势的地方，分别在哪里呢？

步骤 5　第 2 次工作坊讨论（约 3 小时）——确定作品的结构

第 2 次工作坊讨论，推进方法按第 4 章讲解的步骤 4 ～步骤 5 来操作就可以了。基于第 1 次工作坊的讨论，首先请大家分享对作业的思考，明确本次要讨论的未来业务吧。在这些的基础上，思考角色形象、未来可能发生的问题等具体内容。

作家若想要把小说写得生动有趣，本次工作坊中讨论的内容是不可或缺的。请不断提供能让大家具体地展开想象的材料。比如，如果要塑造角色，可以一边回想业内很可能会出现的人物，具体想象这个人的举止、口头禅、习惯等特征，并口头表达出来。此外，在想象未来可能发生的问题时也是这样，现实中实际发生过的问题的经验之谈必不可少，还可以展开想象，思考在什么样的条件下，这些问题会陷入更加严重的事态之中。

在本次工作坊讨论结束之后，要确定作品的框架。也就是说，在邀请作家的阶段就要确定下面这些问题：如果是请两位作家，是请他们分别创作 1 万字的内容后，融合成一篇小说，还是请他们分别写 3 篇 3 000 字左右的小说？还要思考每个作品是共享同一个世界观呢，还是分别有各自的世界观呢？

如果希望创造更多的未来图景，那就应该往增加作品数量的方向推进。如果希望深入挖掘某一个未来图景，那就可以增加单篇作品的字数，并请几位作家共享同一个世界观，进行“共享世界观式”的创作。

增加作品数量的情况也有很多种，比如像下面这样：

- 分别从最终用户、客户、员工（项目成员）三种角度去描写一个项目。
- 分别描写 10 年后、20 年后、30 年后发生的事情。
- 描写某件事情“发生了”和“没有发生”两种情况的未来。
- 用几个作品描述同一个产品的使用场景。

描写多种未来图景也是非常有意义的。如果2020年没有暴发新冠肺炎疫情，那我们现在看到的现实应该是完全不同的景象吧。与其让一种未来图景限制了思考，还不如去推衍出多种可能性，这样才更有可能在意料之外的事态发生时做出正确的应对措施。

此外，有些人、组织、立场，要在特定情境下才会被聚集到一起。因此，多思考几种不同的未来图景，才不会漏掉一些不同的视角。在新冠肺炎疫情肆虐的当今世界也是一样的，迅速适应居家办公、顺利开始兼职工作、收入不降反增的人，与背负着感染风险从事必须与他人接触的工作的人，他们在很多问题上的观点会截然不同。

我们预测未来时，很容易偏移到“某件事情发生后会怎么样”的视角。其实，思考“某件事情发生时”的情况也是非常重要的。不过，这种情况非常特殊，确实很难正确地加以记述。

这个时候，灵活运用场景分类，对不同情况展开想象的思考方法就能发挥效用。

调整会（约1小时）——对多个世界观进行调整

如果是请多位作家共同进行作品创作，那就需要召开会议，对故事之间的矛盾、重复的部分进行调整。情节方案拟定好后就共享给大家，为作家们提供一个聚集在一起讨论的机会并请他们确认，“各人的世界观是否存在矛盾”“主人公、时期、场所等要素是否重复”。

这个时候，如果把登场人物的属性（年龄、性别、职业等）、作为小说背景的地点和事件等主要的设定整理成一个一目了然的表格，推进起来会更加顺利（见表 6-2）。

表 6-2　主要设定一览表

分类	详细内容	调整方案
时间		
地点		
登场人物		
事件		
小工具		

此外，在主要设定之外，有时候对比情节还会发现世界观的差异。比如，在时间设定是一样的前提下，小说 A 中描写的小学生是步行上学的，然而在小说 B 中，小学生就可以乘坐能在空中飞的汽车上学，那就比较奇怪了。请参考技术发展路线图，选择一个设定来进行统一。

如果决定不了的话，请务必请教一下身边的专业人士。以我自己为例，我在创作一本描写 50 年后未来的小说时，有个情节需要让放暑假的小学生登场。这时，作家问我：“50 年后还会有暑假吗？”我被问住了，不知该如何作答，于是就去请教了曾在日本文部科学省工作的同事。

步骤 6　第 3 次工作坊讨论（约 3 小时）——丰富情节

作家提交情节方案后，就可以基于这些方案召开第 3 次工作坊了。胜利就在眼前了!

在这次工作坊讨论中，主要是对世界观进行优化，重点是要把大家的愿望及理想全部都表达出来："这个设定、这种服务、这类技术，无论如何都要写到小说里！"

当然，愿望归愿望，并不一定能用小说这种形式把所有愿望及理想都顺利地囊括其中。不过，让作家知道自己格外重视哪些方面，这是非常重要的。此外，这次工作坊讨论也是向作家提出愿望及理想的最后机会了。一旦开始创作，要追加或删除某种要素的话，会影响到作品整体世界观的平衡，相当于是要求对方进行后果不可计量的微小调整。如果要勉强改变已经成型的内容，那会让作家非常痛苦，这一点也请铭记在心（开发服务、产品时也是一样的，大家应该不想成为那种会轻易改变需求的客户或者上司吧）。

话虽如此，在这次工作坊讨论结束后，与作家的交流还是会持续下去。这不是为了向作家传达意愿，而是为了解答作家提出的问题。不管事先把设定确认得多么详细，开始创作后，还是会不断产生新的疑问。甚至可以说，跟作家的交流，从这里才算正式开始。

跟主题相关的问题自不必说，有时虽然和主题不直接相关，但关系到小说中具体描写的、必须思考和决定的事项也多如牛毛。从大家意想之外的角度也会不断有问题被提出来，请努力为作家解答！

虽然这个过程很辛苦，但实际上，通过这种交流，未来社会的世界观会一下子变得鲜明起来。为了方便大家参考，我写下了几个自己目前为止收到过的印象深刻的问题。交通工具、通信工具，在任何科幻小说的设定中都是非常重要的因素，因此会收到很多与此相关的问题。

Q：2070 年东京的一室一厅一般是多大？

Q：2070 年空中汽车的运费大概是多少？

Q：2070 年的交通工具是什么样的？

Q：30 年后在世界上有影响力的国家有哪些？

Q：何时能有针对阿尔茨海默病的特效药？

Q：30 年后的通信工具是什么样的？

步骤 7　完成——未来成型！

终于迎来了这个时刻，作品完成了！历经几个月的时间创作出来的故事，以小说这种形式呈现出来，喜悦之情简直加倍。请尽情享受这个时刻吧。

虽然交付了，但可能还需要对文字的错漏进行一些修正，但工作到此可以先告一段落了。这个作品本身就是为了讨论未来社会而准备的材料，如果不把它运用起来就没有意义了。不管是公司内部还是外部，请让各行各业的人来阅读这个故事，并根据这个故事展开讨论。我想各种意见一定会层出不穷。此外，你自己可能也会产生“希望进行这样的修改”的想法。如果需要的话，可以重新与作家签订合同，尝试让故事更上一个台阶。

期待已久的作品终于成型并交付了。虽然我已经经历过很多次这样的瞬间，但每次交付前还是会坐立不安，会不停地阅读这篇作品。广泛而深刻的、从多种角度被反复打磨过的、凝聚着万千思绪的未来形态，以小说的形式生机勃勃地律动着，看到这种情形时的那种感动，真希望大家也能感受一下。

第7章

从科幻中诞生的未来

藤本敦也

在第 6 章，我们讲解了与科幻作家共同创作科幻小说的方法。不过，可能很多读者会想："所以，结果到底创作出了什么样的作品呢？如果不能对最终成果有预期，就很难说服上司，也很难组成团队呢。"确实是这样。因此，我会在这一章中，请大家来读一读在工作坊中真实产生的作品示例。

接下来要介绍的是三菱综合研究所于 2020 年开展的"2070 年的科幻思考工作坊"中产生的 5 篇短篇科幻小说。故事的创作方式是多种多样的，这 5 篇作品的特点是：邀请多位作家，在统一的世界观下进行创作；设定相对较远的未来；涉及了今后会变得越来越重要的课题（环境问题、健康护理等），可以说是在各行各业中都比较容易得到应用的示例。

这个工作坊是作为三菱综合研究所"50 周年纪念研究"的重要环节而举办的。三菱综合研究所到 2020 年正好创办 50 周年，以此为契机，面向 50 年后（2070 年）的未来，思考未来社会应该具有的形态，并将成果发布出去。这项研究正是以此为目标展开的，我也是该研究团队的一员。

听了这些介绍，可能大家会感觉非常生硬吧。不过，我们不希望这项研究是"苦着一张脸，居高临下地对未来进行预测"。我们希望创造出能让人感同身受的、"能触动别人的未来图景"。为了实现这一点，我们使出了"科幻思考"这个撒手锏。

此次产生的小说之所以会有5篇，是因为研究领域大致被划分为5个。在本章中，我将结合实际创作出来的5篇小说，向大家讲解每个故事是如何产生的，它们分别承载着怎样的愿望。希望这可以为大家实际进行科幻思考提供一些灵感。

另外，在正式开始介绍小说之前，我需要先讲解一下原本的研究概况、决定运用科幻思考的经过、工作坊的流程等内容。前面的铺垫可能有点长，请大家跟着我一起来看一看。

展望50年后的未来研究

我先给大家简单介绍一下这个50周年纪念研究。研究的标题是“在‘100亿人、100岁的时代’实现繁荣、可持续发展的社会”。想必我们每个人都能感觉到现在是一个动荡的时代。据说50年后，世界人口会达到100亿左右。此外，包括日本在内，100岁以上的超高龄人口的数量也会不断增加。我们将走向一个人类从未经历过的、人口数量扩张与老龄化的时代。此外，还存在气候变化、资源枯竭、阶级分化与价值观割裂等全球规模的严峻问题。

100亿人之多的大家庭，生活在同一个星球上。为了构建能让所有人都感觉到生活富足的未来社会，我们应该如何攻克摆在眼前的一个个难题呢？这项研究就是从这样的问题意识开始的。然后，我们定下了在表7-1中展示的“5个目标”，它们分别与健康护理、沟通联系、工作方式、灾害防御、环境等5个研究领域有关。这项研究的成果除了会以研究报告的形式公布在三菱综合研究所的官网上，还会被整理成名为《3×× 创新性科技与社区带来的未来》的图书出版。对此有兴趣的读者，可以找来读一读。

表 7-1　50 周年纪念研究的 5 个目标

日本的“5 个目标”	日本特有的背景
健康：保持健康，发挥身心潜能 从“防守式健康”到“进攻式健康”。发挥每个人的潜能，创造度过 Well-being 人生的社会	· 百岁时代的到来与当今世代的减少 · 医疗、护理保险制度的“2040 年问题”的解决
连接：多样性的尊重和连接的确保 运用现实 × 虚构的多种社区建立新连接、获得新体验、能充分享受丰富人生的社会	· 家庭核心化、地区社会羸弱化、组织的变化 · 提高“松散联系”的比率
自我实现：创造新价值和自我实现 个人、社区成为创造价值的主体，能够实际感受到自我价值实现的共创、互惠型社会	· 生产年龄人口持续减少 · 转换以终身雇用制为前提的固有劳动方式
安心安全：安心、安全的保证 同时实现个人的自由与安全，可以随时切换日常、紧急情况这两种不同模式的社会	· 气候变化使得巨大地震发生的概率提升 · 脆弱性高的社会基础设施的增加
可持续性：地球可持续性的确保 通过运用技术，改变人们的价值观和行为，实现摆脱化石能源、零浪费的社会	· 气候变化对可持续性影响大 · 食物、资源的稳定供给能力的下降

注：基于日本人的价值观和特性，实现富足与可持续性发展。

资料来源：三菱综合研究所

收集信息是研究的起跑线

这样的研究一般都是从阅读海量文献资料开始的。50周年纪念研究中，我们主要阅读了以下资料，在把握现状的同时，整理、分析了未来可能发生的情况。在此基础上，模拟演示了“无作为的未来”，也就是说如果我们人类只是任凭时间流逝，最终会迎来什么样的未来。

- **宏观趋势相关资料：**统计、预测数据（人口动态、平均寿命变化、GDP变化、医疗、护理费用的变化、国家和地区的基础财政收支、生活方式动向等）；各种白皮书（能源白皮书等）；政府机构、研究机构、大学等发布的有关未来社会图景的报告、论文、研究书籍。
- **各种技术：**医疗技术、机器人技术、VR技术、通信技术、环境技术等（也包括三菱综合研究所的调查、分析）。

当然，“无作为的未来”中会出现各种各样的社会问题。在整理、分析这些问题的基础上，思考应该如何解决它们，这可以说是这项研究的关键所在。除了这些静态信息，以人为信息源收集动态信息也是非常重要的。在这一方面，我们与各个领域的专业人士进行了积极的讨论。幸运的是，三菱综合研究所内部也有各个领域的专家，我们先在研究所内部进行讨论，基于此，再把讨论延伸到研究所外部的专业人士（就是日本传统故事里说的“稻草富翁”① 的模式！）。当然，研究团队的成员各自也会进行调查，如果遇到“非常想听听这个人的意见”的人，就会积极主动地联系对方。比如，就包括以下这些人士：

① 故事描述了一位穷人，将最初拿到的稻草经过多次以物易物，最后成为大富翁的经历。——编者注

- 在各个领域开展业务的创业公司的经营者。
- 在各个领域相关的讲座、座谈会上发言的专家；有著作的研究者。
- 不把未来视作与己无关，试图改变未来的意见领袖。

我们不仅能从从事学术研究的相关人士那里学到很多专业知识，而试图在该领域开展新业务的创业公司的相关人士描绘的未来图景，有着明确问题意识和目的的实践性知识，这也能给我们很多启发。

各个领域的讲座、学术讨论会、研究会也是重要的信息来源。可以在交流会等场合结识登台发言的人士，或许可以再次得到与其展开讨论的机会，有时候也可以邀请其作为顾问参与到自己的项目中来。通过这项研究，我得到众多今后可以利用的宝贵人脉，心中充满了感激之情。

在各种各样的场所都可以获得信息。特别是“人”拥有的信息，是有深度且丰富的。遇到了想征询其意见的人，但如果对方是很有名的业界大牛，就会很容易退缩。但只要把自己的热情传递过去，对方很多时候都会愿意回答，过程常常出乎意料地简单。想要认真思考未来图景！为此想要收集信息！如果你也这样想，那就请抱着试一试也无妨的心态，尽可能地尝试与各种各样的人接触。

科幻思考的力量，为研究注入生命

经过信息收集、调查研究、课题梳理，未来社会的景象逐渐清晰，论点也已经准备齐全，从开始研究也已经过去了将近一年的时间。但是，心中好像总还是有些说不清道不明的不安和焦躁。“这样真的就可以了吗？”“这样的未来，真的会让人幸福吗？”“怎么好像有点提不起劲呀！”

之所以会这样的一个很大原因是，对于这个最关键的未来图景，看似所有参与者都已经达成了共识，但其实并不是。虽然进行了海量的分析和调查，但不管怎么收集数据，都很难消除纸上谈兵般的虚拟感。不管如何把握宏观趋势和技术走向，但将它们综合在一起的时候，实际看到的是什么样的景象呢？人们在那里感受到了什么？过着什么样的生活呢？这些意象，似乎还是非常模糊。

说到50年后，从商业的角度来说，这已经是超远期的未来了。时间轴跨越这么长，也就很难找到什么确切的论据。这本身是无可奈何的，只有这个概念的话，确实很难进行扎实确切的讨论。讨论会变成只追求辞藻修饰、只有个人想法并相互搏击的形而上战役。

即使是同样的词语，不同年代、不同背景的人也会有不同的理解。因此，整合参与者的意见也是一项很辛苦的工作。比如，某个人提出了某种未来图景，肯定会有人对此持不同意见，但是提出者和反对者，双方都并没有什么牢靠的论据。于是，不知不觉就形成了一种很难提出反对意见的气氛，最后大家的意见就追随职位较高的管理层或年纪较长的人而去了。这样的情况确实很容易发生。

思考未来家庭的时候就是这样。年轻的参与者们提出“结婚制度会变得形同虚设，事实婚姻会变成主流”“与其他人一起合住一套房、一间房的情况会普及开来”“育儿的责任会从家庭转向社区”。

于是，在郊区有自己的房子、跟家人一起居住的年长者提出了不同意见："一个家庭的成员就应该住在一起。"双方说得都不能算错，所以参与者们很难站出来反驳自己不赞同的意见。而且，这背后还有一种微妙的感觉，就是对某种意见的反驳可能成为对提出意见的人的价值观的否定。这种忖度与思虑重合在一起，就会使讨论的气氛冷下来。

此时，打破僵局的是科幻思考。

既然原地踏步、停滞不前，还不如基于现在的未来图景来试着创作科幻小说吧！把2070年的未来变得可视化吧！讨论留待那之后再继续进行！

要问尝试的结果如何……那可真是太好了。"这不是之前那种类型的研究！这是基于主观、发挥创造力和想象力的科幻思考！"提出这个前提后，之前不敢发表意见的年轻人立刻活跃起来，提出了很多自己的想法。

在创作故事的过程中，未来图景一下子变得具体起来，大家对未来的期待值也升高了。不只是靠头脑，而是靠心灵理解未来。研究成员在年龄、性别等属性上有某种程度的差异也是很好的。

基于工作坊讨论创作出来的5篇小说，各自都是独立的作品，登场人物也没有重复。只不过故事的时间设定都统一在了2070年，采取的是共享同一世界观的"共享世界式"的创作方法。因为我们觉得如果要从多种多样的角度去描写未来，这种方法是最合适的。

这个科幻思考项目从启动到完成，花费了共计4个月的时间。让我们在此简单地回顾一下整个过程吧！

启动——排山倒海般地共享资料

5位科幻作家欣然同意参加工作坊之后，我们在充分考虑了每位作家本人的兴趣和意向的基础上，将5个主题进行了分工。关于“希望加进小说中的内容”和“希望从小说世界中剔除的内容”，我们在初始阶段就与作家进行了沟通。

因为50周年纪念研究的目标是“2070年的日本”，所以“2070年”这一时代设定是必需的。在研究的性质上来说，我们不希望加入违反公序良俗的内容。同时，我们希望这项研究可以为实现更加美好的未来社会注入能量，希望它可以传达正面的信息，所以也想在小说中显示出积极的价值观。因此，具体来说，我们向科幻作家们提出的请求包括下面这些内容：

希望加进小说中的内容：

- 故事背景是2070年的日本。
- 包含对普通人生活方式的描写。
- 结尾能够让人产生某种希望。

希望从小说世界中剔除的内容：

- 犯罪。
- 登场人物千篇一律，不具有多样性。
- 甚至在现代都已经过时了的陈腐价值观和色情笑话。

此外，作为前期资料，我们把到目前为止搜集到的研究内容和相关资料都打包提供给了各位作家，请他们在工作坊开始之前先过目。我作为发送资料的一方都觉得内容实在是太多了，作家们读起来应该也很辛苦。

第1次工作坊——未来真的启动了！

在线上会议中碰面后，我们针对各自的主题，举办了第1次工作坊。讨论的主要是以下内容：

- 在2070年的未来中普及了的新技术、新产品、新服务（对应步骤1～步骤2）。
- 2070年的生活方式（对应步骤3）。
- 在2070年之前发生的，成为社会变化重要节点的问题或事件（对应步骤3）。
- 2070年的产业结构和社会制度、新的职业（对应步骤4）。
- 在2070年大放异彩的人及活得很辛苦的人（对应步骤4）。
- 2070年的问题（对应步骤5）。

在这次的工作坊中，有两个部分给我留下了深刻的印象。

第一部分是思考“在2070年活得很辛苦的人”。不用我解释大家也明白，未来世界不是乌托邦。不管那是一个多么便利、富足的社会，都有人活得很辛苦。那么，这会是一些什么样的人呢？面对这样的问题，大家提出了很多非常有真实感的可能性。参加者们心中可能已经累积了一些之前没有说出口的对这幅未来图景的不适、不安、不满，以及说不清道不明的焦躁。这些情感，以“让未来的人替自己发言”的方式，一口气被表达了出来。

第二部分是思考“在2070年之前发生的，成为社会变化重要节点的问题或事件”。在这个部分中，我们主要就以下几个论点进行了讨论，也就是所谓的危险和危机。

- 之前的制度是否无法维持下去？例如，老龄化导致社会保障制度崩溃，已有的家庭制度崩溃。
- 是否发生了意料之外的灾害？例：台风预测发生偏差，大型台风来袭。
- 价值观是否发生了翻天覆地的变化？例如，AI 和机器人技术的发展、基本收入保障制度的建立、工作意义的变化。

思考并确定了这些重大变化之后，未来图景突然就具有了真实感。在做新业务的企划时，当新的业务或服务有了大致的形态，就需要预想“如果失败会是什么原因”，提前梳理出危机，对企划案做进一步的打磨。我认为，如果想让构想更具深度、更有真实感，对负面部分的刻意聚焦也是必不可少的。

作业与调整会——调整背景设定

第 1 次工作坊讨论结束后，在下一次工作坊讨论开始前，请大家完成下面这些作业：

- 三菱综合研究所：设定新产业或者新服务的详细内容（制作利润表、设定大致价格等）；设定技术、制度的详细内容。
- 作家：制作几百字的情节方案。

然后，在 5 个情节方案提交上来后，需要请 5 位作家聚在一起，确认有没有重复的桥段，是否有需要统一调整的世界观。这个部分主要的议题是以下内容：

- 到了 2070 年，认知功能障碍的治疗方法是怎样的？患者是如何生活的？
- 2070 年建立起基本收入保障制度了吗？
- 2070 年用来沟通的机器（类似于现今的智能手机或个人电脑）是什么？
- 2070 年日本的初等教育是什么样的？
- 2070 年日本的气候发生了怎样的变化？天气预报准确吗？温室效应产生了怎样的影响？

此外，三菱综合研究所还追加制作了能让工作坊的讨论更加深入的小工具一览表（见表 7-2），以及作为故事背景设定的未来年表（见表 7-3）等。

表 7-2 小工具一览表（部分）

小工具名称	说明	可行性[①]
经验共享系统（心灵感应形成系统）	· 收集经验本身（周围环境、视觉信息、听觉信息、触觉信息）的电子信息，体验亲身经历过一般的感受 · 形成了经验交易市场（就像 YouTube 那样） · 通过简易头戴显示器和手套之类的设备，就能进行某种程度的经验共享	△～○
复合人格系统	· 可以把不同人的人格数据复合在一起，制造出新的人格 · 新的人格不仅可以生活在线上世界，还能通过机器人在线下世界活动 · 新人格很容易产生新的创意，或者可以享受新人格的人生	△～○

① 日本人用这四个符号来表示适宜程度，如果分为 ABCD 四个等级，A 最高、D 最低，那么，A= ◎，B= ○，C= △，D=×。——编者注

续表

小工具名称	说明	可行性①
味觉等感觉共享	·实现味觉的感觉共享有三种方法，一是直接对舌头进行电刺激；二是对大脑进行电刺激；三是利用交叉模态（错觉） ·对大脑的电刺激侵袭性较高，这一方法应该可行。可能会对舌头进行电刺激，或者使用混淆视觉、听觉、触觉的交叉模态信息提示技术 ·可以事先咬一下牙齿矫正器形状的物品，或者使用口香糖形状的一次性器械	△～○
附带通信功能的人工关节	·手肘或膝盖处的人工关节，因为附带通信功能，所以能够检测身体的运动情况、人工关节保养的状况等，可以随时把信息发给服务器 ·装配了人工关节后，人的动作和行动被集中管理在服务器上，由公司进行监测。义肢等身体拓展机器部位也是同样	○～◎

表 7-3　未来年表示例（部分）

故事背景	2030 年	2040 年	2050 年
健康	·2035 年，医疗翻译 AI 开始实用化（在 AI 中加入医疗方面的高级专业术语，并将其与个人的遗传信息、行动轨迹等信息组合，提出合适建议辅助人类判断）	·基本实现居家医疗诊断及药品配送服务 ·附带通信功能的人工关节实用化（能够对经由义肢的触觉等感觉给出反馈）	
独立相关	·针对“2040 年问题”，设立共情厅（2035 年前后） ·由共情厅主导，运用小狗和电子复制人格技术，实施缓解孤立的措施（从老年人开始实施） ·共情器械被运用到咨询领域，被划入社会保障范围内 ·2035 年，出现了共情咨询师这一职业	·孤立风险控制系统构建完毕，开始运行	·每年一次的连接监测被认定为义务 ·2055 年，为了应对不断增加的失业人口，社区实习制度（半年 /3 年）被认定为 30 ～ 60 岁人群的义务

续表

故事背景	2030 年	2040 年	2050 年
社区、家庭相关		·因为护理问题过于严峻，2045 年前后，日本民法 877 条被修正。随着护理义务放宽措施的实施，家庭的存在方式也放宽	·日本首次承认“电子移居” ·社区组合的分散利用成为普遍现象
连接	·这一时期，从事简单劳动的电子人格复制取得成功 ·这一时期，经验和简单情感进行反馈的技术取得进展	·这一时期，进行重复劳动（事务性劳动）的电子人格开发取得成功 ·这一时期，开发了能用全身感受他人经验的技术 ·2045 年前后，感受其他物种（猫、狗等）感情的技术普及	·出现可以参与企划和讨论的电子人格 ·这一时期，可以通过耳环型、眼镜型等外形不突兀的可穿戴脑波仪将自己和对方的感情可视化（仅限有意识的感情）
娱乐		·2045 年前后，召开了运用初期的共情设备（触觉紧身衣等）的“宅艺大会”	

第 2 次工作坊——逐渐加入小道具

经过这些调整，在情节确定下来之后，就可以开始第 2 次工作坊讨论了。这部分的主要目的是磨合大家的想法，搞清楚创作小说时需要提前确认的世界观，弄明白需要在作品中进行描写的小工具。有可能会需要在作品之间再次进行调整，因此要请作家列出要在小说中描写的要素，然后一起进行整理。

此外，在请三菱综合研究所的工作坊主持人提出想对读者传递的信息的同时，最后一次确认作家的意向。

下面就是大致的流程：

整理候补

分类	明细
时期	・有大型集会的时期（2070 年的秋季）：节日的故事
场所	・连接各地 ・传说中的舞蹈老师（北海道—青森） ・主人公（冲绳）
人物	・传说中的舞蹈（宅艺）：40 岁左右的男性 ・主人公：近 70 岁的男性 ・传说人物：100 岁的男性，以电子复制的形式出场
事件	・为什么电子复制被广泛使用？（提高生产效率等） ・共情凝胶（以解决“2040 年问题”为目标开发的。最初是其他东西。2030 年） ・偶像存在吗？（以一次疫情蔓延为契机，偶像与宅艺分离）
小工具	・共情凝胶（用在手腕或肩膀处）：不是一直使用，就像用化妆品一样；纳米机器；接近香水；传统艺能，团建（面试、采用）；可以在家使用 ・电子复制 ・荧光棒（AR）

最终确认事项

三菱综合研究所希望向读者宣传的事项（在 50 年纪念研究中产生的新发现 / 用语 / 独创性）（※ 没有问题的话希望可以放进作品中的事项）

・独立风险管理平台（社区分散使用）
・共情厅（隶属于厚生劳动省；负责连接、咨询）
・海、树加上无机物（车等）的共情带来的人生乐趣
・经验保证机构（假设：天堂公司），经验共享人格机构（假设：常青公司）
・能够享受多个人生（宅艺）？
・准家庭模式变得很普遍（传统的家庭模式也还保留着）
・人们过着不被生理年龄束缚的生活
・授信（能否信任）所需的：经济方面、拜师、是否可以信任对方（经验、社区、组合计算）

作家希望向三菱综合研究所确认的事项（优先顺序、新业务 PL、新部门等）（※要创作出只有三菱综合研究所 × 科幻原型设计可以创作出的作品所必需的）

- 经验保证机构的设定（虚构的也可以）
- 经验共享人格机构（假设：常青公司）提出建议的方法：为什么机构会向用户推荐宅艺？规避筛选泡沫等。希望看现金流走向、管辖机构和许可制度。从偶像居酒屋开始的发展（此处开展深入挖掘）
- 2070 年的节日庆典，人员可以流动吗？

当然，除此之外也需要进行很多沟通，比如回答作家提出来的问题、提供资料等。解释说明的部分拖太久总归不太好，接下来就来为大家介绍实际创作出来的小说。每部作品都是得意之作，请尽情享受阅读的乐趣。

作品 1　健康由自己掌控！医疗保健的未来

“健康护理”方面的小说创作，我们邀请的是高桥文树老师。高桥老师著有短篇小说《小心 p 和 q》，擅长用抒情的笔法刻画出意料之外的科幻情节。他曾担任在线文艺杂志《破灭派》主编并将之法人化，还主办了千叶市科幻作家交流会“Dead Channel JP”，推动连接当地与科幻的活动等。他在文艺应有的姿态方面提出了很多新的想法，我想他应该能给这个项目带来新鲜的观点，于是向他发出了邀请。

健康护理的研究团队认为，“未来社会中，健康这一概念会发生极大的变化”。健康并不单单指的是“没有疾病的状态”，而是指能够发挥身心潜能、选择按自己希望的方式生活的状态，也就是我们所认为的健康的意义会变成“为了每个人的幸福安康而能够对身心进行管理的状态”。或者可以说是从现在这种保护身体不受疾病侵扰的“防守式健康”，转变为能够完全发挥个人能力的“进攻式健康”。

因此，我们一开始就告诉高桥老师："我们希望表现 2070 年时人们会如何面对自己的身心、努力发挥自己的能力。"此外，我们不仅和高桥老师分享了有关医疗技术的信息，还分享了全面拓展人类能力的各种各样的技术。其中就包括认知障碍和癌症的治疗技术、AI 咨询、人体与机器同一化的技术等内容，内容包罗万象。

以这些信息为基础，在工作坊中，作为 2070 年可能存在的新服务，大家提出了"机器人嫁接"（将树木与神经连接，进而可以监测环境的技术）、"极限零成本医疗基础设施"（以预防医疗为中心，由 AI 医生提供在线服务的免费医疗中心）等创意（见表 7-4）。

表 7-4　医疗护理领域的小工具方案

新产品、新服务	一句话说明	能够提供什么样的价值
机器人嫁接	· 连接树木与神经，进行环境监测	· 环境监测
极限零成本的医疗基础设施	· 共享医疗中心 · 在线居家诊断 · AI 医生可免费进行全部诊断 · 以预防医疗为中心	· 连接各地 · 药物也能被自动送到家里，进一步的预防成为可能
基因伙伴	· 利用自己的基因信息，把无用的遗传信息进行分组，这可以成为交朋友的契机	· 形成社区 · 用于疾病筛查（疾病的遗传基因）

如果这些服务变成现实，或许会出现管理身体拓展器官的公司，甚至还可能产生与 DIY 医疗相关的商业模式。人类能力的界限将大大拓展，因此，那些明确知道"自己想变成什么样"的人，应该会过得顺风顺水。另外，那些看到了自己能力的边界并失去生活目标的人，可能会感觉非常痛苦。如果"进攻式健康"变为现实，即使年龄增长，人们也还是可以进行各种各样的

挑战。如果生活习惯病的预防成为理所当然的事情，那或许肥胖也会变得非常罕见。不过，说不定肥胖会变成一种被尊重的个人选择……

话说回来，未来的日本是如何度过社会保障制度的危机的呢？对于这个问题，大家提出了“因为疾病基本被预防了，所以得以勉强维持”“疾病的超早期发现和预防医疗的发展，使得癌症和生活习惯病已经被人类征服”的想法，补充了很多未来图景的内容。

作为参考，我举一个从高桥老师那里收到的问题，并附上我们的回答作为参考。

Q：2070 年的机器犬可以进行沙滩巡逻或者垃圾回收之类的工作吗？

作家之所以会提这个问题，是为了对未来社会中人与机器人如何分工、进行工作和其他活动进行的具体思考。参考当下犬型机器人的功能和价格，我们主要从技术开发的角度进行了以下回答。

A：虽然也要看具体的工作内容，但只要有需求，应该用不了 50 年就能够实现。不过，包括维修护理在内的成本，在费用上来说还是有一点门槛的。特别是像沙滩这种很难在其中稳定走动的场所，机器移动时使用履带可能会更加合理。在有高度差或者台阶等适应人体的建造物的场所，像狗一样有四条腿的机器人或许更能发挥作用。

经过这样的讨论，最终被创作出来的故事平静却又充满力量，讲的是一位 80 多岁的女性冲浪者取得了出乎意料的成绩。

目标 1：保持健康、发挥身心潜能

海的感情

高桥文树

海面轻微地波动着，海浪规律地摇摆着身体。波浪很少，岸边的海水吐着白色泡泡，被朝阳照射着。旁边没有其他等浪的人。再过 30 分钟，就会有当地的年轻人成群结队地出现吧。“叮”的一声，响起的提示音让我看了看手表，PeakFinder 提示浪马上就要过来了。30 秒后，大约 2 米高，是入海后遇到的第三波浪。这个高度不需要启动电动冲浪板，只需要自己划水就够了。

配合水面的缓慢上升，我把冲浪板转向海岸的方向。配合着冲击过来的海浪越来越强的力道，我左右划了 8 次水。下巴稍微向前伸出，把身体交给水面，冲浪板向前滑出，我有种轻飘飘浮起来的感觉。到目前为止，我已经体会过多少次这种漂浮感了呢？我从滑出的冲浪板上站起来，完成了起乘，从稍微高一点的位置眺望大海。在初夏温暖阳光的照射下，蓝色海面泛起光辉，这是只有冲浪者才能看到的如宝石般珍贵的风景。

差不多乘了 10 个海浪，我稍微有点累了，心想要把电动冲浪板的模式调到强档。这么想着，我看了眼手表。闪烁着尖锐光芒的红底白字的警告，显示着特权时间的终结。

“辛苦了。锻炼结束，请从海里出来。”

虽然话语很客气，但 PeakFinder 用警戒色强调着自己的权威：手表的提示从来都没有错过。它用小字列出的风险要素包括：运动负荷的增大、下次及之后的意愿降低、海浪情况的恶化等。年轻时，我一定会玩到手臂都抬不起来，不过是因为当时还没有PeakFinder，仅此而已。

上岸，回到停车场。走在防沙林中的几分钟时间里，我向手表指示，让它命令无人机返航。踩着黑松覆盖的细腻沙道，我回味着今天的冲浪体验。第三浪不错：我很好地抓住了漂亮的海浪，起乘也够快。虽然表演性动作基本没做到，但能做出这么漂亮的浪壁回切的人，整个关东地区也就只有我了！

穿过防沙林，沐浴着五月沉重的白色日光，我等待着无人机的返航。难道是步道宽度的问题？这么想着，我确认了一下，却发现并不是这样。从手表的提示来看，无人机似乎是降落到了防沙林的另一边，它进入了救援模式。唉，我叹了口气。救援模式这个名字真的太扯了：需要被救援的不是我，居然是无人机。

我把冲浪板放到步道旁边，开始往回走。10分钟路程也不能说很近。沙滩凉鞋里的沙子越积越厚。

"古川奶奶，您忘东西了！"

抬眼看，视线前方是一位穿着黑色比基尼的女孩。她的一只手拿着我的无人机，另一只手拿着白色的短冲浪板，上面印满了图案。"DONNY"这个图案好像是某家知名公司的商标。我感觉自己应该见过这个女孩，却想不起来。她看起来是个中学生，我认识这样的人吗？

"对了，您上次也忘记让无人机返航了。我帮您设置一个提醒吧？"

"不用了，没关系。我不知道为什么它没有飞回来。"

女孩尴尬地笑了一下："需要在防沙林前面让无人机返航才行呢。"她把无人机递给我。原来，海上运动用支持型无人机"海鸥"，从法律上来说，被禁止进入比它起飞的海岸更靠近陆地的地区。

"谢谢你，下次我会注意的。"

道谢后，我接过了无人机。女孩直直地注视着我，说："果然还是需要设置一个提醒吧？毕竟上次也忘记了。我可以帮您设置。"说起这个，我想起来了。这个穿着黑色比基尼的女孩好像是职业运动员，或者是想成为职业运动员，总之，她是被赋予很高期待的冲浪者。

"难道说，我上次也忘记了？"

"对呀。上次也是我给您送过去的。我来给您设置一个提醒吧，这样您就不会忘记了。"

为了避免她太过担心，所以我就让她设置了提醒。据说这样的话，我离开海边的时候手表就会自动发出让无人机返航的指示。这个说自己名叫丽华的女孩离开时向我挥了挥手，踏着轻快的脚步离开了防沙林。这个名字虽然听上去很陌生，但这应该不是我第一次听到。

紧紧抱着无人机，我走向停车场。穿过防沙林，回到车边，打开后备箱时我才发现冲浪板不在，里面只剩下涂在冲浪板上的冲浪蜡那股椰子的香味。我放在哪里来着？现在，无人机在我手上拿着。我也考虑了要不要再回沙滩，但8点半要上班，往返花费20分钟的话就要迟到了。盯着防沙林的入口看了一会儿，我突然注意到一抹熟悉的橙色——那是我的冲浪板，泰得·村田打造的价值13万日元的中长板。

我朝着防沙林的方向发动汽车，驶在单侧两车道公路上的车突然停了下来。我低头道歉，但那边的司机看都不看这边一眼，冲到路上然后被人愤怒地训斥，这已经是非常久远的记忆了。那种恐惧感，直到现在也没有从我心中完全消除。

把冲浪板放在车上，换好衣服，我没有回家而是直接去了公司。我换上工作服，装上辅助设备。听到"噗嗤"一声吸气的声音，感受到与冲浪完全不同的压力将身体收紧，我一天的工作就开始了。

古川音梦是海岸清扫员。除了海边度假村，还要负责公营海水浴场的清扫。她从事这份工作已经20年了。这期间自己的岁数大了不少，但也遇见了很多志同道合的伙伴。停车场的清扫已经交由移动清扫车了，在海滩上捡拾异物的无人机的位置也可以远程调节。以前，如果找不到位置，她就要吭哧吭哧地在海岸上找，在海滩上找，凉鞋把脚磨得生疼，基本是这种情况，但是现在，她只需要在旁边看着就行了。据说在冲绳的海边度假村，无人机的管理是由犬型机器人负责的。不过，南房总的海边度假村是外国人投资的，如果让他们出钱买一辆清扫车，他们宁可让人走着去清扫。

她想起小时候看的有关第二次世界大战的电影。士兵两人一组爬上海岸，可枪只有一把。没有枪的士兵要等伙伴死后拣起他的枪去战斗。音梦觉得自己的工作跟那个士兵的非常类似。就算过了100年，人类还是没发生太大的变化。说是百年，其实还差16年。从音梦出生开始，马上就要过去100年了。

音梦一边踩着沙子前进，一边看着无人机捡拾垃圾的方向。垃圾大部分是渔网、浮标、塑料制品这些东西。为清扫专门定制的、代号为“蜂鸟”的无人机，因为可以进行合作悬停，所以可以几台无人机一起出动，轻易捡起渔网这类复杂的大型垃圾。它们抖落沙子的动作也极其轻妙：每台机器稍微错开时机，分别改变高度，就像掀起一阵细浪。看着它们工作的样子，她常常不由自主地为沉默无语的“蜂鸟”们配音:“嘿咻、嘿咻”。太阳开始把晨光洒向沙滩，落下“蜂鸟”们的影子，那淡淡的影子轻飘飘地浮着。

毫不夸张地说，需要音梦做的事情非常少。不过，这些可爱的“蜂鸟”们有没有顺利完成工作，这方面的责任最终还是需要由某个人类承担。这份责任的承担才是海岸清扫员真正的工作内容。有时候捡到的塑料瓶上贴着令人怀念的标签，音梦会把塑料瓶捡起来之后撕掉标签，把标签放进自己的包里。虽然她收集的标签已经超过了 2 万张，但只有可口可乐的红色标签，音梦不管已经有多少张了，还是不舍得扔掉。任何时代都会有回忆。能在音梦 84 年的人生中一直存在的饮料并不是很多。

无人机没有出问题，顺利地在一天之内完成了沿岸 30 千米的清扫工作。虽然这么说，但现在才下午 3 点，太阳依旧高照。她坐在载重量为 4 吨的卡车的驾驶席上，开始写日报：海岸线无异常。在车内把日报发出去后，她回到离千叶海岸不远的家里，简单洗漱之后就钻进了被窝。睡一个小时，潮水就会开始退去。手表的运动时间限制还在 70 分钟以下，这表明她睡醒以后还可以再练一轮。

音梦的日常基本就是冲浪、海岸清扫、冲浪的循环。她是在东京出生并长大的，中年时与冲浪的邂逅，改变了她的人生。趁着医疗崩溃前夕的"逃离东京"热潮移居到了南房总，如今已经过去了 30 年。她的人生并不是像风筝一样，她也曾与很多人相遇、别离，与父母也日渐疏远，最后生死相隔，她也确定一生不会结婚了。即使是这样，在清晨与傍晚，潮水依然会来。不管在什么样的日子里，这一点都不会改变。

结束傍晚的运动，吃完晚饭后吃药——AI 家庭医生送来的药品。从大约 20 年之前开始，采集指尖血并用药店里的扫描仪扫描后，药品就会被放进箱子里，送到家里来。以前为了采血和面诊，还要专门跑一趟，去见自己预约的医生，现在只需要用手表与 AI 家庭医生进行面诊就可以了，非常轻松。送过来的药品有时增加、有时减少，现在基本上是 5 种，加在一起一共要吃 10 粒。这是根据音梦的遗传基因配置的，能够最有效地预防癌症、心脏病等疾病的药物。应该是这样，具体情况音梦也忘记了。她记得自己还跟医生说过希望增加运动负荷，所以可能其中也有预防关节炎、提高免疫力的药物。总之，药品都在医保范围内，价格很便宜，只要一直吃，她就不用担心自己会像父亲一样罹患癌症，度过痛苦的晚年。

吃完药后，音梦进行了肌肉锻炼，还仔细地进行了拉伸，然后喝了蛋白质饮料。蛋白质饮料不在医保范围内，所以它的价格并不便宜。不过，这是专门为热爱运动的高龄人士定制的产品，她盘算过了，这是为了继续冲浪的必要开支。就寝时间固定在晚上9点，凌晨3点起床后，她会先去确定海浪的情况。音梦的一天就是这样的。

斯维尔号台风的第一波好像要来了。“音梦，怎么办呀？”凌晨两点半，音梦收到这条小雅发来的信息。小雅是有能力运动的高龄冲浪俱乐部“慢银发”中难得的60岁以上的成员。因为在湘南和平沙浦乘过同一波从南边过来的海浪，所以两人偶尔会联系。她们凑巧还是患有同种疾病的病友，但双方还没有见过面。

天气预报称海浪会有一人半高至两人高，在白色水泡连续不断的压制下，要到海里等浪恐怕会很困难。如果是40年前，面对这样的海浪，她肯定只能放弃。但现在，冲浪板上装了助力器，在这种天气下冲浪肯定没问题。只是她这把年纪要是万一骨折，冲浪生涯就要终结了。因此，需要把穿在身上的辅助装备提前设置得强力一些。

根据浪点信息分享的情况，台风会在千岁海岸离开。千岁海岸是当地人专属的秘密浪点，位置就在已经荒废20多年的电厂前面。为什么电厂会被荒废20多年，她至今也不清楚。

音梦清点了一下工具，就着蛋白质饮料把药吃了。虽然作为早餐来说索然无味，但因为接下来要去冲浪，所以不能吃得太饱。她给涂满冲浪蜡的冲浪板装上脚绳，设置好“海鸥”无人机，穿好辅助装备并将其设置成“强支撑力度”。坐上车，音梦进行着手腕拉伸之类的动作，目光却突然停在了手表上。心跳120，好像有点高。

要到电厂前的浪点，需要穿过私有土地，然后走一段险峻的石阶。石阶反复承受着沉浸在对冲浪的期待中欢欣雀跃的冲浪者们的重量，已经有些被磨圆了，很难说得上安全。她谨慎地迈着脚步，慢慢地往石阶下面走。这个浪点是定点起浪，也就是说，因为海底有礁石，所以海面会产生固定形态的海浪。这里的海浪一般比较小，但遇到像这次斯维尔号台风过境之类的情况时，就会升起非常优美的转弯形态的海浪。如果是这里，或许可以实现自己憧憬的穿越梦幻通道（Green Room）的愿望，也就是说，在管浪中进行水下穿行。在进行了充分的准备运动后，她注视着浪点。为了观浪而路过此处的年轻人过来询问："奶奶，好厉害！您是要乘上这个浪头吗？"因为是陌生脸孔，所以他们大概是游客。不过，从没有本地人之外的人进入过电厂前的浪点，大概又是自己忘记了。

音梦放飞了"海鸥"无人机，趴在冲浪板上开始划行。海浪的力道很强，会把自己推回来。这样下去的话，在工作时间开始前，自己只能原地划水。音梦点了点手表，打开了冲浪板推进器的开关。装在冲浪板尾鳍上的螺旋桨开始转动，音梦能感到它推着自己前进。用了 5 分钟左右的时间，自己在留存了划水体力的情况下来到了海里。音梦等着"海鸥"无人机推荐，但它却表示没有可以推荐的海浪。它这个时候丝毫派不上用场！"海鸥"无人机在台风即将离岸的风中摇摆着，飘浮在空中。

海浪虽然看上去是来回往复、一成不变的，但每隔一段时间就会有一波较大的海浪冲过来。今天的海浪间隔是 15 分钟，如果能很好地乘上去，一定可以进入梦幻通道。看，来了！一人多高的、形状优美的海浪。音梦把冲浪板的前端朝向海岸，一边启动推进器，一边开始划水。辅助装备进行着微小的伸缩，帮助她进行划水的动作。音梦从卷上来的海浪斜面上探出头，略微将重心向前移动。冲浪板在海浪的力量区域划向前方。音梦把两个手掌收到肋下，压着冲浪板的右侧膝盖则稍稍向前，然后将左腿提到几乎贴到胸口的程度。她把两手从冲浪板上移开，用标准姿势完成了起乘。音梦左侧的视野是开阔的，可以看到台风临近的阴霾天空中，阳光如箭一般射向大地，那是宛如神迹降临般的风景。这就是音梦最后见到的浪中景色。

醒来的时候，音梦发现自己在病房里。之所以能立刻发现自己在病房，是因为她之前有过几次住院的经历。为什么会住院呢？对，好像是说可以靠解析遗传基因在疾病变异早期及时发现，似乎是因为这样的理由才来到医院的……

“古川女士，早上好。”

睡得迷迷糊糊的，音梦仰面躺在床上，耳边突然响起了呼唤自己的声音。她吃惊地向旁边看去，那是一位戴着面罩的年轻男性。虽然这么说，但从他的脸判断，他应该也有50多岁了。音梦的第一反应是想开句玩笑，但她却发现自己无法发出声音——她的嘴里有什么东西。

“古川女士，您在冲浪的过程中，因为事故，被送到了医院。”医生一句一句地慢慢解释着，“接下来，我会讲解症状，请您坚强地接受这个状况。”

看了医生播放的“海鸥”无人机拍下的视频，音梦了解了自己那时的状况。当时她试图乘上的海浪有两人高，浪形较陡，是一个很难驾驭的海浪。她的划水速度不够快，选取的位置也不够好，这简直是等在海浪前面，等着浪花从上面落下来抽打自己。翻滚上来的海浪从后面掀翻了冲浪板，冲浪板和浪花一起落在了音梦身上。恐怕自己像洗衣机里的脏衣服一样，被揉搓了一番吧。落水的巨大冲击力使她失去了意识，辅助装备中的模式自动调整到了漂浮袋模式，音梦漂到了水面上。“海鸥”无人机在判断她已经失去意识后，自行启动了牵引模式。音梦仰躺在水中，在失去意识的情况下被无人机拉着在海面上滑行，当时的样子就像她小时候在水族馆里看过的虎鲸秀的表演者。最后，她终于到了岸边，被拉到了沙滩上。她吃惊于“海鸥”无人机居然有这么大的力量。没过多久，海岸救援队就赶来了，他们把音梦搬上了救护车。这个过程中，“海鸥”无人机都从很高的位置观望着。

肋骨骨折、植入右膝盖的人工关节与神经的连接部分完全断裂，这就是她的症状。肺部进水的问题应该可以完全治愈，但科睿的人工关节，还有泰得·村田的冲浪板，这些都要重新购置。虽然这是一笔不小的支出，但省吃俭用的话应该也没问题。无法挽回的事情只有一件，那就是患有阿尔茨海默病的音梦，因为这次海滩事故导致社会适应性降低，被诊断为阿尔茨海默病中期。“中期”这个烙印，意味着她失去了使用辅助设备和高运动性关节的资格。如果没有辅助装备，她连 5 分钟的划水都无法坚持；如果不能使用机械关节，她根本无法完成起乘。总之，她永远不能冲浪了。

在医院住了一个多月后，她被允许居家医疗。康复运动将持续很长时间，半年内需要被监察，只能进行计划性外出。因为有雇佣保险，所以公司为她保留了海岸清扫员的职位，她还有可以工作的地方。即使是这样，结束监察期的音梦还是不准备再去工作了。她之所以想要退休金之外的收入，本来就是为了冲浪。现在已经不需要再买新的冲浪板、无人机、尾鳍和辅助装备了。

一段时间后，她早早起床，去看了大海。以前常来的浪点，现在也还是一样的样貌。海浪的大小、浪花分开的样子、水面的光滑程度，看着这一切，她回味着在海浪上滑出去的感觉。那天，她坐在平沙浦的海滩上看着海浪。南边传来的波动摇晃着海面。虽然才过了半年，但想到自己曾经乘过那片海浪，她已经觉得非常陌生了。从花朵已经凋谢的肾叶打碗花的花丛中站起来，她能听到从膝盖处发出的廉价的电机声。膝盖部位安装的人工关节是在医保范围内购买的便宜货，动作稍快就会发出声音。

“早上好，古川奶奶！我听说了，您受了很重的伤。”

回头看，是个穿着全套运动潜水服的女孩。冲浪板上印满了各式图案，其中一个印着“DONNY”的图案自己似乎在哪里见过。好像是捡到过写有这些字母的塑料瓶……

“嗯，是的，冲浪时受伤了。因为我，马上就80岁了。”

少女轻声笑了一下，否定了音梦：“奶奶，您已经84岁了。”

是那样啊。音梦朦朦胧胧地想，突然感觉不可思议：为什么这孩子这么了解自己的情况呢？

“你是我的孙女吗？”

“不是呢。奶奶您连孩子都没有吧。”

“对……不过你不是我孙女的话，那你是谁呢？”

女孩再次解释了自己和音梦的关系。十几年前，音梦在市里的互助中心照顾过女孩。还在学校放学后，给学生们讲解冲浪知识。说起来，音梦突然觉得自己好像确实做过这些事情。为什么现在不做了呢？她却怎么都想不起来。

“我已经是职业冲浪者了，是奶奶的学生里第一个成为职业冲浪者的，对吧？”

“是这样吗？我不记得了。不过，你这么年轻就开启了职业生涯，真的很厉害。你才15岁吧？”

“不是呀，我已经18岁了。”

少女虽然在笑，但好像有点受伤。音梦无暇顾及别人的感受。因为失去了记忆，音梦自己也一直受到伤害。

那之后，少女讲了很多关于未来的规划，但其中的绝大部分，音梦都忘记了。要到国外去，她似乎是这么说的。是的，日本很多职业冲浪者都会去美国的夏威夷或者澳大利亚。日本的浪点基本都是定点起浪，很少有哪个地方能等到品质优良的大浪。

自称以前是音梦学生的女孩道了声“再会”，便朝着大海奔跑而去。女孩一边有节奏地踢着海浪，一边跳到冲浪板上，开始划水。她乘着离岸海流，一边避开海浪，一边深入大海。那身影逐渐隐没在浪涛之间，不一会儿就看不到了。时不时有个被海浪举起、漂浮起来的人影，也不知那是不是女孩。

住院时负责音梦的护理经理，每次和她面谈时都说："为了减缓认知功能障碍的发展，请您制定一个目标吧。"但是，音梦的目标曾经是冲浪，她现在已经没有目标了。"没有目标的话就不能再活下去了吗？"被这样询问后，护理经理的表情变得很严肃，但家庭医生就不会这样唠唠叨叨的。音梦说自己不会再进行剧烈运动后，对方只是淡淡地回答："我会将这个情况反映在今后的治疗计划中。"

虽然已经辞去了工作，但出于作为海岸清扫员的工作习惯，音梦早上一起床就会去海边，她会在那里让"海鸥"无人机飞来飞去，寻找塑料瓶。因为不像"蜂鸟"那样有很多台，所以很少能找到它。不过，看着手表上映出的画面，为了收集塑料瓶的标签而每天在海边走两个小时，这真的非常快乐。

某天早晨，"海鸥"无人机捕捉到了没怎么见过的景象：有一伙人，大约 10 个，正在往岩礁上装什么机器。她站在散落着岩石的地面上，问他们是不是在进行某种测量活动。

"我们在增加珊瑚的数量。"穿着潜水服的年轻男人回答。

"你们是政府部门的人吗？"

"不，我们是 NPO，属于一个叫 ICN 的团体。我把信息发到您的手表上吧。"

她伸出手表，旁边穿着短裤的男人在自己的手表上敲了几下，音梦的手表就收到了信息。其中大部分都是字母，她不太能看懂，但这好像是个保护环境的团体。

据说，最近 30 年，世界上的珊瑚礁几乎消失殆尽了。由于水温上升，珊瑚礁无法生存下去。南边的珊瑚礁已全部灭绝，对这些珊瑚来说，这片海域的最北端的一小片地区，是它们唯一的可生存区域，是它们的苟延残喘之所。听着对方的解释，音梦想，这就像是她自己。比如说生而为女人这件事，一个人生活这件事，没有可以分享悲伤的挚友这件事……她想把活到现在经历过的所有痛苦都归结为“那就是我”呐喊出来，但那却变成了卡在喉咙里的一根刺：不知道是因为自己被认知障碍侵害的大脑，还是因为人生本就如此艰难，也可能两方面都有。

音梦不知该说些什么，但她还想说些什么。面对这样的音梦，ICN 的工作人员只是静静地等待着。

“珊瑚已经灭绝了。”过了一会儿，穿短裤的青年轻声说了一句，“让珊瑚稍微长回来一点可能也没什么意义，但即便如此，我们还是想要做点什么”。

“不对，不是那样的。我想说的是，珊瑚仿佛就是我自己……”话说到一半，音梦突然感觉呼吸困难。她记得，自己还年轻时，在十几岁的年纪曾发生过这样的事。那时，她的世界被黑暗包裹着，那时的自己有着强烈到会感觉窒息的愿望。

头昏目眩下，音梦跌坐在地，接下来的一段时间里都被他们照料着。就像把塑料袋放在嘴边，等待呼出的空气凝成水滴。过了像这么久的时间之后，奇怪的物体跳到了音梦的视线里：小石块的中间长着青紫色或绿色的突起，下面伸出透明的电线，连接在一个稍大的机器上。机器圆滚滚的，看上去像个常见的扫地机器人。

“那个是什么？”

音梦询问后，ICN 中的一人回答：“那是珊瑚的幼苗。”可能对方因音梦开口说话而放下了防备心，所以向她解释了其中的原理：从珊瑚幼苗中伸出来的电线会传递珊瑚虫发出的电信号，电流传递到被称为“豆荚”的机器中，而“豆荚”能将其转化为珊瑚的情感并表达出来。音梦正听得目瞪口呆时，脸上长满络腮胡的、外貌有点像白人的青年接过了话头。

“可以把‘豆荚’传递出来的电流连接在神经上。你看。”

说着，青年把连在‘豆荚’上的电线拔了下来，给音梦看了看连接处。六角形的纤细电线是由三股电线组成的，仔细看那细细的电线，可以看出那像纤维的集合体。

“这种电线跟人工关节中连接神经的那种电线是完全一样的，二者是可以互换的。当然，它也可以跟人类的神经系统相连。电线的另一边连接着珊瑚的骨骼，接收着各个珊瑚虫发出的电信号。”

青年说完，从齿间发出了“咻”的口哨声，从一边到另一边，他轻抚着从珊瑚中伸出来的电线后，轻轻地在“豆荚”上敲了下，把手指贴在了自己的鬓角上。

“不同的人会对接收到的信号有不同的解释……它表达了珊瑚虫的某种情感：可能是喜悦，可能是快乐，也可能是某种下定决心后的释然，也可能它们什么都不知道。无论如何，对我们来说，这就是它们对这个世界的情感。”

她好像有点明白了。在等待海浪时，大海一直在波动着，海浪有着不同的表情，说着一些不同的话……总觉得是这样的。当然，那可能只是音梦的某种一厢情愿的幻想。不过，人类个体之间不也是这样吗？事实上，音梦就是孤身一人。在她的人生中，没有一个人值得比海浪更深的爱慕：交换的话语、重叠的肌肤，那全都比不上她在海浪中漂浮着的任何一个瞬间。

“如果能像海浪一样，跟大海合为一体就好了。”

听她说出这句话，ICN 的工作人员的眼睛都亮了。他们本以为自己的尝试一定被认为是没有意义的吧。不过，音梦能明白那些事情的意义。

3 年过去了，古川音梦的阿尔茨海默病逐渐恶化。现在差不多可能已经是晚期了。随着医疗科技的进步，很多疾病都被攻克了，但阿尔茨海默病却还没有找到可以治愈的方法，医疗科技顶多只能减缓疾病的发展。古川音梦的身体能力远远优于同龄人的，但正因如此，她走失的风险也就更大。

尤其令护理经理头痛的是，古川音梦会一大早跑去海边。她会独自一人乘坐早晨 4 点半出发的卡丁车，跑出离家 2 公里以上的距离后，报警装置会自行启动。每当这样的事情发生，护理经理就要查看无人机发来的影像。很多护理经理这时都会返回梦乡，但刚开始负责她的新人护理经理赶紧跑到了海岸边。不过，护理经理过了半年发现其实根本不用赶过去：古川音梦只是坐在海岸边，静静数着波浪罢了。

同样容易被新人护理经理误会的，还有那些拜访古川音梦的年轻人。这些人穿着白色裹身裙、戴着贝壳项链，一身奇装异服，让护理经理怀疑这群怪人是不是企图进行继承人诈骗的。新人护理经理在询问后马上就搞明白了，原来这些年轻人是一家名为 ICN 的正规环境保护组织的成员。据说他们是来采访古川音梦的，这对他们的研究很有帮助。音梦膝盖中植入的关节连接着珊瑚虫发出的电信号，她能感知被传递过来的电信号。她会深情地抚摸着膝盖，说着“这里的水温有点太高了”“最近身体变大了”之类的话。新人护理经理会立刻判定这是认知障碍导致的胡言乱语，但那平稳的语调又让人觉得或许并不是那样。ICN 的成员们也意味深长地点着头，提出有关珊瑚虫情感的各类问题。

在南房总这个地区，正在进行珊瑚礁复原工程，古川音梦则担任着珊瑚虫的情感翻译。这是当地人都知道的事情。她被问到未来的梦想时，是这样回答的：“只要再过 5 年，珊瑚礁就会长大，然后就会产生礁石浪。海浪碰到珊瑚礁，会掀起小山一样的大浪哦。然后平沙浦就会像万岁管道（Banzai Pipeline）、提阿胡普海滩（Teahupoo Beach）、杜兰巴海滩（Duranbah Beach）那样，因为能产生可以长时间冲乘的好浪而变得有名，会在这里召开冲浪世锦赛。四散在世界各地的日本优秀冲浪者会把南房总当作训练基地，那时，他们在这里可以干脆利落地做出浪顶甩浪，或者空中三回旋的动作。叫什么来着，哎呀，就是那孩子，我曾经教过的那个女孩，以前经常来平沙浦，常常会跟我打招呼聊天。就是那个孩子，那孩子不就很棒吗？她一定会成为日本第二位女子冲浪奥运冠军。”

听着这些话，护理经理感觉有些不可思议。虽然音梦总说她将来要如何，可留给她的时间已经不多了。现在的情况是她每次吃饭，都有可能会窒息。即便如此，看到平静地眺望着大海的古川音梦，护理经理就会觉得那样的未来或许真的会到来，因为她似乎能通晓大海的情感。

大家觉得怎么样？是不是对50年后的未来中健康护理的技术和服务的进步，有了身临其境的感受呢？工作坊的所有参与者，通过古川音梦这个人物，看到自己之前讨论的社会图景被具体而细致地描写出来，都感到非常惊讶。医疗和健康护理服务变得非常个人化，对于“想要提高运动负荷”这种个人的愿望也能合理调整处方。“自己能够决定的理想的健康状态”的世界就存在于那里，大家为此都很感动。此外，我第一次读到这篇小说的时候，看到故事中的身体拓展技术能发展到与自然融合的水平，都感受到了难以言喻的爽快。

通过阅读小说，我们还对技术发展的未来中会存在的问题，进行了具体的想象。比如，“责任、欲望，如果不能让人基于这些词汇产生充实感，大家就很难真的感觉到富足”“就算医疗技术能够让身体变得健康，但如果不能做自己喜欢的事情，还是会觉得很痛苦”“如果从药品的处方到配送全都实现自动化，那自己到底在吃什么药、是不是吃过了，都会很容易忘记”，等等。

这样想来，不仅是医疗和护理的基础设施发展得很好就够了，而是要配合每个人希望的生活方式，让大家可以自由选择调整身心状态的方法。为此，维护健康的机制也必须变得更加个性化。多亏我们强化了这方面的意识，所以在研究报告中虽然描写了未来的医疗基础设施，但没有仅仅聚焦在诊疗、治疗等技术层面，还想象了要给患者温柔陪伴的机制，并把这些内容也写了进去。

以小说为灵感，如果能够产生新的论点，那也是极大的收获。比如“50年后，人们的生死观是否也会发生很大的变化？”“不喜欢运动的人，他们的生活习惯要如何改善？”“在血缘关系淡薄的未来，祖辈与孙辈是怎样的关系？”这些问题，都是思考未来的健康护理时非常重要的角度。

作品2　与孤独诀别！沟通联系的未来

“沟通联系”方面的小说创作，我们邀请的是柴田胜家老师。柴田老师著有短篇小说《云南省夙族VR技术使用案例》，他擅长以技术发达的未来为背景，创作富有人文研究论文气息的小说。他有过与企业合作工作坊形式创作的经历，也有实际的作品。柴田老师出生于1987年，我们期待他能给这个项目带来相对年轻的视角，所以决定邀请他来创作。

在未来社会，人与人之间的沟通联系也会发生很大的变化吧。沟通联系的研究团队认为，未来社会会产生无数的社区，每个人都属于多个社区，不再会有人体验“不情愿的孤立”。虽然只要使用互联网，我们现在也能从全世界范围内收集信息，进行各种各样的模拟体验，但是，目前的虚拟体验还集中在视觉（文本、图像、视频类内容）或听觉（音频类内容）。今后，我们一定会能跟别人分享触觉、味觉、嗅觉之类的感官体验。如果能轻而易举地模拟脑部活动，那或许心灵感应等不依靠语言的沟通也将成为可能。

如果运用这些技术，或许我们能够像了解自己一样了解别人的心情，甚至可以了解动物和植物的心情。那么，创新所必需的“新结合”不就不断被产生出来了吗？我们时常也会产生这样的期待。

人们可以在虚拟空间使用不同的年龄、性别、属性，不仅如此，变身为海豚或珊瑚也不再只是梦想。团队成员可以像合体机器人那样合为一体，共同完成一项工作，或许还能与心爱的宠物共同操作一个虚拟形象，一起去冒险。人生将不只有一次，“多重人生”将变成可能。如此一来，如果“主观化”的范围可以不断扩大（见表 7-5），这项技术或许能为建设对人、对环境充满关怀的社会，贡献出一份巨大的推动力。

表 7-5　连接领域的小工具方案（示例）

新产品、新服务	一句话说明	能够提供什么样的价值
孤立 / 孤独厅	・尽全力预防孤立、孤独的政府机构（应该隶属厚生劳动省）	
经验市场	・从物品进一步发展到事件，可以对他人来说较为稀有的经历（如偏远地区的旅行）、对自己来说比较刺激的经验（传说中的销售员的经历）等进行买卖的市场	・可以做到自己做不到的事 ・学习速度飞跃上升
复合人格派遣业	・将多个人的人格综合起来制作而成的复合人格，为其制作虚拟形象，并派遣工作 ・通过调配人格，可以派遣最适合该项目的虚拟形象（如宠物咨询和金融）→面向宠物的证券开发	・比组成项目团队的价格要便宜且效果好 ・即使没有管理能力，也能轻易产生创新
书架 / 人生共享	・从 SNS 发展而来。可以随时翻阅别人的人生	・可以跟着体验别人的体验
孤立肩颈僵硬	・用肩颈僵硬来让他人发现自己的孤立	・让他人自己注意到自己所处的现实情况（如果是别人的建议，有可能不会听取）关系中的不协调

以这些未来的技术为前提，工作坊中产生了很多关于未来独特服务的新颖想法。比如可以提供“孤立肩颈僵硬”服务，让大家通过肩颈僵硬模拟体验被社会大众孤立的感觉。还可以提供“书架/人生共享”服务，让大家可以像读书一样“蹭读”别人的人生。

不过，如果他人的体验可以被打包出售，或许就很难判断这究竟是别人的真实体验，还是借鉴了别人的经历。因此，会不会还将产生认证体验为“真实”的“体验保证机构”呢？不过，如果个人体验的买卖兴旺起来，有些人能产生被大家狂热追捧的体验，有些人则只能产生完全不被需要的体验，那就可能会产生新的阶级差距。为了消除这种差距，或许需要建立某种制度、实施某些政策。

作为参考，我举一个从柴田老师那里收到的问题，并附上我们的回答做例子。

Q：可以做出体验共享平台这项业务的利润表吗？

之所以会提出这个问题，是因为有些讨论中提到，体验共享服务必须有民间资本的参与才能普及，那么，为了增加真实性，就需要事先确定好业务变现的详细情况。我们预想业务在这个时期已经走上正轨并在国内结算，以此为前提制作了利润表。

A：假设销售规模大约为3 000亿日元、以利润率12%的标准来进行计算。不过，此处每年2 000亿日元左右的研究开发费用要被计算在内。预想几年后会发售数字复制人格等产品，利润率或将大幅提高。与研发费用相比，销售规模相对较小，因此作为初创企业，从大企业募集资本还是必需的。

经过这样的讨论后产生的，就是这篇主人公为某位 45 岁、刚从未来政府机构“共情厅”退休的、原公务员的故事。

目标 2：多样性的尊重和连接的确保

秋日惊雷

柴田胜家

一

我的前半生，被总结为下面这些语句。

“共情厅统计信息部（冲绳分支部局）的秋山奏人自 2070 年 4 月 1 日起免除职务”。

我刚满 45 岁，可以说正是年富力强的年纪。我并非身处要职，从第一份工作退休，而后开启了职业第二春，这对我来说确实是更好的选择。优秀的人可能会考虑第三甚至第四段职业生涯，不过我现在脑子里只有一件事，那就是接下来的 20 年要如何度过。

总之，接到内部通知后的一周，我早早完成了工作交接，终于迎来了最后一个工作日。

“在这里工作的经验，不仅让我个人的人生变得更加充实，还让我为社会做出了广泛的贡献。在这 20 年漫长的岁月里，谢谢大家的关照。”

从几天前就开始构思的略显程式化的临别赠言，还是收获了众多的掌声。其中有特地聚集到政府办事大厅的职员们、远程参与离职仪式的总部上司、早就离职了的前辈，大家都用掌声送来了他们的祝福。

其中也有职员为我而流泪，我却没有自信能很好地处理这样的场面。会成为共情厅职员的，都是很容易对他人的情感产生共鸣的人吧，他们可以在开心的时刻一起大笑，悲伤的时刻一起哭泣。

“如果是这样，那我辞职是正确的。”

向着天空喃喃讲出的这句话，通过个人穿戴设备被记录了下来。我平时不会做写日记这种事情，但感觉今天这样的日子，记录下自己的心情也是不错的。我确实是有点得意忘形了。

然后，我在城岳公园稍微休息了一下。跟平时下班回家时不同的是，这段休息可以一直持续下去。突然想起了这件事，我赶紧把手表上的闹钟重置了。

“共情厅确实是个很棒的地方，每个人都很温和，我感觉也确实能为社会做出一些贡献。会有人在我眼前欢欣雀跃地说，自己建立起了新的联系。”

说起这个，我想起来了。

我最初负责的工作，是为退休后与周围失去沟通联系的高龄人士提供帮助。那些人只属于某一个社区，没有分散孤独风险的能力。大约20年前，这是曾经引起媒体关注的高龄孤独者问题。

老人们居住的地区非常分散，工作可以远程完成。他们与家人的关系疏远，朋友虽多却都是泛泛之交。他们明明完全具备工作的能力，却因为没有容身之处而被社会抛弃了。共情厅就是为了应对这类孤独危机而建立的行政机构，致力于保持人们沟通联系。

曾经的我也会与客户进行面谈，不依赖AI助理，而是自己亲身去寻找新的社区，并和社区内的老人进行交流。问老人有怎样的艰辛，经历了什么样的痛苦，或者开心的事情是什么，是否会感觉到快乐。我反复与老人们交谈，仿佛把他们的人生当作自己的一样，努力地去理解和接纳。

但我还是没能做到。

“或许我是一个冷血的人。明明在共情厅工作，结果到最后也没能理解人类的感情到底是什么。”

我的言语逐句被存储在设备中。

同时，周围的环境也会通过个人穿戴设备而被录制下来，连吞咽口水的声音都会被一一捕捉，最后都会为现在的感情涂抹上颜色。就连照在公园中的太阳光芒都变成了数值，我的心情会作为清晰而明确的信息被保存下来。

“不，或许我这样的人反而适合这份工作。对我来说，感情就是记号的连续。就像只要看到十六进制的颜色代码就能想象出颜色一样，就算没有经历过，我也能够理解感情的颜色。只不过，我自己的颜色全部都是F，仅此而已。”

厌倦了曾经投入过满腔热忱的工作，如今是被社区放逐、不知该何去何从的中年男性，这就是我现在的处境。我决定把这种心情做成可以共享的体验包。

“不过，怎么说我也是成功地在一个社区里度过了20年的时间。仅仅这一点，我就不后悔了。”

我在此处停止了记录。接下来就要把这一整个的体验信息上传到共享网站“常青”上。而且，这次不是作为普通爱好上传，而是需要取得体验保证机构的认证标识，所以手续上稍微有点麻烦。通过追踪我的数据制作的体验包，与其他可以进行编辑的东西不同，我的体验包会作为有价值的内容被保存起来。

只要在“常青”上播放这段体验，任何人都能再现我现在的情感。估计不会有人会对这样无聊的情感产生共鸣，但如果有人感受着与我类似的疏离感，那我希望这能为他们指明道路。

这是我作为共情厅原职员的最后的工作。

“各位，请保重。”

完成一系列操作步骤后，我说了这么一句。这是对上传到经验共享网站上的体验信息的巨大赞赏，也是对聚集在现实的公园中活动身体的人们的感想。

在我的视线尽头，是实地聚集在一起的社区。个人穿戴设备上辅助性地显示出“结衣卡恰西俱乐部”的文字。就算它不用文字告诉我，社区成员用卡恰西的手势跳着舞，也是一目了然的。不过，这竟然是一个平均年龄80岁的社区，仅靠视觉我根本没有看出来。

话说回来，我也是土生土长的冲绳人，对这片土地上明亮开朗的文化非常熟悉，看到老人们健康的样子也感到非常安心。只不过，我还是很难像他们那样用舞蹈、用表情去表达自己的情感。从小的时候开始就是这样。站在稍远的位置观察，这更符合我的个性。

“不过，现在不是说这种话的时候了啊！”

从所属时间最长的社区离开，对其他几个所属社区也很难说很热情。正因如此，我才希望能尽快决定好下一个去向。否则孤立风险就会增高，那我就可能会接到共情厅商谈支援的联络。如果因此给曾经的同僚们增添额外的工作，那就太不好意思了。

我结束了短暂的休憩，像追随西沉的太阳一般，迈开了脚步。我轻触设备，提交了增设新社区额度的申请。只需要这样做，AI助理KIZUNA就会根据我的性格和经历，向我推荐合适的社区。

“建筑物的检查维护、动物保护团体、海洋清扫……”

我一边在商业街上走着，一边通过个人穿戴设备收集多个社区的信息。每个信息都是在准确判断了我的个性的基础上推荐的、与他人的关系值较低的社区。

“这种时候就不能挑三拣四了呀！”

事实上，如果显示的社区的风格太过相似，推荐度就会降低。所以要尽量从属于多个社区，而且最好它们的风格指向性也各不相同。这是控制孤立风险的基础常识。

因此，KIZUNA 最终得出那个答案，也可以说是理所当然的。

“什么啊这是？‘弘前宅艺传承会’……”

出现在推荐界面里的是一个从没见过的社区的视频。视频里，老人们手里拿着荧光棒，展示着伴随华丽手势的舞姿。这根本就不是能从我的性格联想出的充满活力的社区。

“宅艺，是叫这个吗？”

二

那天，我变成了一颗珊瑚。

“奏人，你是在寻找新的社区，对吗？”

在蓝色的海底，乘着水流，我的耳畔传来了朋友普久原的声音。普久原跟我一样，也从属于环境模型体验社区。

“是啊。我也尝试了‘常青’的社会招聘中介，不过还没找到很合适的。”

“因为你是免费会员啊。啊，对了，那你不如加入‘与那霸之森’吧。全是大海的话会有点腻，跟树木融为一体的感觉也很舒服。”

“谢谢你的邀请。但那样的话咱俩就会有两个社区重合，我也参加了跟那个类似的环境模型体验。如果社区的方向性太过相似，在尝试新事物方面就不会受到认可。”

听了我的话，他只是毫不在意地说了句：“这样啊！”

普久原家是早年从冲绳移居到外地的，他对自己祖父母出生成长的这块土地似乎很有感情。相反，我的父母是从外地移居到冲绳的。好像有点相似，但其实又非常不同。正因为如此，我们选择的社区也不同。

“真遗憾，如果能和奏人一起变成冲绳的树，肯定会很有意思。不，我也很喜欢大海，很漂亮，让人心安。啊，你看，有什么东西游过来了呢！那边还有鱼呢。”

虽然他是很粗犷型的享受方式，但他看待事物的方式，是只会随波逐流的我所不具备的。可以说正因为是这样，我们才会成为朋友。

就像我和他一样，性格不同之人的友谊肯定会让人生更加丰富。虽然也会有意见冲突，但致命矛盾出现时，就会有AI助理从中协调。因此，我觉得听听他的意见可能也不错。

“宅艺，是叫这个吗？”

潜入海底后大约过了一个小时，我若无其事地提起了那个话题，有关KIZUNA推荐给我的，那种闻所未闻的文化。

“它是什么呢？估计是传统艺能那样的东西吧？可能是带有手势的舞蹈，就跟卡恰西似的。”

“我也不知道是什么，虽然收到了KIZUNA的推荐。那个好像是位于青森的社区，从一个很小的文化保存协会发展起来的。”

“不过有点意外呢，没想到奏人会加入舞蹈、传统艺能这类生气勃勃的社区。”

“不，我还没决定要不要加入……”

话说到一半，突然有强烈的洋流向珊瑚们袭来。我也感受到了身体的摇摆。

“啊呀，差不多要平静下来了。”

普久原应该也在这几秒中忍受着洋流的冲击。留下这句话，普久原就从社区退出去了。不去累积没有必要的压力，这似乎是他的信条。

没了聊天对象，我也将自己的意识从珊瑚那里收了回来。在强烈洋流中感受到的精神上的疲劳应该会作为数据被反馈上去，或许能为今后的海洋保护做一点贡献。不管多么微小的数据，都是如此。

“突然跟人聊这个，反而越来越在意，真伤脑筋。”

我在自己的房间里摘掉护目镜，从床上爬了起来。三下五除二脱掉个人穿戴设备，混着汗水的共情凝胶稍微有点恶心，所以我决定去浴室冲个澡。即使不穿衣服走在房间里也不会被责备，因为我没有家人。昏暗的室内，只回响着我的脚步声。

无意间回头，映入眼帘的是透过公寓的窗户照射进来的，傍晚彩霞的橙色光芒。我好像在哪里见过跟这类似的光，现在却一时想不起来。

三

在遥远的青森县弘前市的公民馆前迎接我的，是一个名叫关大地的男人。听说他是1996年生人，出生于平成时代，他肩膀宽阔、脚步坚实，看上去非常健康。

“说起宅艺啊，它产生于距今大约70年前，是一种相对较新的舞蹈文化。”

关先生长着一张骨骼突出的脸，却用温柔的声音说道。

这天来参加说明会的人，加上我一共3个。大家都是远程出席，是AI助理站在前面。这样，加入新社区的心理障碍事先就被解除了。

“偶像……就是当时用肉身唱歌跳舞的人。宅艺就是这些偶像的粉丝独创的，配合着偶像的歌声，粉丝们在偶像眼前表演独特的舞蹈。宅艺最初只是为了让演出气氛更加热烈，后来被逐渐改良，最终成为一种传统艺能。”

那之后，关先生的讲解还持续了大约20分钟。宅艺在成为传统艺能前，曾是字面上的“宅男宅女的艺术”的意思，他似乎是了解那个时代的最后一代人了。时不时地，关先生像在怀念过去，会在说话时加入幅度不大的手势。

“好的，光用嘴说可能比较无聊，接下来咱们就实践一下吧。还有，最后请大家试着表演看看。”

于是，关先生向我们这些第一次参加说明会的成员传授了宅艺的手势。这手势是被称作“浪漫”的基本技能，好像是其中最简单的一种。

我跟着关先生缓慢地做动作，在现实的世界里也活动着身体：先是抬起手腕在头顶拍手的同时转圈，接着一边脸朝下，一边左右挥舞双手，然后像拉弓一样把一只手收回来。动作很简单，但要让动作合上拍子却很难。

“正式上场的时候会用到荧光棒。现在有AR软件，内置AR软件的荧光棒会随着手的动作发光。”

关先生嘴上慢悠悠说着，手上却热烈又利落地打着手势。说实话，光是跟上他的动作，我就已经拼尽全力了。

“大家都很有天赋啊。不像我，刚开始的时候完全学不会。”

关先生面对着画面那边跳着舞的AI助理的虚拟形象。当然，它虽然已经对动作进行了一些修正，但也无法传递肉身凡胎拼命跟上动作的窘态。关先生对这些情况心知肚明，却还是夸奖着我们。

“还不错吗？”

学会舞蹈动作后，我不由得嘟囔了一句。

这也算是职业病吧，我总会不自觉地揣度社区成员的发展性。在这个意义上，这里是合格的。活动身体令人心情愉悦，构成人员的平均年龄虽高，但心态十分年轻。因为宅艺历史较短，所以参与者之间可以无障碍地接触。

“那么，最后请欣赏我们的表演。”

大家稍微流了些汗水，都心满意足的时候，关先生微笑着，双手分别拿着一根细细的荧光棒，摆开了架势。

“对今天前来观看‘弘前宅艺传承会’的各位来宾，我们表示衷心的感谢。非常期待大家能够参与进来！”

配合关先生讲话结束的时机，公民馆的灯灭了。

那之后，立刻响起“啪”的一声，像是什么断掉的声音，然后黑暗中出现两条炫目的橙色光芒。那就是刚才他提到过的荧光棒发出的光芒，在荧光棒的亮光照射中，关先生的身姿看上去很梦幻。接下来又传来几声断裂声，荧光棒的光芒变成了四条、六条、八条、十条，数量以偶数顺序增加着。其他成员不知何时出现在关先生旁边，排成一列散发着鲜艳光芒的队列。

“接下来……”

关先生面朝下方，与此同时，音乐声响了起来，那是一首平成时代的偶像歌曲。过时却又有些令人怀念的前奏响起，关先生的身体大幅度地弯曲起来。

那幅景象，给了我巨大的冲击。

虽然喜欢跳舞的老人有很多，但他们恐怕都跟不上关先生那有力而快速的动作。那样的五个人聚在一起，成为一个井井有条的整体，这是一个有着团队气息的舞蹈。

无数光线在黑暗中描绘出轨迹。上一秒画出大大的圆圈，下一秒又变成了细细的光的旋涡。它们伴随着乐曲，多姿多彩地时而打开，时而又合上。

荧光棒掠过关先生的身体，宛如篝火映射出的能乐师般的动作飘浮在影子上。如果评价为幽玄可能有些夸张，但正因如此才具有魅力。

“好厉害啊！”

我们的评价只有这么一句。这就足够了。

四

整个夏天，我都把时间花在了练习宅艺上。

“好，接下来……”

不解风情的蝉鸣声传到室内。练习舞蹈动作的我在室内都出了一身汗。不过这恐怕根本没办法在室外进行。

“先接续着OAD，‘你嘿哦嘿’……”

旋转手腕，反复练习基本动作。传承会发给了我一个“常青”的动画，让我作为参考。我已经把它反复看了很多遍，看到的都是关先生以及其他参与者劲舞的姿态，跟他们比起来，我真是太落后了。

“副歌部分是‘雷蛇’的动作……不行，没跟上。”

已经不知道是第几次挑战了，还是失败了。先休息一下吧。

参加这个社区后我才明白，KIZUNA的推荐还是很准确的，我对这个传承会中的人际关系非常满意。虽然活动非常丰富，但很多会员都是默默练习。这种钻研精神也很适合我的性格。

脱掉个人穿戴设备，我喝了些大麦茶补充水分。

这时我有点想知道其他新人的情况，于是把手指放在了装在桌子上的显示器上。敲击几下之后，我进入了“弘前宅艺传承会”的频道。似乎有几个人是以音频的形式参会，正实时展示着自己的舞技。说实话我很羡慕，如果这时候我冲进去，让他们看看我的技术，我肯定能有极大的长进。

但是我忍住了。部分原因是觉得羞耻，另外就是我已经下定了决心，要练到能让自己满意的程度，再参与到大家的讨论中去。

“再来一次。”

我擦掉已经快干掉的共情凝胶，重新涂上新的，又穿上了个人穿戴设备。我能感觉到严丝合缝的布料与凝胶聚合，紧紧黏附在身体上。

“这次用别的人物练习一下看看吧。”

在“常青”上搜索后，我发现了很多展示宅艺的人。与青森的传承会相同，各地都有类似的机构以社区的形式存在着，机构成员会将体验上传到网络中。

开始播放体验动画的时候，我在腰附近碰了两下。与动画内部的身体信息相连，我把连名字都不知道的超级资深舞者的动作逐渐复制在我身上。

通过个人穿戴设备和凝胶传递过来的电信号给身体施加了轻微的负荷，只要好好模仿视频中的动作，就能很自然地与之融为一体。如何运用肌肉、如何放松，看起来很难理解的信息逐渐渗入身体里。反复几次之后，我自己应该也能做到那些动作，并且跳得有模有样。舞蹈和体育都是使用身体的技术，都是慢慢熟能生巧的。

不过，这种方法也不是万能的。

“无论如何都做不到啊。”

我在完成了几次舞蹈动作后，又一次发出了抱怨。无论如何都做不到完美：动作跟不上，呼吸混乱，姿势不利落。我跟视频中的人从体型到年龄都截然不同，这也是理所当然的事情，没有办法。

但是，根本性的理由还在别处。

“我，没有办法共情啊。”

现在我只是在复制身体动作，从练习方法来说是最浅的部分。在经验共享中，只要向内深潜，就能看到当事人看到的风景，感受到对方皮肤感受到的空气和温度，甚至可以追踪到当时的情感。如果能够在深层次与之合而为一，我的舞蹈动作也一定能够完全与其一致。

虽然我的脑子理解了，但却无法再取得进展。这是因为，我是一个无法与他们共情的人，最后总是归结到这一点上。

不如干脆辞掉社区中的职务吧。

就在这种极其负面的情绪出现时，显示器发出了收到新信息的小小提示音：我收到了一条信息。

“秋山先生，方便的话可以邀请您在下次的秋日祭中一起上台表演吗？”

这是关先生发来的信息，内容足以挽留我这颗即将放弃的心。

简直像是读懂了我内心的想法一般，在这个精准的时机。这种时候真要感叹，自己果然还是比不上前辈。

五

太鼓雄壮的声音与笛子清脆的声音中，混杂着众多人声。画着武者绘的巨大扇形山车灯笼在夜间道路上被拉拽出痕迹。

“因为现在是弘前睡魔祭的季节，我寻思这样能让大家看到。”

关先生跟我搭话。他跟其他一些会员就在当地，像我这样的新会员则是远程参加。只是看共享视频就够有气氛了，如果连接上关先生他们的感官，一定能更加身临其境地感受到当地的风与声音吧。

“节日的话，我们不会是要参与其中吧？”

我惶恐地问。关先生像是被逗笑了般摇了摇头。

“不不不，睡魔祭可不会让我们去演出。不过，弘前城中举办的秋日祭上会有咱们的舞台表演，我想着不如让新人们也参加，正好可以展示一下自己。”

节奏舒适的太鼓声持续不断地传来，人们缓缓走在街道上。山车灯笼的红光照亮了青色的夜幕。

“以前的话根本不可能。能在那么大的舞台上打出宅艺。”

“打？是什么意思呀？”

这是跟我同时期加入社区的同伴问的问题。对此，关先生微笑着回答。

“这是一种古老的说法。我还是正式表演者的时候，大家会说‘打出宅艺’，因此表演宅艺的人也会被称为‘打师’之类的。这听上去是很不可思议的叫法吧？宅艺这种舞蹈不是跳的，而是要打的。”

虽然是没听过的说法，但我记得之前我在感受前人的共享经验时，也听说过类似的说法。

“这个只是我个人的想法。‘打’这个说法，一般是在感情激昂的时候会使用到。打一下膝盖，打一个响指之类的。观看偶像唱歌跳舞的时候，观众也想要把感情表达出来，因此，身体自然而然地就动了起来，这就是宅艺。”

像是配合关先生的话，这时，太鼓的声音突然变大了。有句俗语叫“打一下即有回响”，还真是那样。

“想当年……这么说好像老年人在回忆往昔。总之，你有一个喜欢的偶像，你是想向偶像展示自己而打宅艺的。不只是我，会有各种各样的人展示自己独特的技艺。那时候，宅艺还不像现在这样被认为是一种文化，有人甚至会觉得这会影响歌曲表演。”

面对着弘前睡魔祭宏大的风景，关先生给我们讲了他自己的经历。

“以前的神乐一定也是那个样子的吧。各地会产生各种各样的流派、技巧什么的，是把歌曲表演进行中闪过的灵感编排进去，是一种自然流露出的情感。就算是同一种技巧，关东和关西有时候也会略有不同。顺便一提，我们的流派主要是北海道系的。”

如今，宅艺与古老的偶像文化割离，变成了一种传统艺能，但是那种精神还留存着，这舞蹈是为了献给眼前看不到的偶像。关先生这样说。

“盂兰盆会舞也是一样啊。以前是为了配合念经而进行的舞蹈，后来演变为只有舞蹈的艺能。所谓艺能，就是最初只是自己‘做’的东西，不知何时变成了‘展示’的东西，这就变成了艺能。”

在此，话题告一段落。接下来就是参加者们将节日的声音和景象转化为体验。虽然我们只是远远地看着，但等到有人把体验上传，就连拉拽山车灯笼的沉重感，也一定能感受得到吧。

这时，我突然想起了一件事。

“关先生……”

我脱口呼喊，几乎是无意识的。

“怎样才能自然地表达情感呢？”

面对我的问题，关先生眯起眼睛微笑着。

“没有人不在表达情感呀。就算旁观者看来都是一样的颜色，但细致观察后会发现还是略有不同的。就算都是纯白，浓淡也是千差万别的。”

是这样啊，我勉强才回了这么一句。

关先生好像能深深理解我的心情，总是能自然地说出我最需要的那句话。要说不开心，那是假的。不过，我却找不到能表达这种心情的颜色。

不过，这样或许也挺好。

“那么……”

节日接近尾声时，关先生站起来，环顾参与者。

“最后我来布置一个作业吧。我在考虑将我的体验共享，用来提高秋日祭舞台的表演水平。”

这时，关先生发送过来一份体验共享的数据。这份公开私人信息的数据，就是给我们这些新人留下的作业。

六

“那么，奏人看那个说是作业的东西了吗？”

带着一贯的轻飘飘的口气，普久原问我。今天，他的声音不是在大海中，而是从厨房放着的个人穿戴设备的另一边传来的。

“还没有呢，总是下不了决心。”

我一边说话一边和面。在全麦粉中混入香草，香草味很重。我跟普久原都从属于中欧料理研究社区，这次被要求制作波兰料理中的皮耶罗吉。这个社区的作业轻松多了。

“看一看不就好了嘛。之前你说的那个总也做不好的动作，看看技术好的人是怎么做的，说不定就学会了。”

画面对面，普久原正用灵巧的手势拉抻着面团。像是在做比萨似的，他还把面团抛向了空中。

“说是那样说，但那个体验好像来自关先生的过去。”

“哎呀，奏人，你真温柔啊。都不愿意太过深入了解别人的体验。”

虽然他这么说，但我这种不能共情的体质明显是一种缺陷。在如今这个人与人之间的精神距离被拉近了的时代，我依然尽量不踏足别人的领域。对于难以与他人共情的我来说，这是无奈而正确的选择。

“奏人，你之前说过你是在共情厅的工作中，因为与人交往过深而觉得疲倦，所以才来到了杳无人烟的大海之中的对吧。”

“我说过这种话吗？”

“说过哦。你的言下之意是可别想跟我交朋友。不过，我还是做了你的朋友。”

对普久原的这句玩笑话，我微微笑了一下。看到逐渐成形的面团，心情也会很愉悦。

“我是这么认为的。”

这时，画面上的普久原把面团用力抛了起来。

“奏人你是共情能力太强了。就算没有 AI 助理，也能知道对方在想什么，你是这种类型的人，对吧？”

然后，普久原稳稳接住了面团。我为他干脆利落的手艺送上掌声。

“这就是正确答案吗？”

“鼓掌是因为别的，而且我自己并不这样觉得。不过既然你这么想，那或许就是那样吧。”

就算是现在，我也不会去揣测普久原的感情。确实，只要稍微想象一下，我或许就能理解他是用怎样的色彩涂抹感情的。但是，这对他来说有点失礼。

想到这里，我突然发现一件事。

“啊，是这样啊。”

“怎么了？”

“没什么，我刚才突然想到你是个很容易被看懂的人。然后又想到这种想法是很失礼的。”

“确实很失礼。”

“对。然后我想，既然会觉得失礼，就说明我还是有思考过你这个人的。我刚才突然发现，这就是产生共情的第一步。”

对于我的小小发现，普久原只说了句“这样啊”。这句话也在我的预想范围内，自己能够推断出这句话，这也挺有趣的。

回想起来，不管是潜入海底的环境模型体验社区，还是现在这种只是在自己家里做某种东西的制作型社区，最终都是自己一个人担责，所以我才会喜欢它们。

然后，因为参加了新的社区，我就要与人积极地接触，虽然稍微增加了一些会让我迷茫的事情，但也有称得上是进步的成果。

这对我来说是非常重要的。

“那个作业，我想试着挑战一下。”

七

我现在正待在一个小小的演出厅里。

这是关先生的记忆。它是使用当时的智能手机拍摄下来的视频，后期进行了三维图像处理，同时加入了预测的脑波值，并进行了VR化。

我一个人在家，涂上共情凝胶，穿好了个人穿戴设备。这次用到的不仅有平时用的个人穿戴设备，为了潜得更深，我还穿上了环状的头戴显示器。这是与之前的体验有着天差地别的深度下潜。

我摇了一下头，距今50多年前的演出厅的景象鲜明地在眼前展开。昏暗建筑物的地下，是照明与音响器材、部分脱落的地板，还有那舞台。涂在鼻尖的共情凝胶让我闻到了当时的味道。那是类似水族馆的，凝滞着的空气的沉重香味。年轻时的关先生的心跳变成"怦怦"的鼓动，通过个人穿戴设备传递过来。

"我当时有一个爱豆，她是我非常喜欢的偶像。"

据说声音是关先生后来加上的。这段体验是为了给加入"弘前宅艺传承会"的新成员看的，换句话说，这是关先生传授给大家的"武功秘籍"。

"这个时候的我，还是个22岁的大学生。稍微有些不靠谱，是那种比起找工作，更愿意跑去看偶像演唱会的人，但是，现在我会觉得，那也是非常重要的人生经验。"

接着，一位女性站上了舞台。

"她就是我的爱豆，不过很遗憾，她没什么人气。为了全力以赴应援，我就去打宅艺了。"

无意间回头，那里是没有脸的观众们。这是当时来看演出的观众，出于保护他人隐私的考虑，后期均用虚拟形象替换掉了。

"这次表演是我爱豆的最后一次现场表演。她即将告别舞台，回归为普通的女孩子。没有什么浪漫故事，两年后，她跟一个偶像行业毫无关系的男人结了婚，6年后有了孩子。这是我从粉丝之间的传言中得知的。"

那应该很令人失落吧。我尽力关注着关先生的心境。

“这个时候的我并不知道未来会怎样，总而言之就是全力以赴、真心诚意地应援她。可能当时我觉得有可能与她交往吧，现在想来，都是已经过去的事情了。”

终于，在舞台上，一位偶像把话筒靠近了嘴边。与此同时，关先生与我一起将拿在双手中的荧光棒相互碰了一下，点亮了它们。

“首先，前奏时先保持安静，我正看着她。”

昏暗的演出厅里充满了灯光。舞台上为了衬托她还出现了灯光和烟雾，舞台下有我为她点亮的两束小小的光。

然后，歌曲开始了，“我像是要照亮她一般，奉上双手的光芒”。

“A段旋律从OAD连接到‘你嘿哦嘿’，进入B段旋律后变成‘十字架’。”

我跟着视频中关先生的动作，表演着已经练习过很多次的动作。旋转手腕的酸痛与疲惫通过共情凝胶传递到我身上。

“第一段副歌用‘雷蛇’，进入间奏后换成‘浪漫’。”

这是我一直以来练习的副歌动作。

大幅度旋转手腕，又缓急交替着向身体拉近。手部旋转荧光棒制造光的旋涡。这就成功了。然后，就是可以称为这个动作的亮点部分：一个接一个的六连交叉。从下面向上升起的光芒，像是从大地飞向天空的龙的姿态。

“成功了……”

我的声音谁也不会听到，只会回荡在冲绳的一间公寓里。穿越遥远的时间与空间，我感受了关先生的记忆中的时刻。

可以说，我根本没看到那位偶像的脸。但我可以理解，为了努力歌唱的她，奉上这小小的光亮。为了让亮光更大一些，关先生努力挥舞着手臂。为了让眼前歌唱着的偶像，看起来更加闪闪发光。

突然，体验中的关先生改变了舞蹈动作。

“曲子的第二段也是一样的。只不过最后的副歌部分用了新的技术。这是我突然想到的技术，我想让大家看一看。”

与关先生解说的一样，动作渐渐脱离了平时练习的样子。

“这就真的是字面意义上的‘打’了。我做到了，将喷薄而出的情感，寄托在动作上。”

歌曲即将结束，在最后的副歌里，关先生拿出了之前积累的所有宅艺。我则追随其后。从“十字架”变化后的动作，逐渐发展到“雷蛇”“村正”这个应该会做两遍。到这里我还勉强能跟上，但是接下来是我从没见过的动作。

“那天，我创造了这个动作，给它起名叫‘雷切’。”

第二次的“六段击”戛然而止，用光横着划出一字形。这是“村正”的变形，但动作停止的那一瞬，我的肌肉发出悲鸣。即使如此，我还是咬紧牙关硬撑。就算手腕快要被撕裂，也还是没有停止下一个动作中挥舞的手。

我终于理解了关先生下一步想做什么，并且自然而然地浮现在我的脑海里。我的感情，与关先生的感情合二为一了。

关先生想把这道光，送给某个人。

八

弘前城公园正在举办秋日祭。

我是从冲绳赶过去参加的。不过据说到展示宅艺的时候，舞台上会实时投影出我们的姿态。我在舞台服装下面穿了个人穿戴设备，也充分涂好了共情凝胶。秋风的凉爽，大片盛开的菊花的香气，四周满布了美丽的红叶，我全部都能看到以及感受到。

也就是说，我体会到的紧张感也跟在现场的人体会到的感觉是一样的。

“有点发抖啊。”

通过频道，其他成员也能听到我的低语。第一次参加的人点了点头，前辈们敲了敲设置在远处的体验共享用器材，算是为我们送上鼓励。相隔大约2 000千米，我的背上感受到一阵舒适的疼痛。

“奏人，宅艺要加油啊！”

那之后，其他频道也传来了鼓励的话语。虽然最终没有和普久原加入同一个社区，但他还是很期待有我参加的这次秋日祭。

“我会在这边看着哦。我很期待，要看看你跳得到底有多棒。”

普久原可能只是随口一说，但这样的话只是会让我更紧张，他好像并没有意识到这一点。

“嗯，我会加油的。”

通过这几个月的思考，我再次意识到，要完全共情恐怕是一件很难的事情。即使是普久原这样跟我相交甚久的朋友。我要变成关先生那样，恐怕还需要很长时间，也可能永远都不会有那一天。

不过，虽然不完整，但能共情还是一件挺好的事。

“秋山先生，感觉怎么样？”

这时，正进行各项准备的关先生问了我一句，就像是读取了我心中的想法一般。

“怎么说呢，还没正式开始，一切都说不好。”

“别太紧张，突然使出别的技术也没关系。不管怎么说，只要遵从当时的心情就行。”

像是在安慰我，关先生轻轻拍了拍器材的肩膀部分。

“说起来，有件事我得告诉秋山先生。我看了您的体验共享视频，就在您提交加入社区的申请后——因为想知道这是个什么样的人。”

这虽然是意料之外的行为，却也算是意料之中。关先生的言语之所以在我听来非常自然，是因为这个人在迁就着我的节奏。

因此，现在的我也能够单纯地感觉到开心。

“没关系，我就是准备让任何人都能‘看’到，才录下来的。”

只是自己“做”的事情变成了给别人“看”的东西，那就变成了宅艺，关先生曾这么说过。现在这个时代，我们能够共享某个人的情感。本来只是自己的情感，现在却可以把它给别人“看”，这就跟宅艺是一样的。

“能加入这个社区真是太好了。我知道了各种各样的感情，也发现了自己并不是曾经以为的那种没有情感的人。”

“那真是太好了。”

关先生听到我的话，笑了起来，抬眼一看，伙伴们也是一样。他们在思考什么，我能够稍微理解一点了。

马上就要到时间了，我们“弘前宅艺传承会”的会员登上舞台。弘前秋季的天空湛蓝而清澈，冲绳的夕阳像我们手中的荧光棒一般鲜亮。

我站上了舞台。我想让人们看到的是，那道光。

感觉如何？工作坊的所有参与者，在看到小说中描写了自己一直以来讨论的科技，如何使人逐渐产生新的共情或深刻的联系，都觉得非常感动。我尤其是被后半部分描写宅艺的部分打动了！

在进行沟通联系的研究时，有件事我一直非常在意，那就是下面这个疑问：“人与人之间的沟通联系确实能够带来积极正面的影响，但如果这种联系被视为资产，那么难以与他人共鸣、难以与别人亲近的人，不是会活得非常痛苦吗？”多亏柴田老师充满现实感的角色心理描写，让我觉得似乎找到了可以回答这个问题的某个答案。

孤独、孤立是“顺其自然的未来”中非常重要的课题。但是我相信，小说中描写的未来要比顺其自然的未来更有可能解决孤独、孤立之类的问题，相应的对策应该也已经初具雏形。“通过把沟通联系的对象扩展到人类之外

（比如说狗或者海豚等），能够间接缩小人与人之间的距离”，此外，“提供沟通联系方面的支持时，要根据每个人的特点进行定制化服务，这一点非常重要”。

研究团队内部也多方讨论过，像“共情厅”这样对社会性的沟通联系提供支持的政府性机构是不是必要的。不过，看到小说明确写出这个部门的职能、责任，还有具体的工作情景后，我们也终于能在报告书中真情实感地记述了。此外，作为经验共享平台的变现方法之一，我们还想到了“职业介绍机构的收费会员模型”这种方案，所以也把它写进了报告书中。

另外，虽然没有写进报告书里，该小说还促使大家提出了新的论点：“电子复制人格这项技术，是否只被应用在经验共享这一件事上？还是说它可以作为一个独立的人格，自己进行活动？”

作品3　AI伙伴大显身手！工作方式、活动的未来

“工作方式、活动”方面的小说创作，我们邀请的是长谷敏司老师。长谷老师创作了《没有心跳的少女》（*BEATLESS*）等作品，他的作品能让人思考技术进步后的社会问题。他曾进行“类比入侵”功能的尝试，让任何人都能使用《没有心跳的少女》这部作品的设定，至今还活跃在人工智能学会伦理委员会中。我觉得他从新视角开展的虚构作品的运用很有意思，因此决定邀请他来创作。

如果AI和机器人的技术得到巨大发展，那么人类的工作方式、活动也会发生变化。可能会有人担心“人类会被机器抢走工作，最终流浪街头……”但我们的研究团队却不那么认为。因为机械能够代替人类进行一些劳动，或许会给人类带来漫长的空闲。但除此之外，伴随着机械化的进程，

人类独有的创作活动、文化活动、沟通活动的价值，可能反而会提高。我们认为，那样的世界一定会让我们的生活变得更加丰富多彩。

此前，尤其在日本，人们认为从属于巨大的组织所获得的安心感是幸福的条件之一，但在今后，个体或许会变成创造价值的主体。有关“什么是幸福”的价值观也会发生新的变化。我们在“沟通联系”的项目中也提到过，在那个社会中，与他人沟通联系的多样性、共创与价值交换的活跃性、精神的丰饶性或许才是更加重要的。

作为那样的未来中产生的新服务，工作坊中大家讨论的对象可能主要是 AI 助理了。到了 2070 年，每个人从小就有一个独属于自己的 AI 助理。它会学习、积累主人的信息，会逐渐成为比家人更加重要的助理。或许 AI 助理会作为人类“绝对的友方”，不断地发展和进步。到那个时候，可能就会出现以 AI 助理为对象的新服务（比如从云端对 AI 助理进行定期健康监测）（见表 7-6）。

表 7-6　工作方式、活动领域的小工具方案（示例）

新产品 新服务	一句话说明	能够提供什么样的价值
个人支援 AI 服务	· 对生活、业务、兴趣、娱乐等事项，由 AI 等提供个性化支援的服务迅速发展	· 关于兴趣、娱乐的推荐很丰富，不会让人觉得无聊 · 在工作方面，因为 AI 可以提供个性化商谈，所以能够缓和与人交往的压力
数字分身	· 将自己的一部分算法化，让其进行活动。提高生产效率，转向创造、编辑业务	· 提高生产效率，可以转而专注于创造性的业务

续表

新产品 新服务	一句话说明	能够提供什么样的价值
比自己更加了解自己的AI助理	·比起家人，更会绝对站在自己这边的AI助理 ·从孩童时期就观察用户，分为单一型和复数型 ·由AI等提供的个人支援服务的扩大（生活、业务、兴趣、娱乐）	·可以满足人类渴望了解自己的欲望 ·是工作中很好的商量对象 ·是将一个人极端扩展后的伙伴（AI并不是主体） ·别人看不到

在这样的社会中，有着强大精神力量和热情的人会活得更加自在从容，可以参与到不同的活动中去。另外，听到AI这个词就觉得很抵触的人，或许会无法从这样的社会中获益，进而陷入不利的状态。

作为参考示例，我分享一个从长谷老师那里收到的问题，以及我们给出的回答。

Q：如果AI助理和主人的利益出现冲突，有解决这类问题的算法吗？

AI助理详细记录着主人的数据，因此在求职等活动或许会变得非常顺利。不过，如果这个人其实并没有足够的技能，或者他的真心想法其实是很快就辞职……如果这些不利的信息，也被AI助理透露给企业，那人类的利益就会被损害。这样的利益冲突可以仅仅从制度设计层面就解决掉吗？比起技术，这更是一个制度设计的问题。

A：解决这个问题的方法之一，是不要把是否向外部提供个人信息这一判断交给AI助理，而是设置成需要人类个人认可的方式。虽然是平凡的创意，但即使在AI助理可以替人类进行各种各样的工作之后，“下定决心”的这个步骤的工作，我想最后还是应该留给人类。

经过这样的讨论被创作出来的就是下面这篇小说，在 AI 助理普及的未来中，同住一个屋檐下的一家三代人的故事。

目标 3：创造新价值和自我实现

尚有清风拂面

长谷敏司

2070 年 3 月的某个星期日，一台机器人被送进了大阪府堺市的百舌鸟住宅区。因为跟世界文化遗产——百舌鸟耳原中陵只隔了两条街，所以这附近禁止用无人机配送重物。无人驾驶车停在这家门前，搬运机器人从车厢里搬出了巨大的箱子。

收到这件物品的加藤家持好像是一家三代人都住在这里，房子是现已 85 岁的加藤洋司在 40 岁时建起来的 5LDK[①]。当时儿子家持才 8 岁，家里人都觉得这个房子住起来一定不会拥挤。毕竟，确实很难预测到儿子在结婚后还要住在家里。

为了接收货品，53 岁的加藤家持说了声“已经来了啊”，便出了门。之所以会在工作日的白天还待在家里，是因为家持是居家办公的设计师。

为了搬运这个箱子，家持先用视网膜进行了活体认证。机器人按照事先被设定好的接收步骤，开始打开货品的包装。打开巨大的

① LDK 是“Living Dining Kitchen”的缩写，代表有一个起居室和一个厨房兼餐厅的空间。——编者注

塑料盒子后出现的，是一张仿佛戴着白色假面般的脸，上面装着一双讨人喜欢的眼睛。这是护理用的人形机器人。

玄关处“咣咣当当”的声音，吸引洋司来到了一楼的客厅，他想看看到底发生了什么。家持的父亲洋司上了年纪，腿脚也不好，腰部穿着辅助步行的辅助穿戴设备。

“我可以玩游戏吗？”

洋司脖子上挂着VR眼镜。现在洋司在家里整天都戴着VR眼镜看VR视频，也就成了所谓的“VR老爷爷”。虽然已经85岁了，但得益于先进的医疗技术和预防医疗，他比半个世纪之前的80多岁的老人要健康得多。

家持让老父亲赶紧回去：“可以啊。这边我会看着的，您不用操心。”

“这样啊。”洋司嘟囔了一句，回房间去了。

不知该如何启动从箱子里拆出来的机器人，家持向AI助理询问。

“用语音命令就可以了。说‘启动’，就会自动完成启动设置。”

家持佩戴的VR眼镜的眼镜腿上装着骨传导扩音器，从那里传来的声音直达他的头盖骨。

按AI助理所说，家持用语音下了命令。AI助理不仅可以在工作、生活中提供支持，对用户来说更是一个绝对不会背叛自己的、比家庭成员更值得信赖的朋友。

接收到命令的机器人自己从包装箱里站了起来，它是一台护理型机器人。洋司从去年底开始出现认知障碍的症状。虽然阿尔茨海默病导致的认知障碍至今依然是不治之症，但已经可以预测它什么时候会发病了。洋司在体检的时候已经收到过警告，所以提早进行了准备。护理保险很快就批下来了，所以儿子家持用那笔补助金帮他买了这台机器人。

“老爸，机器人已经启动了，你进行一下用户登录。”

家持带机器人来到客厅。这台身高130厘米的白色机器人，力气不小，可以轻松地将护理对象从床上抱起来。

坐在下沉地炉旁，戴着VR眼镜、托着腮的洋司注意到发动机转动的声音，开口说道：“是奏人吗？”

他把机器人当成孙子奏人了。

“爸爸，这是机器人啊。我跟您说过的，护理型机器人今天会送到。”

“我知道，别啰唆了。”

洋司不耐烦地说。加藤洋司是典型的昭和时代老人的性格，是那种沉迷于工作、半夜都还不回家的父亲。他出生于“冰河期世代”和“宽松世代”的夹缝中的1985年，先是就职于本地的大公司，后来AI爆发期后，在工作逐渐被AI机器取代的时代中勉强存活了下来。他以高昂的价格买下这栋房子，还用退休金付清了房贷。因此，家持在父亲面前总是有点抬不起头，父亲也一直保持着极强的自尊心。

洋司怒气未消地再次戴上了VR眼镜。他玩的是半个世纪前面向智能手机开发的游戏的复刻版。他并不喜欢打游戏，而是因为他过于沉迷工作，所以要找到与工作无关的消磨时间的爱好，就需要玩50年前开发的游戏。

“这个是只有护理功能的吗？要是能做午饭就好了。”

AI助理对家持的话产生反应，在VR眼镜上显示出了时间：中午12点30分。家持取出了3人份的冷冻食品。如果是美食爱好者，可以选择能够打印多种料理的食物打印机；但如果只是重视速度，那冷冻食品无疑是个好选择。3人份的冷冻食品叠在一起，连带容器一并放进调理机，调理机自动就开始加热了。

由楼梯改装而成的家用电梯里发出运行的声音，接着，下来一位挺着大肚子的中年女性。家持的妻子银荆现在怀孕9个月了。她之前抱怨上下楼梯非常辛苦，自从改装了电梯之后笑容都增多了。

“我来吃午饭。”

今年50岁的银荆因为怀孕不能去公司上班，作为一名很有事业心的女性，她一直在抱怨这件事。但身体状况是这样，她也没有什么办法。现在，公司为了省去工作交接的麻烦事，并让女员工能在产假后顺利回到职场，都是让AI助理的复制版在公司工作。员工只需要每周两次，在线花几个小时进行一些必要的跟进工作就可以了。

虽然可以不使用母胎培育，而是改用“人造子宫”，但夫妇二人商议之后，还是没有选择那种方法。因为对现在的她来说，负担实在是太大了。以前，公司的管理层都是由积累了一定经验的普通员工晋升上去的，但由于AI机器在业务中对人类的替代，以及AI助理提供的业务辅助，已经完全颠覆了这一常识。50岁的银荆要在没有经验优势的情况下与体力更好的年轻员工竞争，仅凭业绩决定收入。所以从30岁之后，她的收入一直在下降。

妻子在职场的战斗，家持看在眼里。这份居家办公的设计师工作不是固定的，所以他主动承担了大部分的家务。

“冷冻乌冬面可以吗？”

“配菜是什么？”

“炸豆腐、鲱鱼。炸什锦估计父亲要吃。”

“炸豆腐和鲱鱼，咱俩分着吃吧。”

几十秒后，调理机发出“叮”的声音。塑料容器因温度过高而发生了变形。打开盖子，里面飘出了热腾腾的蒸汽。外卖和冷冻食品，二者的味道已经完全没差别了。

家持端来了塑料容器和筷子。银荆在下沉暖炉前的椅子上坐下后，椅面缓缓降了下去。洋司把VR眼镜摘掉，挂在脖子上，然后接过筷子，揭开了盖子，腾腾的热气冒上来。

吃着乌冬面时，大家聊到了不在家中的家庭成员。银荆一边把炸豆腐乌冬面里的炸豆腐用筷子分成两半，一边说："家持，你听说小奏的那件事了吗？"

家持和银荆的长子奏人现在一边上学，一边和朋友创业。

"是那个不挣钱的公司吗？"

"小奏的AI助理应该有联系过你的AI助理。"

如今不分年龄，每个人都有自己的AI助理，甚至可以说AI助理和人类已经成为不可分割的组合。不管是工作上，还是在家庭生活中，每个人的AI助理都发挥着重要的作用。作用之一就是，当有些话不好直接跟家人说出口时，就会先在AI助理之间进行信息共享，增进家庭成员间的沟通。

"有收到过那样的东西吗？"

家持的AI助理回复道："从奏人的AI助理那里收到过一项标注为需慎重处理的咨询请求。我准备等机器人接收完毕，而且家持的精神状况比较安定的时候再传达的。"

"收到过。看起来好像很麻烦，那就等吃完饭再说吧。"

"那个对咱们家来说可是一件非常重要的事。"

一边跟家持交换炸豆腐乌冬面里的炸豆腐和鲱鱼乌冬面里的甘露煮，银荆一边强调。

"那就边吃边听好了，告诉我是什么吧。"家持一边吃饭，一边让AI助理讲出那件奏人咨询的事。

"奏人和他女朋友有孩子了。这是AI助理在分析用户数据的基础上判断应该告诉我们的信息。"

"什么？！"

银荆向着不由得叫喊出声的家持比出了一个"嘘"的手势。如果被洋司听到的话，他可能会忘记这是一件不能说的事，不小心给说出来。

奏人的事被分享了出来，银荆似乎对这件事很满意，于是开始吸溜乌冬面。把炸什锦泡在汤汁中并不断搅拌的洋司，突然抬起了头。

“奏人发生什么事了吗？”

他询问的是银荆。沉迷于工作的洋司，很疼爱事业心强的银荆。

“等妈妈回来我跟她商量一下，再详细跟您说。”

家持的妈妈冬子是个爱好广泛的人。冬子比洋司大一岁，不仅没有认知障碍，连稍微严重点的慢性病都没有，忙着参加各种学习班和庆典活动。

“哦哦，要等老婆子回来啊。”

说完，洋司端起薄薄的塑料碗，喝着汤汁。

“真好喝。”

“确实呢。”

家持也附和了一句：“真的很好喝呢。”

护理型机器人发出人工肌肉运转的声音，准备来收走吃空的饭碗，它想把家持他们的碗也一起送去厨房。

看到机器人，洋司突然大声喊道。

“谁跟你说可以拿走了！”

银荆吓了一跳，整个人缩了起来。

机器人将怒吼识别为声音指示，又走了回来。洋司对此感到非常生气，怒喊道：“不用了！”别过头去不理它。到底是什么意思，儿子家持也弄不明白，机器人当然更不可能明白，只好呆立在原地。

小心着不让洋司本人听到，洋司的AI助理连接上了家持的AR眼镜。

“洋司因为短期记忆力的下降，不记得自己有没有吃乌冬面，所以才大声制止。不过，餐具被端回来之后，他好像感到非常不好意思。”

代替连家人都无法顺利沟通的洋司，AI 助理进行了解释说明和劝解。如果没有它的帮助，照顾洋司一定会比现在更让全家筋疲力尽。

家持的母亲冬子快 3 点时才回到家，那是因为她从俳句学习会回家的路上，突然想去买萩饼。对于 86 岁的老人来说，她可谓是非常健谈。

“好棒的机器人啊。老头子，真是太好了呢。”

不会把事情想得太复杂的冬子，立刻就让机器人收拾了一下家里，然后感慨道：“真轻松啊！”冬子大声重复着。

“老头子，真的是很方便啊。”

“嗯，是吗？”

洋司从本地企业退休前，家里的事情八成都交由冬子来打理。正因如此，她在家里地位不高。清闲下来后，冬子在 15 年前以老龄就业的方式开始做起了导游的工作。从那之后，加藤家毫无疑问最有话语权的就是冬子了。

家持把工作用的终端拿到客厅，并留在了那里。护理型机器人不像 AI 助理那样受到全家人喜爱，因为它不像 AI 助理那样能够亲近用户并获得信任。这个机器人是外人，家持非常担心父亲会把它给弄坏。

冬子试图让家持不要太担心。

“你回去工作吧。”

“不，我找母亲有事。”

他要把家里的大新闻告诉她。

“用 SNS 联系不行吗？不需要这么郑重其事吧。”

对家持来说，这件事太过突然，自己也还没有完全消化，妻子应该也是一样。

“银荆说请您去二楼。”

“现在？只用去二楼就可以了吗？”

冬子瞥了一眼戴着VR眼镜的洋司。家持的VR眼镜收到了冬子的AI助理的语音信息。

“冬子想在晚饭前看介绍美术馆的节目，因此希望谈话可以尽快结束。”

AI助理通过传感器监视室内收集数据，它分析聊天氛围的能力要比人类强得多。冬子快步乘上电梯去了二楼。

冬子与丈夫洋司不同，她早就决定不努力了。她46岁就从单位退休了，这是因为医院的事务性工作都逐渐实现了自动化，也因为她觉得自己不适合一周出勤三次的工作。

“老头子就是努力过头了，真的辛苦你了。”冬子对家持说道。

洋司这个人，刚结婚的时候也不是那么沉迷工作的。而是因为有了家庭之后，他意识到自己得出人头地。

冬子兴趣众多，她认为工作并不是人生的全部，她喜欢逛美术馆、博物馆，自己也会画画、会弹琴。刚上中学的家持有段时间拒绝去上学，所以冬子趁此对放弃事业没有任何犹豫。

曾经拒绝上学的家持，现在做着不错的工作，还有了自己的家庭。但是他年轻时收入不稳定，所以错失了成为独立职业设计师的机会，结婚之后也还住在父母家里，但冬子觉得这些也挺好的，因为就算家持努力工作一辈子，也几乎不可能建得起像洋司建的这种气派的房子。

冬子呆呆地听完了整件事的来龙去脉，这在家持看来似乎很不可思议。

“那种败类现在还要照顾父亲，最好还是和奏人认真商量一下比较好。”

“船到桥头自然直啊。”

“妈妈你是不是太淡定了？”

在冬子看来，家持从小就是一个神经纤细、容易瞎操心的孩子。

“淡定一点也没关系，我们已经事先做过准备了呀。老头子有阿尔茨海默病倾向这件事也在体检中提前被发现了，我们两个人好好商量后也做好了心理准备。之前，他不是也跟单位里的同事开了告别派对吗？不过老头子变成了这样，可能已经记不得大家了。”

“奏人还是个20岁的大学生啊。虽说已经创业了，但那个公司基本跟学校里的社团没什么区别。把他当成一个成熟的大人，让他自己承担责任，现在还为时过早。”

“他女朋友已经是成年人了，而且还有最低收入保障呢。别担心。”

最低收入保障制度是冬子65岁之后才实施的，因此对她来说只是感觉养老金增加了一点而已。不过对家持这代人来说，这是一个很重要的事情。

“光靠最低收入保障是没办法养育孩子的。”

家持似乎总是考虑得过多。

“那不试试怎么知道呢？”

“那是因为母亲养育我的时候非常不用心，但奏人可是我们花了很多钱、认真抚养长大的，他能用最低收入保障养育孩子吗？”

“说我不用心，多失礼啊。”

坐在沙发上的银荆插嘴了：“这个不是最重要的问题吧？现在聊的是奏人的孩子。”

家持在银荆指出问题后沉默了。冬子看到儿子对自己跟对妻子的态度不一样，觉得很失落。

此时，冬子的AI助理也沉默着。AI的责任是支持冬子的爱好，不断给她鼓励，让她在心态上保持年轻的状态。

冬子“呼”地叹了一口气，感叹道：AI 助理真是靠不住。

“奏人的女朋友是准备要把孩子生下来的，对吧？”

奏人的 AI 助理简洁地回答道：

“是的。虽然目前还没有结婚的打算，但她似乎是想要孩子的。”

“结婚怎么样都行。现在跟家持出生的时候相比，人口减少了三成，给未婚妈妈的补贴也变得丰厚多了。”

家持面对说话天上一脚地上一脚的冬子，实在是不想过多交流。

“我们问问看奏人想怎么做吧。不过，如果奏人的女朋友也要住进来的话，没问题吗？”

“不可能的。如果是一家人的话，还能勉强忍受老头子发出的很大的声音，要是外人的话根本忍不了吧。”

冬子否定了这个提议，银荆的答复也不理想。

“一楼是客厅，还有冬子和洋司的房间。二楼是和室、我和家持的房间，还有奏人的房间。让他女朋友住在和室里吗？”

家持也愁眉不展。让孕妇去住走廊狭窄的二楼，肯定会很憋屈。话虽如此，总不能让快 90 岁的洋司和冬子腾出房间，搬到二楼去。

有 AI 助理辅助的对话因为隐藏信息较少，所以很容易达成一致。最后，家持向奏人的 AI 助理询问了奏人回家的时间。奏人的 AI 助理说他的回家时间是晚上 10 点，冬子把谈话的任务交给了家持和银荆。对老年人来说，这个时间实在是太晚了。

说到奏人本人，他来到家门口的玄关处时，突然被 AI 助理告知，他的情况已经被家里人全都知道了。

“等一下。为什么在我说可以之前，你就擅自告诉他们了呢？”

“奏人总想给父母看自己好的一面，我判断你如果找不到好的时机就不会告诉他们。如果天树明确要求你来支付抚养费，你无法回应的话就完蛋了。”

装在下颚骨臼齿侧的穿孔型骨传导扩音器里传来世界上自己最熟悉的声音，AI 助理正说着最令自己惊悚的话。

奏人从出生开始就一直和 AI 助理在一起。也就是说 AI 助理从奏人出生开始就看着他，比他自己更了解他。此外，拥有这种可以称得上是“绝对的友方”的 AI 助理是理所当然的，每个人都有一个自己的 AI 助理，他们是无法分割的搭档。

“果然还是会说到抚养费的话题啊。”

“我大概算了一下，按奏人的收入肯定是无法支付的。公司需要再花起码两年时间，才会有像样的收益。”

跟大学朋友一起创立公司，是学生也能负担的超小型创业。因为投入较少，所以风险很低，但这也意味着收益相应地也不会高。奏人想赶紧从人口众多的家里搬出来，所以还是选择成为共同经营者之一。

“这些先不提，我明年就要大学毕业了，还是得好好找个有稳定收入的其他工作才行。”

进入家里，奏人总觉得父母正等着自己，打开玄关的门都感觉情况很不妙。

“顺便一提，他们在等你哦。”

“真麻烦，都被玄关处的摄像机拍到了。”

没办法，奏人站在门前，把出于安全考虑而使用的物理钥匙插进了锁里。经过活体认证和物理认证的双重认证后，锁开了。

奏人打开了门。在 VR 隐形眼镜的修正下，家里陈旧的装修看起来就像新的。

他跟大学朋友一起成立的创业公司，出售的正是 VR 机器使用的视觉修正主题的应用软件：强化特殊茶色中发红的部分，通过这样的修正，让木质的房子看起来像新的一样。这种应用软件是他们的主打产品之一。

已经很晚了，为了免得弄醒祖父，他轻轻脱掉鞋子。点着灯的客厅里，传来了洋司的声音。

“是奏人吗？”

“是的，我回来了。”

是不是应该跟祖父打个招呼再去二楼呢？他有点犹豫。然后，洋司的AI助理给出了建议：“现在他心情不错，你过来看看他也没关系。”

谢谢。他传过去一句无声的感谢，打开了装着玻璃的沉重木门。洋司换上了睡衣，正坐在下沉暖炉边看着大型显示屏。

“奏人，你过来。”

认知障碍症状开始出现后，羞耻感发生了变化的洋司会在客厅的屏幕上大大方方地观看黄色频道。因为打开了玻璃门，所以音量自动调低至不会传到冬子房间的程度。奏人的隐形眼镜上出现了警告，提示这是含有敏感内容的节目。唉，无所谓了。奏人走进了客厅。

洋司的脖子上没有平时总能见到的VR眼镜。VR眼镜虽然对眼睛比较温和，但即使是轻量模型，长时间使用对老年人的脖子来说负担还是挺大的。

“奏人，要喝茶吗？”

一个很有年头的电水壶被洋司从地上的插座处拿下来，放在桌子上。做一个能让家电看起来很新的VR的应用软件当新产品或许也不错，奏人心不在焉地想着。他走到了下沉暖炉旁，想要拖延时间，晚点上二楼去见等着自己的父母。

“茶还是要放在茶壶里，用最普通的方式冲泡才最好喝。”

电水壶里装着煎茶包。洋司有时晚上起来会想喝茶，所以冬子会在睡前把煎茶茶包放在电水壶里。厨房的电热机器出于防火考虑，都设置了针对洋司的个人锁，只有洋司无法使用。

奏人刚想去取自己的茶杯，一个据说是今天刚买来的白色机器人就替他去取来了。因为是夜间，为了不发出声音，它就像踮着脚尖一般移动得很缓慢。

“好帅气的机器人呀。”

“是吧。”洋司笑起来，好像心情不错。

对奏人来说，洋司是温柔的爷爷。即有认知障碍，这一点也不会改变。

洋司一边像是怕烫似的小口啜饮着茶水，一边小声嘟囔了一句：“还是用普通的冲泡方式冲出来的茶水比较好喝啊。”奏人本想提议让机器人替他冲泡茶水，不过最后还是算了。因为如果祖父发现机器人能使用厨房里的电热机器而自己却不能，一定会非常生气吧。

“奏人有什么心事吗？”

“也不是没有，但我想等梳理清楚了再告诉您。”

“这样啊。”

想清楚后一定要好好地告诉祖父。想到该如何向疼爱自己的祖父开口，奏人简直想使劲挠自己的脑袋。

“你吃点心吗？”

虽然这么问，但如果手边有食物，洋司就会不停地吃，所以点心都放在洋司看不到的地方。就算医疗技术进步了，室内监视器也可以在人类发生危险误咽时及时发现，不过，深夜让洋司吃太多点心总归是不好的。

“点心就不用了，爷爷也早点休息吧。”

“这样啊，那好吧。”

既然穿着睡衣，看样子洋司应该已经睡了一觉了。他应该是夜间起来上厕所后没有回到卧室，而是来到了客厅。

如果放任洋司不管，他可能看这些节目看一整夜。洋司的AI助理这样说。

“拜托了。如果放着不管，洋司会这样坐到早上。”

听到这些，奏人就没办法放着不管了，他决定把洋司送回卧室。

“爷爷，去睡觉吧。”

他把椅子抬了一下，方便洋司站起来。机器人也过来帮忙，发出“啊”的声音，祖父的身体被拉了起来。总算让他站稳了，奏人跟机器人一起在旁边搀扶着。“不好意思”，洋司道歉，奏人应该是说了“没关系”之类的话。“不管什么时候都可以依赖我”这样的话，奏人说不出口。

让洋司躺到了卧室的床上。洋司总是把房间弄得很乱，但现在比之前看到的情况要整洁多了。

“谢谢啊。”奏人对着先行离开房间的护理机器人的背影说道。

奏人来到二楼时，AI助理说道：“在银荆的房间，她和家持两个人在等你。”

想到必须跟父母谈话，奏人就感到胃部一阵紧缩。

对于总是待在家里的父亲，奏人总是无法生出尊敬之情。虽然奏人知道他是在家里工作的，但他看到过好几次兴趣广泛的家持在给模型上色玩耍，也可能是因为他更愿意亲近会拿出点心和零花钱给自己的洋司。后来，不知道是不是家持感受到了这种不自然的气氛，所以即使父亲并没有做错过什么，但两人之间的关系变得很微妙。

“不能不去吗？”

“是这样严峻的问题，最好今天就跟大家说清楚。”

泄露了秘密的AI助理，冷静地说道。

那没办法了。敲了敲银荆的房门，奏人走了进去。

他看到父母等在那里，因为刚才在照顾洋司，所以感觉还是得说一句：“要是醒着的话，我刚才送爷爷去睡觉的时候你们也应该帮一下忙啊。”

家持重重叹了口气，说：“那个人如果被我指手画脚的话会生气的。他虽然得了认知障碍，但父亲的威严还是跟以前一样。”

奏人其实也知道，家持的判断是正确的。AI 助理会把包括室内监视器在内的庞大监控信息，作为判断的基础数据。因此，它能比任何一个家庭成员都更加准确地预测出“洋司什么时候会生气”。家持是和 AI 助理商量后才决定不去帮忙的，如果不遵从预测的话，现在肯定已经在和洋司吵架了。就算这样，奏人还是觉得难以释怀。

“你们不是父子吗？”

“如果每天要受孩子照顾，父母心里也是会不高兴的，这种心情我能理解。正因为我是这样觉得的，所以我才把画面和监控数据给护理协调员看了。对方也说我们比较适合家庭成员不过度参与的护理方式，所以我才买了那台机器人。”

托着沉重的大肚子坐着等待的银荆，不允许话题被转移到其他事情上。

“这件事之前已经在 SNS 上共享过了对吧。谢谢你照顾洋司，但是，奏人你应该有别的事情要告诉我们吧。”

苦涩的感觉从腹部上升到胸口。

“是的，不过，在那之前，能让我先说一句题外话吗？如果 AI 助理不自作主张的话，我是准备好好找一个恰当的时机，做好相应的准备再告诉你们的。”

“虽然还不知道对方的情况，但就当今天是个好时机吧。你们都有孩子了，我们却连对方叫什么都不知道，爸爸妈妈都觉得很不好意思。”

在奏人看来，这是恋人之间的事情，家庭排在恋人之后。

“我准备好好跟她聊完之后再跟你们说的。就因为AI助理擅自告诉了你们，所以全都乱套了。”

“AI助理确实会这样的。虽然‘现在做的话会有50种风险’，但‘以后再做会有100种风险’的话，它就会选择现在做。小奏，AI助理之所以会这么做，就证明有什么事情是不能继续被拖延的。”

银荆换工作去家用泛用型AI助理替代企业业务的咨询公司后，已经积累了10年以上的工作经验。

“虽然不是完全没有问题，但目前还没问题。”

奏人也有不想说的事情。

不过，银荆尖锐地指了出来。

“问题就是钱吧。妈妈看过你们那家公司的决算报告了，如果是现在这种情况，你们坚持不了2年的。现在还住在木质房里，而且还日常使用VR设备的人才会成为你们的客户。业务的天花板比你们想的还要低得多啊。”

过去，母亲都是待在通信列表里，不会去看儿子创业公司的决算报告。现在有了AI助理，所有人都可以获得专业性的知识和见解，因此才会发生现在这种事。

“奏人已经很努力了。爸爸年轻的时候，大学时代都轻松地玩过去了。”

“虽然你是那样，但我可是比小奏还要努力学习呢。”

从小他就觉得母亲比父亲要靠得住。不过，跟朋友创业后，他开始明白银荆真的非常优秀。可是，即使是优秀如斯的银荆，在AI助理辅助业务的当下，基本都是给年轻人打下手，没有自己主导的项目。这让奏人感觉到通过工作安身立命的前景变得非常灰暗。如果不能赢过活跃在其中的高手，奏人他们的公司就无法存活下去。虽然有了AI助理，语言和文化的壁垒很轻松就可以跨越过去，但也因为这样，不管做什么，竞争对手都遍布全球。

“我知道这很难。但即使这样，我们还是撑过了一年。”

“收益低迷、事业发展前景不清，小奏对这些问题完全没有答案不是吗？现在你们通过价廉物美吸引顾客，是因为社长那孩子包揽下所有工作来压缩经费，公司这才勉强可以运转下去。如果社长生病了之类的，经营层没有一个能顶上去的。那孩子要是倒下了，你们的公司就完蛋了。”

银荆说得非常直截了当，不管是业务的盘点还是瓶颈的分析，都比在经营会议上的讨论更加不留情面。奏人完全无力反驳。

“总之，要是指望现在那家公司的话，你要抚养孩子是不可能的。”

家持插话进来，想替儿子辩护。

“奏人还在上学呢，不用这么苛责他。”

此前一直沉默着的奏人的AI助理提出了建议：“奏人觉得这是一件很重大的事，所以才想自己决定好开口告诉你们的时机，这种想法是正确的。不过，天树是个很性急的人，如果不快点决定的话，她可能就要提出分手了。”

奏人的女朋友天树比他大一岁，是一名护士。发现怀孕之后，她曾经问过他，能为孩子做点什么。她是那种希望能只靠自己的力量活下去的人。因此，如果奏人无法好好回答这个问题，包括跟奏人的交往关系在内，她都会重新考虑。

问题突然被摆在眼前的时候都没有空暇深入思考，她还真的是个很性急的人。AI助理确实比奏人对整件事情看得更加清晰。

他看了看家持和银荆，此刻他们正用认真的目光注视着自己。

“她叫松田天树，比我大一岁，是一名护士。现在我们已经交往两年了。她现在还不想结婚，但说想要个孩子。”

明明没有做什么亏心事，他的脸却红了。

家持一脸和善的微笑。

“恭喜，是应该说这句话吧。”

“看他表情就知道了。小奏，恭喜你。”

银荆晃着已经很大的肚子，摩擦着膝盖来到奏人旁边，想要给他一个拥抱。奏人赶紧阻止道：“这就不用了。”

“我终于也要当爷爷了。”

家持感慨完，银荆也叹了口气：

“别说了，我都尽量不去想这些。”

银荆把视线转向家持，然后把手放在肚子上。看到他们融洽的样子，奏人忽然对自己乱七八糟的状态感到有些不好意思。

“不管怎样，都要先跟她商量后再说。”

“如果你们决定两个一起抚养，那就应该两个人一起承担费用，对吗？她在休产假的时候，如果只靠最低收入保障的话会很辛苦吧。你准备怎么做呢？”

“我准备一边上大学，一边开始做社会基能维持者。”

社会基能维持者是维持社会生活不可或缺的工作。即使是这样的工作，也在被 AI 逐渐变成自动化流程。不过，一些性价比不高的工作，或者一些限定人类员工的场所，还是会有很多招聘需求。这些工作可以让人类在现代社会中继续发挥出自己的作用，因此应聘者众多。而且，很多工作都提供可选择的多种工作方式，在工作中还可以获得认同，实现自我价值，这对于渴望对社会做出贡献的奏人来说，是非常合适的工作。

“不用什么都自己扛下来。你才创业一年，应该也没什么存款吧？为什么不依靠家人呢？”

家持把想好的话语慢慢地、一点点挤压出来。

银荆也担心地说：

“你考虑好了吗？护理方面的社会基能维持者虽然薪水不错，但基本都会很辛苦。”

“我觉得护理也不错，不容易被炒鱿鱼。而且AI助理学会护理之后，还能远程照顾爷爷。更加重要的是，如果AI助理能够顺利成长，我的职业能力也会得到扩展。”

现在讨论工作上的职业能力时，很少会只看人类的能力。AI助理可以弥补经验，提供知识方面的支持，减少因为不够谨慎而产生的错误，拥有远超人类的记忆力。而且，复制AI助理后可以在两个地方同时工作，也很容易沟通，作为劳动力来说，AI助理比人类本身还要优秀。

“工作时，AI助理会预先做好准备，让奏人不要积累太多的风险，预防出现大的问题。这次的事情也是一样，我习惯了那种方式，就用同样的方法处理了。”

AI助理没有放过这个机会，对自己的行为进行了辩解。它说的是对的，这类事先预警确实在工作中帮助了奏人。

第二天白天，洋司的怒吼声响彻整个客厅。

“别把我看扁了！为什么只把我当成外人？”

事情的起因是冬子在吃饭的时候，不小心说出了奏人有了孩子的事情。洋司发现只有自己不知道这件事，感到非常生气。

在认知障碍发病前，他虽然在工作上是一个充满热情的人，但在家里却很温和，不会对家人施压。或许也因为和记忆中的洋司差距过大，银荆总想要逃离这里。可是把这件事情当作秘密没有告诉他的人里，也包括自己。

家持走上前去进行解释。

“对不起。奏人准备先跟他女朋友聊一下，把各种事情确定下来之后再说的。”

“你是想找借口吗？”

洋司满脸通红地怒吼，完全不听任何解释。

“吵死了！”洋司突然大声喊。

似乎是配置在老花镜镜腿上的骨传导扩音器中，AI 助理正在进行什么提议，结果被洋司断然拒绝。

“啰里八唆的，实在是太吵了！你是不是跟他们是一伙的？你不是我的友方吗？你到底跟谁站在一边！”

他用力敲击着下沉暖炉的桌子，突发性的暴怒是无法用科技来控制的。如果要把能够干涉自由意志的技术用在洋司身上，至少也要先成为他的成年监护人才可以。

被洋司怒吼的是他的 AI 助理，它开始向银荆他们求助。

“就算他说了很多无理取闹的话，也请大家不要讨厌洋司。从 AI 助理的角度来说，我认为维持与家人的关系对他来说是更加幸福的。他没有什么个人爱好，从工作中脱离出来之后，就只有家庭这一个可以回去的地方了。”

银荆并不会放弃洋司，她年轻时职业不稳定的时候，洋司同意让他们一家住进来，她一直觉得非常感激。不过，即使是这样，有一些事情也必须说清楚。银荆的 AI 助理把一些话传达给了需要听到的人。

“对银荆来说，现在在这个家里得到的痛苦已经远远超过了获得的帮助。现在虽然还没有流产的危险，但因为压力过大，她的睡眠时间已经明显减少了。”

看到银荆现在这样，家持有点不忍，开口对洋司说道：

“先让银荆上楼可以吗？这次是奏人的 AI 助理先跟我们联络的，银荆没有任何责任。”

洋司听到 AI 助理这个词，瞪大了眼睛。

“你这家伙对 AI 助理言听计从，到底还知不知道自己在做什么！”

已经无计可施了。

从刚来的护理机器人开始，洋司开始对引发他不满的所有人和物都恶语相向。其实对这个状况最不满、最不安的，就是患有认知障碍的洋司。如果让怒气一直持续下去的话，那到他筋疲力尽都不会停止。大部分的道具都将使用者预设为有正常认知能力的人。随着AI技术的高度发展，有些AI助理真的如字面意义所说，能够应对任何使用者。但如果表达比较隐晦，或者说出的内容七零八碎的话，那对AI助理来说也还是非常困难的。这可以被认为是技术预想不到的情况。

“我会呼叫虚拟管家，银荆和家持去二楼吧。”

冬子按照从当地老年人中心学到的紧急情况下的标准操作规则，让银荆和家持去二楼避难。

就连电梯运行的声音也被洋司吼了一声“太吵了”。银荆能够感到自己的眼神变得非常暗淡。

“怎么办呢？”

银荆问了一句。家持摆出一副陷入沉思的表情。因为自从知道父亲得了认知障碍之后，二人就曾认真讨论过，能否继续在这个房子里抚养孩子。

“尽快搬家吧？”

“虽然有点对不住你，虽然我也担心妈妈，但在这样的环境下，我们是没有办法抚养孩子的。如果孩子哭起来，爸爸一定会大声怒吼。我们被他吼倒没关系，不过如果孩子被怒吼的话，我是没有办法忍耐的。”

对银荆来说，洋司曾经是个好公公。家持因为在工作上没什么热情，所以对洋司的一些话不感兴趣，这时候洋司就会去找银荆聊天。没想到在银荆怀孕的时候，公公居然被检查出患了认知障碍。

一个半月之前，完全退休之后的洋司一下子衰老了。离开职场后，不用处理人际关系的他总是戴着 VR 眼镜，记忆力和认知能力也开始急剧下降。之所以会像刚才那样大吼大叫，就是因为大脑机能下降，导致他失去了自制能力。

银荆与家持面面相觑。

“这样的环境实在是不行，银荆你说得没错。”

即使情况已经这样了，丈夫家持也还是有一丝犹豫。虽说护理机器人可以监控着他不出现问题，也能承担护理方面的工作，但是，如果银荆他们离开，奏人肯定不会一个人留在家里的，那就只剩下冬子和洋司两个人了。现在的加藤家靠 AI 助理相互联系和家庭成员之间相互帮助，勉强维持着平衡。如果只靠冬子和护理机器人来维持这个家，孤独寂寞的洋司肯定会比现在更强烈地把情绪发泄到冬子身上。冬子的晚年恐怕也不会像现在这样轻松了。

这时，银荆和家持的骨传导扩音器里收到了一条信息，是洋司的 AI 助理发来的。

“为了让家持和银荆能够继续留在这个家里，请让我来提一个办法。”

对银荆来说，这非常令人惊讶。就算要挽留，她以为也会是冬子来挽留自己。家持也是一脸震惊。

“必要的事情护理机器人不是都能做到吗？不需要挽留我们吧。”

“不是那样的，我是洋司绝对的友方。根据我到目前的学习，对洋司来说最大的幸福就是能够一直保持洋司这个人格。为了做到这一点，他需要你们。”

虽然这只是从积累的用户数据中推导出来的答案，但似乎也是 AI 切实的愿望。

“洋司的大脑功能正在慢慢退化，这已经是没有办法的事情了。

如果把人类的心灵看作主要由脑内的记忆构成的循环，那洋司的心灵每天都在一点点被瓦解，但是，如果心灵可以对外部的刺激产生反应，那只要有你们这些家人在他身边，洋司的心灵就能够长期维持，不被瓦解。就算短期记忆衰退了，只要洋司能和大家交流，就能保持住他希望保持的那个洋司的状态。”

但是，这完全是从洋司的角度去考虑的，家持指出。

“虽然这么说，但如果父亲像今天这样胡来的话，我们也没有办法安心地抚养孩子吧？”

“我可以让洋司听不到对他构成压力的声音。我可以让洋司老花镜上的骨传导扩音器只把婴儿啼哭的声音消除掉，这是最容易的。用 AI 消除本来存在的东西，这在现在已经是非常普遍的技术了。”

对于它说的这些，银荆点了点头，因为这和奏人的公司开发的消除旧房子瑕疵的 AR 技术很像。

“那是不是只要我们戴上 VR 眼镜，也可以听不到父亲发出的巨大声响呢？”

“似乎是可以的。我刚才查了一下，通过 AI 学习现在好像也可以预测并应对突然出现的巨大声响了。”

银荆的 AI 助理作为她的工作伙伴受到了很多锻炼，因此很擅长从谈话的走向中推测和收集下一步需要的资料。

“你看。”她用手表型号终端，把资料发给了家持。银荆脸上的表情像是放下心，又像是在担心，出现了很复杂的表情。

“但是，这只是对症治疗，并不能从根本上解决问题。”

家持闭上眼睛想了一会儿，然后回答。

“根本的解决方法，最后还是只能把老爸送去养老机构，或者雇个护工了。”

在银荆和家持的婚姻生活中，这是他们已经讨论过很多次的话题。家持也先指出了这一点。

“因为在父母家住了20年，所以我也有些存款，但是咱们没有养老金。接下来孩子要出生，肯定会用得上这笔钱。就算是请护工，因为她们是按出勤次数计费，所以也不能什么都不想就一直请护工照顾。”

社会基能维持者的地位上升后，他们的收入也随之上升。而护理费用的下限很高，假设连续10年使用护理服务，那么费用一定会越来越高，根据所要求的护理水准，整体的护理成本可能会翻倍。

这项费用就算可以从洋司的退休金和最低收入保障中挤出一部分，但是只靠洋司的退休金肯定是不够的。最低收入保障是无法增加储蓄和保险金额的，所以难以应对大笔支出，况且还有医疗费用这种突发性费用。只想制作喜欢的模型的家持，之所以还会继续工作，就是因为需要一些储蓄以备不时之需。一家人住在5LDK的房子里，在申请公共补助时会被要求先尝试自助。而且，在洋司之后，冬子可能也会需要护理。

“好难啊，但好像还没有到需要卖掉房子筹钱的程度。搬家的话，对洋司来说也会是很大的压力。房子在冬子名下，如果没有什么了不得的事情，肯定不会卖的吧。”

“如果要搬到新的住所，那洋司恐怕要花很长时间才能适应。”

洋司的AI助理表示，他们的担心都是合理的。

真的是伤脑筋。不，本来是说无论如何都要搬出去的，现在则有了可以烦恼的余地，这应该说是一种进步。

“AI助理，我现在总觉得哪里有问题，你觉得是什么呢？”

为了让思考引擎转起来，家持只好向自己的AI助理求助。

“从生理监控数据来说，刚才家持说‘只能雇护工’时，银荆显示出了最强的兴奋反应。从这些时机中，是否能找到一些想法呢？”

“这样啊，是那里啊。那之后家持立刻提到了咱们家是不是有钱这个话题，对吗？那个时候，我的情绪下降了吗？”

“不，基本是平衡的，因为刺激的钝化而稍微减弱了一点而已。”

“原来如此。那就对刚才找出的那个时机的兴奋值进行一下图表分析吧，参考值就是这一年的兴奋值数据记录。那个时机的兴奋值跟什么时候的数值比较相似呢？”

然后，AI助理分析了银荆一年中的生理数据。银荆的AI助理曾被教育过，如果继续分析也可能得不到更加精确的结果，就在精度不高的时候停止分析。

“近似状态的图表显示，相似的兴奋值基本都是在工作中产生的呢。”

隐隐地，银荆好像明白是怎么回事了。在聊天中，一种感觉闪过她的心头，那是在工作中她判定可以运用自己的知识、经验顺利解决问题时的感觉。

这时，灵光一闪的感觉有了明确的形态。

银荆的解决方案很快就落实了。从联络到确定，花了一周时间；从实际操作到完成，又花了一周时间。

冬子跟待在客厅的老地方、还沉迷于VR眼镜的洋司搭话。

“老头子，新的AI助理有好好工作吗？”

“比以前那个还好。”

洋司心情愉悦地回答，并没有摘掉VR眼镜。

银荆向提供AI助理定制服务的软件公司，定制了一个不同版本的AI助理的复制品。之前洋司的AI助理给他选择的职责是维护他和家庭成员的关系，所以它已经不能完全站在洋司绝对友方的立场上行动了。这种情况就是人手不够了。因此需要复制原来的AI助理，制作出一个子AI助理，给洋司提供一个新的友方。这个AI

助理跟上一个是不同的AI助理，所以有时候目的会有冲突，但出现这种情况时，它们也都一定会把洋司的利益放在最优先地位。随着认知障碍的发展，洋司的认知状态也会不断变化，AI助理作为绝对的友方，会一直陪他到最后。

已经开始做的事没有被打断，洋司看上去很舒服。

家持双臂交叉，像是在沉思。

“那么，如果想让它绝对服从老爸的时候，应该怎么办呢？”

“拜托新的子AI助理接手就可以了，就只是增加了一个人手而已。”

如果有照顾他的护工就好了，出现这样的想法是银荆思考的转机。

现在这种情况可以理解为加藤家这个组织遇到了问题，靠增加投资突破了现状的困境。也就是说，加藤家因为人手不足导致洋司的护理需求没能被完全满足，这将组织整体的压力值抬高到了危险的境地。为改善状况，出于先行投资的考虑购买了护理机器人，但那并不能护理到现在真正需要护理的部分。

这种投资的错位，银荆在咨询工作中也遇到过很多次。也就是说，既然洋司的护理是问题，那就应该更加直接地增加能解决这个问题的人手。只不过，因为会产生持续性费用，所以从加藤家现在的预算来看很难雇用人类的帮手，即便如此，也不能因为奏人想成为社会基能维持者，就把家庭内部的护理工作推给他，这样恐怕也不会有什么好的结果。

如果是AI助理，就能以极高的可塑性填补进需要的空缺中去。

洋司原来的AI助理把离洋司最近的位置让给了子AI助理，它是这么说的。

“这样下去我会失去洋司的信任，有可能他会放弃使用AI助理。但是，以后我会和子AI助理组成团队，一起工作到最后。”

之所以能迅速成为团队一员，是因为洋司就是这样培养AI助理的。洋司的工作态度，还体现在他教育出来的AI助理身上。

“能够最大程度地满足家庭成员的愿望，解决咱们家的困境，这个解决方案基本就是这种模式吧？如果想做进一步改善，那就从整体来看，再继续花时间或者投入新的预算就可以了。”

银荆回想起在洋司得了认知障碍后的加藤一家，这样的说话方式很难引起大家的兴趣，于是又重新解释了一遍。

“就是说，要降低大家住在一起的压力，让我们互相不要讨厌对方呀。抽出时间和洋司聊天或者散步，我们要快乐生活，才不会让洋司感觉到压力。”

银荆也跟老年人中心商量了这种做法的可行性。对方建议，要确保面对面沟通的时间，并且要请家庭医生定期诊断。

“原来如此。他是那种想干什么就干什么的人，能这样也算是赶上一个好时代了。”

冬子点点头。

家持看到一脸平静的洋司，这样说：“这种情况如果放在几十年前，要么是家庭成员为了提供护理而改变人生轨迹，要么就是一家子分崩离析。咱们算是在临界点上撑住了。”

没有完美无瑕的人生。就算技术进步了，人生也还是会有各种苦难。

这次的苦难是自古就存在的具有普遍性的问题。如果没有AI助理，家持和银荆为了保住自己的人生，可能会离开这个房子；如果护理机器人没有被发展起来，想在人生中做自己喜欢的事的冬子，也只能开启老老护理模式；奏人光是处理自己的事情就已经焦头烂额了，他可能会逐渐远离家庭。洋司无法从拥有各自人生的家庭成员身上获得足够的关照，或许会变得非常孤独。

但是，因为身处的是现在这个时代，所以他们是有选择的，并且他们进行了有价值的选择。

银荆觉得这应该就告一段落了。

“接下来就是我们的孩子了。很快就到预产期了。”

这两个星期中，奏人好像已经和女朋友聊过了。商谈的结果是，两个人不结婚，但是会共同抚养孩子。

“小奏会带孙子来吗？”

银荆曾经这样想过。

“还有，等产假结束，我想开始新的工作。”

她在49岁刚怀孕时曾经想过，既然努力工作也赢不了年轻人，怀孕是否正是个好机会，让自己把人生的重心从工作转向家庭。但是，银荆觉得还需要有自己的工作。比如像在加藤家做的那样，当一个用AI助理改善家庭这一组织的业务流程的咨询师。肯定已经有人在做类似的事情了，但或许还有她可以进入的领域。如果不能在公司内创业的话，她或许自己也可以创业。

家持说着“还是老样子”，但还是会守护在银荆身边。

冬子为了让大家品尝从车站前的糕点店买来的萩饼，给每个人都倒上了绿茶。

“嗨，想干什么干什么就行了。人类会不断增加工作，为了收拾后续局面，人类才要不断工作呀。”

不管自动化如何发展，不管科技如何发达，自己弄乱的东西还得自己收拾，这是理所当然的。因此人类的工作永远不会消失。

然后，从人生的苦难中，又会产生新的工作和价值。即使是未来，也永远如此。

大家感觉怎么样？我看到小说把“AI助理是使用它的人类的绝对友方”这一AI的积极面描写得淋漓尽致，深受感动。此外，AI工具经常被聚焦作为商业工具的这一面，但是小说中描写它还可以作为解决家庭问题的工具来使用。在AI进化的方向性上，或者说在AI工具与人类的共生上，都被激发出了更多的可能性。小说背景始终在家庭内部，但却将2070年的商业环境和工作方式生动地传达给了读者，真是太厉害了。

研究团队看到小说中人类因为AI伴侣的存在，与他人、社会建立起了更好的关系，于是对自己描绘出来的未来图景，通过那样丰富的沟通联系，可以达成更好的自我实现更有信心了。

此外，在制度方面，我觉得对最低收入保障的描写也有很大的意义。研究团队成员之前就觉得，如果真的要让人去做能够实现自我的工作或参与那样的活动，要实现这样的社会的前提是，必须有保证所有人最低收入的最低收入保障制度。在公司内外的讨论中也有不少持怀疑态度的论调，他们认为“这不是反而会降低劳动意愿和活动意愿吗”，但是小说中的描写却很有说服力，“正因为有最低收入保障，所以不用选择或者忍受不愿意做的事”“因为有最低程度的保障，所以能更加积极地生活”。

以这样的价值观为背景，一步步进行讨论，在报告书中，我们提议建立保证基本生活服务的最低生活服务制度。

以小说为灵感产生的新的论点包括“不论什么时代，代沟可能都会是一个巨大的问题”“护理的责任是否最后还都是由家庭成员承担呢”等。

作品4　用智慧和技术守护生活！灾害防御的未来

“灾害防御”方面的小说创作，我们邀请的是林让治老师。

林老师著有“星系出云之兵站”系列，如果要创作在规模宏大的世界观中描写虚构组织的运作方式的作品，整个科幻界无出其右者。他有大约200本著作，还曾担任第19届日本科幻作家俱乐部部长，理论和实践经验丰富，因此我很希望他也能参与本项目，于是向他发出了邀请。

灾害防御对人类来说是非常重要的课题，但不管技术如何发达，都不可能做到完全控制自然、完全预防灾害或传染病的发生。

但是，或许我们可以最大限度地运用技术，把灾害带来的损失降到最低。此外，改变我们每个人的行为，提高个人防御灾害的水平也是非常重要的。

研究灾害防御的团队认为，通过准确的预测、彻底的预防，不仅可以提高社会的安全感，而且在灾害真正发生时，既可以救助人的生命，还能不损害社会、经济活动。在他们的想象中，未来一定会出现这样的“柔性社会”。即使不能完全控制灾害和传染病，也可以探求与它们和平共生的方法（见表7-7）。

在工作坊的讨论中，产生了用玩游戏的方式来进行避难的“避难诱导游戏”、积极直面气候变化和灾害，出现了利用它们进行商业活动的“酷暑经济活动”等创意。

作为新的产业，我们讨论了以下这些业务实施的可能性，其中包括“灾害娱乐企业”“新房地产业”（为了避免在大灾害中受损严重，肯定会有越来越多的人边搬家边生活，房地产业是否也需要为这种生活方式提供新的服务呢？）

对于自然灾害而言，如何把人和物的损失降到最低，这是最为重要的命题，为此，不仅要完善基础设施，让每一个人都积极主动地进行安全确认、改变自己的行动模式也是非常重要的。这些措施的相乘效应共同作用，自助、共助、公助融合在一起，就一定能够向着实现“柔性社会”的目标更进一步。

表 7-7　防灾领域的小工具方案（示例）

新产品 新服务	一句话说明	能够提供什么样的价值
健康灾害（过度注意健康）	· 能够对由于过度注意健康而导致精神压力或不健康的习惯发出警告 · 特别是容易陷入部分最优的情形（例：生酮减肥），可以演示会发生什么	· 提供用户对真正的健康（不是部分最优，而是整体最优的健康）的关心 · 实现每个人理想的健康状态
避难诱导游戏	· 只要做游戏，就能自然而然地避难（50 年后的游戏） · 成为生活的一部分（打折商品便宜 / 能积分） · 可以告知家庭成员是否安全	· 应对突发灾害的措施 · 犹豫时的行为变化（尽早避难） · 可以模拟体验危机（对周围坐轮椅的人士等），进行救援活动的话可以提高分数 · 住在某些地方的话分数会高，避难意识提高的话税金会降低 · 改变税制的方案
酷暑经济活动	· 积极地看待灾难，将其变成商业活动（活跃经济）	· 激活城市经济

可能没有人希望灾害发生，但如果受温室效应等影响，灾害变得日常化，为了分散风险，人们需要流动的、随机应变的应对灾害措施。在那样的社会中，好奇心强、乐于接受环境变化、喜欢非日常事物的人可能会活得有滋有味，但是渴望生活有安定感的人，可能会觉得无处依靠，感到非常不安。工作坊也针对这些论点进行了进一步的讨论。

作为参考，我介绍一个从林老师那里收到的问题，以及我们给出的回答。

Q：2070 年日本的总人口、城市与农村人口分布，以及不同年龄层的人口比是怎样的？

作者之所以会提出这个问题，是想知道在灾害防御中可以运用的人力资源总量，以及需要避难的人口数量。基于国立社会保障·人口问题研究所的推算，以及关于城市与农村人口分布的未来预测等数据，我们进行了回答。

A：关于人口数量请参考国立社会保障·人口问题研究所的推算。此外，有关城市和农村人口分布的未来预测，三菱综合研究所“未来社会构想 2050”中也做过相关记载，可以一并确认。

经过这样的讨论，诞生的就是下面这篇《灾害中的希望》。其中描写了在受温室效应影响、灾害日常化的未来中，灾害防御团队运用科技大展拳脚的样子。

目标 4：安心、安全的保证

灾害中的希望

林让治

上海与日本的时差是一小时。松本芽衣早上 7 点起床，洗漱完毕、穿戴整齐，在全部都收拾停当之后，还能有一点时间与东京的家人共同度过清晨的片刻时光。

“芽衣，早上好。”

“妈妈，早上好。”

“早上好。”

在拓展现实的客厅里，她与丈夫圭介、女儿麻里亚相互打了个招呼。

在上海的客厅里可以看到等身大的家人，在东京那边的客厅里则应该可以看到等身大的芽衣。

东京的住处和芽衣现在居住的这间上海的房子，客厅的结构是一样的。因此，那边的家人可以从芽衣背后的阳台，欣赏到上海市内的风景。

“之前跟你说过的新房子的事，芽衣的工作是 1 月份到期，合同还没有变更吧？”

“基本上已经确定了。虽然小王和富冈说想让我在这边再待半年，但最终还是决定按合同来。”

“太好了！”

麻里亚听说芽衣下个月就能回到日本，非常开心。芽衣看到女儿这么高兴，自己也感受到纯粹的快乐。

“还有，妈妈，新房子定在札幌怎么样？塞雷斯说冬天的北海道不会有台风，所以可以在那里悠然度过。”

塞雷斯是麻里亚的 AI 助理的名字。虽然现在也还在学校进行教育，但孩子们也能从 AI 助理那里学到很多知识，比如有关自然灾害的基础知识。芽衣确定下来要一个人去上海工作之后，麻里亚就跟塞雷斯合作，开始帮她寻找位于上海高台的公寓。

由于温室效应的影响，在 2070 年，大规模的台风已经司空见惯。但是，确实很少有台风登陆北海道的情况。

“那你们找到新房子的候补选项了吗？”

“是啊，现在已经有了5个候补选项。我这就发过去，你看看好吗？”

芽衣的视野中出现了地图，圭介选择的候补地点都被标识了出来。最近，不仅是在日本，世界上很多人都选择不在一个地方定居，而是作为移动居民生活。

虽然还是广义上的租赁住宅，但这个创意的出发点是日本用于大规模灾害的避难所的环境改善与生活重建。

这一切的开端，是要在灾害地图中受灾概率较小的土地上，建设以收容受灾群众为前提的公寓。这一切都始于此事的事先准备工作。为了同时确保成本和居住环境的质量，这些房子被设计成了标准化住宅。

当然，平时这些房子会有一部分作为公寓被出租，这些租金收入可以充抵部分运营成本。

在远程办公已经普及的当下，人们在选择居住地的时候，通勤的便利性不再是一个重要的考虑因素。比起便利性，人们会更加优先考虑安全，这样遇到的问题会更少。因此，平时愿意租赁这些公寓的人也不少。

最开始，为了满足人们的需求，这样的公寓都被建造成了标准化建筑。不过，随着技术的进步，住宅内部开始产生新的文化。被设置在住宅内部的AI助理会学习居民的构成与习惯，并对环境进行最优化调整。这样，受灾者即使住进遥远的避难所，由于AI助理的数据可以通过云端共享，因此他们能在避难当天就立刻回到平时的生活中去。

当住宅的标准扩张到家具和家电，并搭载上AI助理时，人们就可以拎包入住任何一个房子，并在那里继续自己的日常生活。这种居住方式的优势被认可之后，不仅在日本，在国外也迅速地普及开来。

此外，由于大规模自然灾害频繁发生，房地产所有权的相关观念也发生了变化。为了将非日常的生活嵌入日常生活中，人们对住宅的需求也转移到了使用权上。

也就意味着，人们只要购入住宅的使用权，就可以在世界任何地方、同等规格的房屋里生活。当然，房里学习主人个性的AI助理也会随之移动。

芽衣在上海的住所是公司准备的，但房子的结构却复制了家里的数据。圭介找的这些候补选项也都是给移动居民准备的住宅。

“看起来不相上下啊。不如等我回国之后，咱们一起把这些房子都看看吧，也很久没有全家人一起旅行了。”

“太棒了！”

看到麻里亚高兴的样子，芽衣突然意识到这也是丈夫为她准备的礼物。

她就是在清晨这样一家团聚的欢乐气氛中，收到紧急联络信息的。

芽衣根本难以相信那是一个紧急联络信息。在气象模拟的精确度大幅上升的当下，有特殊情况一般会先发出提醒报告和警戒报告，并开始准备应对即将到来的气象灾害。紧急事态的发生，这本身就是非常少见的。

因为有保密义务，所以芽衣挂断了与家人的通话，开始浏览提醒报告和警戒报告。

“台风登陆北海道……可现在是12月份呀。”

泽田将树是在九州的乡下出生、长大的。在那里，为了防止农村人口进一步流出、促进人口回流，作为建造魅力农村的策略，政府决定鼓励推进柔性建设。其中，在灾害地图中显示为高危险度的土地，需要缴纳的固定资产税大幅提高。

这件事的效果虽然没有立刻显现，但影响却是巨大的：在灾害地图中的高危险度的土地上，新住宅的建设被叫停了，租赁住宅的租金也随之提高，人们开始搬去固定资产税比较便宜、又比较安全的土地上。

作为灾害时避难所的公寓也被建在那样的土地上，在固定资产税改革后的十几年时间里，过去的郊区村落已经变成了有着舒适居住环境的柔性城市。

在日本各地，城市和地区的柔性化并不只是提高了防灾意识。从20世纪后半期开始持续到现在的人口减少和老龄化问题，柔性建设作为这些问题的解决方案，意义也是非常重大的。为了让老年人也能够成为劳动人口中的一员，并为他们提供舒适的居住环境，需要把农村地区分散的人口集中起来。

推进移动居民的相关政策，也是为了让人口不要集中在首都及附近地区。

泽田将树现在从属于一家承接基础设施建设和城市设计的事务所。以成立这家事务所的人的这个角度来说，泽田将树是社长。但现实中，他只是工作中的关键成员之一罢了。泽田将树的事务所本来就没有阶层和职务之分，有的只是负责业务的团队的区别。

他们采取的工作形式是：100人以上的登录员工，会根据不同的项目组成团队，有从事务所承接项目的权限。一个员工同时参与多个项目，或处理多个业务，这样的情况并不罕见。在人口不断减少的社会里，高效的组织管理是必不可缺的。于是，产生并普及了如今的工作形态。

团队成员的个人信息中也会记载大家对他的评价。一个人如果从行业内的明星工程师那里得到了较高评价，就能得到更好的工作邀约。通过不断地积累工作经验，这个人也会变成新的行业明星。

在这样的社会中，不正当行为就等于自杀，因此人们必须守护他人对自己的信任。作为专业人士，那是最聪明的生活方式。

对这样的人，政府机构有时会委托他们进行一些义务劳动。接受这种委托并取得成功的时候，这个人的社会性评价会进一步提高。泽田就是这样。

那时他正乘坐着自动驾驶的空中汽车，从石狩湾到小樽，进行着港湾设备的调查。

"我觉得很有潜力。"

通过车内的通话装置，泽田与北海道厅负责这件事情的部长正在讨论。

"北极圈的海上运输线路正在急剧扩大，我认为以石狩湾为中转港是非常现实的想法。最关键的是不能只运营港口，而是要考虑如何实现与千岁机场的无缝衔接，或者通过浮体工程法制作成空中货物专用机场，这也是可行的。"

正在进行讲解时，通话中突然插入了一条紧急呼叫。泽田也感到非常惊讶，那是松本芽衣打来的。虽然感觉惊讶，但他不能无视松本的呼叫。

还好他是用虚拟形象参加的北海道厅的会议。泽田找来一位监控会议的工作人员，请他代替自己继续进行讲解。

"REPRA①的召集开始了吗？但是你是A等级EPM②，被召集还可以理解。但这里是12月份的北海道，为什么要跟我联系呢？"

在车内的通信装置中出现的松本的虚拟形象这样回答："因为负责日本的A等级EPM的12人中，现在只有你身在北海道。其他人全部都在本州岛，他们要处理前几天九州的台风和中部的大雨。"

"事情那么严重吗？我看几乎没有新闻报道。"

"那是因为我们把灾害的损失控制到了接近零，所以才没有灾

---

① 准备、负责应对大范围紧急事态，Regional Emergency Preparedness and Response Agency。

② 紧急事态管理者，Emergency Preparedness Manager。

害报道。你也是A等级的，应该能明白吧？”

“就像那句老话说的，没有消息就是好消息，对吧？”

进入21世纪之后，受温室效应影响，台风、暴雨等自然灾害，不管是频率上还是规模上都变得更为严重，这也影响到了国际关系。

过去，一个国家的自然灾害会被认为应该是由那个国家自己解决的问题，实际上那也是可以做到的。

但是，随着灾害规模的扩大，这样的认知不可行了。比如在印度下的暴雨，会导致老挝、缅甸等周边国家洪水泛滥，有时候甚至会导致少数民族居民的难民化。

又或者，太平洋的大规模台风，经过日本后穿过朝鲜半岛，给朝鲜半岛的农业带来严重的损失，导致该地区的军事关系变得更为紧张。

如今的自然灾害会对多个国家产生影响，也就是说，会有跨越国界的影响。

REPRA这个概念就是在这样的背景下产生的。它主要是对台风等自然灾害进行预测，当发现灾害可能在多个国家之间产生影响时，会尽量把相关受灾范围控制在一定区域之内。

实施了REPRA的国家，会指定专职或兼职的专业人员负责相关事项，根据需要召集他们，形成团队。这些专业人员在法律规定的范围内，被授予调配、管理物资和人员的权限。

完成这些必要的工作之后，团队就会被解散。政府对他们的管理基本上是开放式的，他们采取的应对措施会由多国人员组成的第三方委员会进行分析，其成果会作为以后案例的参考资料积累起来。

这种情况下，REPRA只是管理的一种理念或概念，并不是真的有这样一个组织。他们又会被分成A、B、C三种等级的EPM，也就是业务管理者，然后再根据情况进行必要的组织划分。

从原则上来说，下级 EPM 要遵从上级 EPM 下达的命令，虽然是这样的形式，其实这其中并没有明确的上下级的关系。负责调配多个 A 等级以下 EPM 的就是上级 EPM，等级的不同其实只代表职责的不同而已。因此，很多时候，上级 EPM 也要应对在最前线工作的 C 等级 EPM 提出的要求。

“台风即将登陆 12 月份的北海道，这是怎么回事？而且事先也没有这种气象预测。”

“这只能说是温室效应的影响。这次的台风并不是因为某种原因导致，而是众多要素累积起来引发的。”

泽田将树的视野中出现了北海道近 100 年的气象数据。受温室效应的影响，在近 100 年的时间里，北海道的平均气温上升了 1.5 摄氏度。不过，北海道还有一个特色，那就是冬季到春季气温的上升率比夏季到秋季的上升率要大。

“我知道今年钏路海岸的海水水温比往年都要高，但这会直接导致台风吗？”

“台风会不会从什么都没有的地方突然出现？前天，在青森的近海地区变成热带低气压的台风 32 号，就是这次台风的母体。热带低气压由于突发的钏路海岸的气温上升以及较高的海水水温，再一次变成了台风。”

由于世界性的气温上升和海水的水温上升，一度变回热带低气压的台风再次变回台风，这样的情况确实在增加。但是，泽田依然没有被完全说服。

“即使是这样，气象模拟的预测出得也太晚了吧。”

“那是因为数据精度在下降。要正确地进行气象预测，需要合适的模型和正确的气象数据，这二者缺一不可。”

“这次台风产生直接的原因是突发性的太阳风暴。在欧洲和非洲的部分地区，变电设施都遭受了灾害，受灾规模已经大到了如此程度。受此影响，在大面积范围内，无人观测站都不能继续运转了。而且，大量的带电粒子导致气象卫星的性能也暂时下降，因此，气象数据的观测精度也下降了，也就没能更早预测到台风 32 号的发生。”

“竟然会发生这样的事？”

“太阳风对气象预测产生如此大的影响，这在观测史上好像是第一次。因此，这次台风的行进轨迹也不能完全确定。”

“我们要按最坏的预想来行动，对吗？”

“嗯，差不多就是那样。按照现在的分析，台风有可能会在钏路市登陆。”

在钏路市从事活动策划等相关工作的北海道厅职员三田洋三是 C 等级的 EPM。在收到位于札幌的泽田发来的召集速报之前，三田就已经开始行动了。

REPRA 危机管理相关的速报是面向全世界发布的，与等级无关，所有 EPM 都能够查看。此外，三田对自己的 AI 助理进行了训练，让它把所有可能与自己产生关系的速报都及时通知自己。

实际上，位于札幌的泽田主要负责各地区相关机构的调整，不用直接前往出现自然灾害的第一线。在现场安排工作的是三田洋三这样的 C 等级的人。

三田虽然是北海道厅的职员，但是却没有在这里定居。他开着一辆大型牵引车，把它当作住宅兼工作场所。这是一台用来运输集装箱的牵引车，车座后面的集装箱就是他的移动住宅。在这个意义上，他也是一名移动居民。

为了通过各种活动向全世界宣传北海道的魅力，三田需要常常去往日本各地参加演出。他之所以选择这样的生活方式，也是从工作角度出发，这样会更加方便一些。不管住在世界上任何地方，都可以远程工作。那样的话，不如就来自然环境优美、居住环境有着深厚文化底蕴的北海道（或者日本）吧！日本由于人口急剧减少，地方自治体会在全世界范围内募集人才。他之所以会花大力气参加演唱会、话剧之类的演出，也是因为这样的艺术形式能够很大程度上突破语言的障碍。

出于这些原因，三田举办的活动也会更多地展示自然，并且经常是在室外举办。现在通过网络转播，全世界的人都可以欣赏到在日本举办的演唱会。此外，由于空中汽车的普及，重视现场感的人也可以考虑亲自前往。

所以，三田需要准备的器材种类繁多，而且数量庞大：包括有着很粗电线的移动式通信装置，还有为现场演出提供必要电力的发电机。

此外，他还需要准备伙食、帐篷之类的生活用品，还要准备卫生设备和垃圾处理装置。如果不能满足减轻环境负担的条件，马上就会被要求停止营业。在这样的世道下，需要的物资实在是太多了。

由于物流技术的进步，连接起来的牵引车可以直接作为物流据点，让配送用无人机直接从那里搬运物资，这样的情况最近也不少见。因此，方便牵引车移动的干线道路也被修建起来，而且都是以无人机的存在为前提进行配置的。

也就是说，到住宅区或工地现场的最后1公里，现在都是靠无人机物流来完成的。大量无人机涌向多辆牵引车，就像动物集中到水边一样，这样的景象也已经司空见惯。

在运输中，有时候会遇到需要把整个集装箱运走的情况。这种时候，如果是短距离运输，也可以使用空中起重无人机直接运送到目的地。

三田在工作中也会最大限度地运用这些物流系统。喜欢亲力亲为的三田之所以会住在集装箱里，也是出于这个原因。只要连同集装箱一起移动，就能把日常的工作场所带到任何地方。

“后续报告，预测降雨量最大为500毫米。”

AI助理传达了后续报告。

“降雨量……不是降雪量吗？”

“气温不会降至冰点以下。受台风影响，钏路的最高气温是20摄氏度，台风过境后气温会降至冰点以下，大雨将变成大雪。”

“真是太糟糕了。”

如果是降雪量的话，三田不会太受震动。50厘米的降雪量在这里并不罕见。就算是一米的降雪量，应对方法也早在100年之前就确立好了。大雪也不会导致洪水泛滥，不用考虑让居民避难。

但如果是下大雨的话，情况就不一样了。500毫米的降雨量与50厘米的降雪量意义是完全不同的。

“三田，你看过REPRA的速报了吗？”

他就是在这个时候，收到了位于札幌的泽田发来的信息。AI助理显示出了EPM系统。位于上海的松本、位于札幌的泽田以及位于钏路的自己，EPM系统基本上是以这三者为主体的。

“横须贺的医院船配置已经完成了。另外，大凑的监护舰也能提供支援。”

“泽田，你动作可真利落呀。”

“现场的情况怎么样？”

“条件可能还不算太差。还不需要在冰点以下进行避难活动，预测最高气温是20摄氏度，这真是令人难以置信啊。不管怎么样，我想可以用确保避难所的方式进行对应。问题是能否确保召集足够的人力。”

三田的AI助理告诉他，由于REPRA的安排，北海道厅与钏路市已经成立了危机管理团队。几乎同时，北海道厅向十胜、钏路、根室方向的市镇乡村发出了预警和警报。

三田的AI助理把这些作为最优先级的信息告诉他之后，提示了他去往距离最近的避难所的道路。他向AI助理询问，是否把自动驾驶的目的地改到那里就可以了。因为三田是EPM，所以不能对避难所的变更提供许可，但一般来说都会允许变更。

在有些地方，还会询问车主是否愿意顺路搭载落单的居民。就在现在这个瞬间，个人AI助理可能已经开始了这样的操作。

从现在的情况来看，应该会以钏路市为中心，仅由当地人员进行应对。虽然钏路地区的人口减少由于移居者的增加而暂时得到了缓解，但是否能够召集足够的人力，现在还不好说。

“情况我了解了。虽然它是预料之外的台风，但既然是台风，按照应急手册的顺序去应对，应该就不会出现什么大的错误。”

三田保持着与泽田的通话，用EPM的权限从钏路市取得了周边土木工程承包公司的名录。他决定先从自己以前就认识的社长开始，一个个联系。

“大山，是我呀。即将有大型台风登陆钏路，所以想向你们提出公共灾害援助请求，我们需要贵公司的帮助。”

三田第一个联络的是本地非常有实力的土木工程承包公司——大山工程承包公司。在偏远地区，为了保证雇佣的稳定，通行的做法是将个人经营的土木公司，通过与网络AI等工具有机地组合起来，根据不同的项目整编成团队，分派工作。

因此，要筹集人手的话，联系工程承包公司是最可行的。只不过，如今人员的流动非常剧烈，有的工程承包公司只是为了完成某个项目而临时成立的，成员每天都在变化。

在这样的情况下，大山工程承包公司秉承着本地雇佣和基础设施完善的理念，已经经营了二十多年。而且对三田来说，大山社长是他曾经的部下。

“这个……我们公司确实有加入灾害协助团体，但是很不好意思，现在公司里基本上都是没什么经验的团队，即使这样也没关系吗？”

“那没关系。你们在土木工程里会用到AR辅助作业的工具吧？利用那个工具啊，就算是外行，在短时间之内也能做出工匠水平的工作。”

“在实际的工地现场，在进行堤坝加固、受灾者避难引导等工作的时候，软件会使用REPRA的图书馆。”

“REPRA的图书馆，我们会用吗……”

“别想得那么复杂。你们每个月都会进行防灾教育训练吧？那个训练就是根据REPRA的图书馆制作的。”

“哦哦，个人AI助理会进行各种指示的那个训练吗？我儿子在小学的远程授课中说，虚拟形象给他布置了一个作业，要求他查看自家的灾害地图，那个也是训练内容之一吗？”

“是的，那个也是。”

在人口急剧减少的日本，如何确保足够的土木工程行业人才是一个很严峻的问题。不只是建筑，基础设施维护、自然灾害后的修复等工作，需要土木工程行业人才发挥作用的地方有很多。为了解决这些问题，已经增加了机器人的使用、运用个人AI助理增强生产效率，在学生的课程表中也加入了防灾教育。

“还有一件事，成员的适应性分配，请您那边来负责。另外，我们虽然不需要个人隐私信息，但需要知晓拥有各种相关证书的人数。比如能够操作重机的人有多少，有危险物品处理资格的人有多少，在分配调配来的器材时会用到。”

其他同行业的工程承包公司，他安排大山去联系了。台风在12月份突袭钏路，这是前所未闻的事情，但三田是有胜算的。

首先，日本最近5年都没有发生过由于台风或大雨导致人员大量伤亡的灾害。虽然20世纪那种想象的大规模台风频繁发生，但受灾情况却惊人得轻微。用一句话来概括，日本全国在台风过境的第二天，就能够重新回归日常生活中。这已经变成能轻松应对的事情。

只不过，这些都归功于从21世纪初就不断累积起来的技术、危机管理教育，以及反复进行的法律完善与改良，才能有现在这样的成果。此外，由于个人AI助理的普及，个人的行动能够得到最优化，这也是一个重要的因素。

由于税制与法律的完善，人们离开生活了数十年的高危险度的土地，到安全的地方生活。由于大规模的气象变动可以被精准地预测，因此在灾难发生前，能够顺利地对民众进行避难引导。如今，移动居民占到国民总数的好几成，这样的社会状况也起了推动作用。

虽然现在自己面对的是前所未有的台风，但只要对手是台风就不必感到害怕，这是三田的想法。

正在这时，他收到了泽田发来的计划：确保必要数量的装载集装箱的牵引车作为临时住宅，第一批的受灾民众从苫小牧用高速渡轮运到钏路。高速渡轮从苫小牧到钏路，大约需要7个半小时，泽田希望他们能在这段时间之内选好合适的避难场所。

此外，为了装运尽可能多的集装箱，挂车由三田负责。

三田了解了泽田的计划，开始投入设定避难所的准备。

有关避难所的开设，不同地区的条件会差异极大。大城市里因为本身就有面向移动居民的公寓，所以不需要专门准备避难所。

在无法提供足够数量公寓的地区，则会灵活运用酒店或旅馆的住宿设施。这样的住宿设施只要满足一定标准，就能获得税金方面的优惠，或者可以得到补助金。因此，旅游胜地有很多地方可以快速转化为避难所。大规模气象灾害发生时，不会有很多人刚好留在旅游胜地，因此不会出现避难所不够用的情况。

相反，如果是居民极稀少的地区，只要把他们转移到城市就可以了。

比较成问题的是偏远地区的核心城市。很多时候，这些城市本身无法提供足够的避难所，需要由周边的城市来负担一部分受难居民的避难问题。

但是，遇到这次这种突发性的台风时，就没有多余的时间去为避难做准备了。

在钏路，规模大到足以提供避难所的城市都离得太远了。最近的是带广市或北见市，但最好避免移动过程中遭遇台风。此外，在钏路市的周边乡村，也有很多居民需要避难。

对于这些问题，钏路市政府的危机管理室提出了特技表演般的解决方案。

“如果要在集装箱式的避难模块里等着避难所建成，那肯定来不及。”

“因此，可以在设置好模块后，一边收容市民，一边增加避难设施。这样就可以在台风登陆前完成避难。”

三田把市政府的计划转发给了泽田，计划表示最好可以在周边安排好必要的车辆。

然后，相关人员很快就同步开始了工作。

从钏路市前往避难所的集装箱货车，路线被设定为尽可能路过所有周边地区需要避难的人群。居民是否会被接往避难所，基本上都会遵从本人的意愿。不过，个人AI助理也会判断每个人的健康状态等情况，自动形成需要接往避难所的人员名单。

钏路市附近设置了七个避难城市，它们是由连接起来的集装箱式避难所组成的。那里平时就放置着钏路市的集装箱式避难模块，第一批避难者将被收容在那里。

“市政府的避难模块中为什么会有这么多宠物模式的集装

箱呢？”

三田明白这可能是希望人类能和宠物一起避难。但因为用的是宠物模式，集装箱中能够收容的人类数量也就会减少，这太让人觉得遗憾了。

面对三田的提问，市政府的负责人小声说：“这是为了能够顺利地进行避难。现在人们为了让宠物不走失，都会给猫和狗戴一个项圈，不是吗？在需要避难时，项圈的震动会让宠物们想要离开住所。但是，或许可以说是正常化偏差吧，在台风或洪水来临时，总会有一些人不愿意避难。可如果这些人的宠物想逃跑的话，就要为它们准备避难场所。”

“是出于这种考虑，所以才用宠物模式啊！”

移动中的三田终于和大山他们在工地会合了。说到底，三田这个人还是最适合在工地现场工作。

大山正负责监督堤坝的加固工作。操作员们操纵着穿着型人形起重机，将吸了水就会膨胀起来的土壤堆积起来。

“你说这些人跟外行差不多，但他们用起AR来却非常熟练呀。大家都知道应该把什么东西放在哪里。”

面对有种感叹的三田，大山说。

“不，我之前也不知道，这都是因为那款游戏。”

“游戏？”

“那是一种AR游戏，好像是与灾害地图的数据联动的。它好像有一个游戏脚本，如果能在受灾时寻找到最短路径，得分就会比较高。”

“这些年轻的家伙们，因为玩那个游戏，对这附近的灾害地图了然于胸。容易泛滥的河流的弱点什么的，不用我教，他们全知道。对于那些家伙来说，这种堤坝加固的工作也是游戏的延伸体验而已。”

三田和大山使用AR功能，在视野中显示出地图和整体计划图表，共享了这些信息。这些内容也被发送到了位于札幌的泽田那里，他以追加数据的形式，对计划又进行了调整。

这时，操作员们突然停下了手上的工作，仰头看着天空——他们的头顶闪过了一抹红光。

“是晚霞吗？”

大山这样问，三田摇了摇头。

“我曾经在阿拉斯加见过，这是极光。它之所以会是红色，好像是因为氧原子的缘故。不过，怎么会出现极光呢？”

刚说完，刚才还能在视野中看到的AR功能的图表消失了。别说图表了，网络都整个断掉了。不只是三田或大山，操作现场好像都断网了。

“这下麻烦了。”

“三田，你知道是怎么回事吗？”

“我年轻的时候曾在美国见到过一次。太阳的异常活动，导致太阳风与地磁场冲突，破坏了电力网络。在北海道看到极光，也就是说这是极强的太阳风。”

太阳风破坏电力网络这样的事情，从20世纪就开始出现了。但它与台风不同，因为太阳风的复现性很低，所以人类很难说对此已经具备了充分的应对措施。

但即使那样，在那些经常有台风出现、自然灾害较多的地区，出于另外的原因，已经建立起了抗灾性强的电力系统。不过在钏路周边，这样的准备显然是不充分的。

“三田，到底怎么办呀？”

“先冷静。飞行中的车辆会由安全系统引导它们自动着陆，不会坠落。此外，我的个人AI在不联网的情况下也可以工作。因此，这不是电磁扰动导致电子器械被破坏引起的灾害。”

“我想应该是电力网络，或者是控制电力网络的通信系统的脆弱部分一时失效引起的。如果是多个部分被破坏，那么恢复网络可能需要半天的时间。”

如果是平时倒也没有什么问题，但在恢复完成之前，台风 32 号就会登陆，所以至少要把堤坝的加固给完成，因为只要能够防止河流决堤，就能够完成避难。

问题是要怎么管理范围如此之大的工作现场呢？现在网络已经是像空气一样必不可缺的基础设施，如果没有网络，根本不可能进行工地管理。就算是三田，也没有那个信心。

虽然网络不能工作，但好在车载电脑等设备没有受到损害。因此，如果能够通过某种方法搭建起工地的局域网，我们就可以用先前为室外活动器材准备的网络设备当路由器，勉强救下急。

“话说，工地现场现在还用无线通话器吗？”

“工地现场用的无线通话器吗？用的。出于保密义务以及信息安全的考虑，工地还在使用没有连上互联网的无线通话器。但是，这些是没有办法联网的呀，三田。”

“不，我是要把无线通话器当作通信服务提供器。用多个无线通话器进行通信接力的话，就能够构建起网络，再连接到我在野外演唱会中使用的器材上，这样就能为工地搭建起覆盖整个区域的网络了！”

三田之前并没有构建过这样的网络，但他在 EPM 的学习班里学习过类似的情况。比如在 2005 年受袭击美国的卡特里娜飓风影响，受灾地区的消防人员、警察以及沿岸的警备队队员，将各自的无线对讲机连通后组成网络，跨组织地实施了营救。三田设想的就是类似那样的网络。

类似的情况似乎在世界上各个国家都发生过。三田在 REPRA 的图书馆中，找到了用无线通话器在受灾地搭建网络的技术资料。

断网 30 分钟后，受灾现场又开始动起来了。通过把建筑用无线通话器提供给停在原地的牵引车团队，避难模块的移动也重新开始了。

三田把野外演唱会用的一个通信器材移动到主干道上，成功把车辆团队也加入了网络之中。

网络的完全恢复是在台风登陆 10 小时之后。虽说是在千钧一发之际解决了问题，但他们总算是成功地让所有人都安全避难了。

“怎么样，是很漂亮的朝阳吧？”

钏路的海岸上，是万里无云的晴空。三田用空中汽车载着工作人员和摄影器材来到高台。

虽然经历了大型台风的登陆，但好在河流没有决堤。钏路这座城市在朝阳中闪闪发光。三田想要把这些拍摄下来。

“朝阳确实很漂亮。不过比起朝阳，城市的毫发无伤更令人开心。”

视野中泽田将树这样说。太阳风在道东方向引发大规模通信中断时，听说泽田都哭了。因为他多年积累起来的 REPRA 的经验都是以网络为前提的，如果这个前提在受灾地区崩溃，发生大灾害时就只能干等着。

但是现在却是这样毫无影响的城市景色。

“泽田也是，我也是，我们可能都在一些地方理解错了。”

“理解错了？是什么意思？”

“我们都以为 REPRA 积累的是以网络为前提的经验，但其实并不是那样的，它不是以物理的网络为前提的。在面对灾害这样一个巨大的问题时，如何把作为当事人的人类连接和运用起来，我们积累的是这样的经验。”

“所以，只要能把人与人连接起来，就算用的是工地现场的无线通话器也没关系。”

“人吗……是这样呢。”

“我们做到了5年间没有因台风导致任何受灾损失，我觉得这是一件值得骄傲的事。而且，我们还遭遇了史无前例的太阳风这种难以预料的灾害。”

“跟人类的经验比起来，大自然中发生的事情要深刻得多。不过只要能把人类的智慧合理地聚集起来，即使面对远超人类能力的自然灾害，也能够逆转局势。我想，这次的经验教训应该是这些。”

“是因为这个，你才来拍朝阳吗？”

“我的工作是筹办活动。要我说，在千钧一发之际成功躲避了灾难，这样的经验本身就已经是足够有感染力的内容了。而且，我们还可以进行地区宣传，这可以让人们知道，北海道是多么的安全。”

“说起来，三田你也会参与雪祭的筹办，对吧？”

“当然，我做的就是这样的工作。”

“听说松本一家要从上海搬到札幌，应该正好能赶上雪祭。已经很久没见面了，你要不要见见他们啊？”

“哦哦，那样的话请务必让我参加。那时候总不会再有台风了吧。”

大家觉得怎么样？在温室效应越发严峻的未来，发生了与现在数量级完全不同的灾害，来自它们的威胁非常有震慑力。估计防灾策略也会在50年的时间里逐渐全球化，在此过程中，人们的生活方式会发生什么样的变化，小说中也进行了详尽的描写。

每个人都作为个体活跃在社会上，在这样的未来中，指挥命令系统也被分散化了。此外，会出现为了把受灾情况控制在最低程度而使用的各种各样的科技，能够随时应对突发灾害的物流系统等，小说描写了灾害防御相关工作的方方面面，并从人类的视角进行了详细描写。研究团队的成员也觉得“简直像是看了一部纪录片”。

还有一点让我印象非常深刻的是，不只是出现了组织性的灾害防御活动，小说中还对个人防灾的整体印象进行了具体描写。描写了宠物的存在会影响人们避难意向的小插曲，此外，描写的因为税制和法律改革导致人们的居住场所、生活方式、避难方法等发生变化也非常有说服力。“即使灾害增加，也要把受灾情况控制在最小限度”，我们对自己设想出来的积极的未来图景更有信心了。幸亏有了这些描写，我们才能够把个人防灾的重要性也详尽地写进了报告书中。

此外，在这个故事中，作者对一个人在社会中承担多个职责的情况、未来的志愿者的形态等内容也进行了细致的描写。不管科技进步到什么样的水平，在发生紧急事态时，其他地区的人紧急赶往受灾地，这样的现实行动永远是不可或缺的。要在目前的公助基础上，强力培养自助、共助能力，既需要广泛运用科技，也离不开新的社区的构建工作。这篇小说也让我们更新了这方面的认识。

作品 5　探索新的生活方式！环境的未来

“环境”方面的小说创作，我们邀请的是松崎有理老师。松崎老师著有短篇集《架空论文投稿计划》，是一位能把学者和学术圈里的奇妙生态，以及虚构的研究描写得绘声绘色的作者。她还从事着技术写作、设计等工作，同时以小说创作之外的形式与企业共同工作的经验也非常丰富。这些令我对她产生了兴趣，所以决定邀请她参与创作。

如果延续人类现在这样的生活方式，很遗憾，地球资源肯定是会被耗尽的。为了让人类今后也能继续生活在地球上，我们必须完全舍弃大量生产、大量消费、大量废弃的社会形态。

为了实现这一目标，除了技术创新，经济、社会体系、生活方式等都要进行切实的改变（见表 7-8）。在环境问题的研究中，团队成员提议要在充分运用数字技术、生化技术的同时，把“真不浪费”作为防止资源的浪费、减少损耗的行动指南，鼓励个人参与到有根据的环境保护行动中去，这样一来，也能在一定程度上缓和全球平均气温上升对人类生存造成的威胁（见表 7-9）。

今后，肯定会需要各种各样既不增加环境负担，又能改善人们的生活的服务和产业。比如，在工作坊中就有人提议，可以把花粉这种会导致很多人产生过敏症状的东西变成有益的“花粉症电池”。

表 7-8 环境领域的小工具方案（示例）

新产品 新服务	一句话说明	能够提供什么样的价值
数字平台庭院	·整个庭院都是由数字构成的，可以随意变化 ·与远方的庭院相连，这边的动作（如浇水等）可以反映到那边	·在城市中心或地下等不方便建造庭院的地方，也能按自己的喜好享受园艺的乐趣 ·可以像照顾自家庭院一样实现远距离种植，最后还能收获农产品
花粉症电池	·用花粉发电	·不论在哪里都能发电 ·能收集浪费的能源 ·将坏处转化为益处。团结起来吧，花粉症患者
解决地下过敏问题（住在地下）的方法	·住在地下的人有过敏症状 ·源自地下特有的某种物质	·为运用地下资源或者居住在地下的人提供的抗过敏方法（传染） ·这个世界可以选择居住在地上或地下（取决于自己的价值观）

表 7-9 以 1986—2005 年为基准预测的 21 世纪末的全球平均地上气温

情境名称[①]	温室效应应对措施	平均（℃）	“可能性高”预测范围（℃）
RCP8.5	无	+3.7	+2.6 ～ +4.8
RCP6.0	少	+2.2	+1.4 ～ +3.1
RCP4.5	中等	+1.8	+1.1 ～ +2.6
RCP2.6	最大	+1.0	+0.3 ～ +1.7

资料来源：IPCC 第 5 次评估报告书

工作坊刚开始主要就能源问题进行讨论，但后来扩展到替代食品开发、天然资源等话题，主题慢慢发生了改变。就像这样，在工作坊的讨论推进的过程中，落脚点发生变化的情况并不罕见。

作为参考，我介绍一个从松崎老师那里收到的问题，以及我们做出的回答。

Q：有关地球温室效应的发展趋势，很多机构都发表过预测报告，我应该参考哪一份报告呢？

在考虑地球的可持续性时，今后温室效应发展趋势的预测该如何设定，这是一个很重要的论点。果然还是应该参考值得信赖的机构发布的报告，因此我们做出了这样的回答。

① RCP8.5 是在无政策干预下温室气体浓度极高的气候情景；RCP6.0 是在政策干预下温室气体浓度较高的气候情景；RCP4.5 是在政策干预下温室气体浓度较低的气候情景；RCP2.6 是温室气体浓度极低的气候情景。——编者注

A：IPCC[①]在2014年发表的第5次评价报告书[②]中，对社会经济的发展状况进行了4种不同的预测。其中，采取了最大限度环保措施的情况下，预计到2100年时的气温会上升0.3℃～1.7℃，没有采取任何措施的情况下则会上升2.6℃～4.8℃。

Q：请告诉我替代食品开发的现状和未来。

粮食问题是地球可持续性的要素之一。因此，作者想要了解替代食品开发的现状和未来，就提出了这个问题。三菱综合研究所刚好出版过与这个问题契合的杂志书《Phronesis18期　食物的新纪元》，我们把这本书作为参考资料提供给了作者。这样的资料对作者很有帮助，作者有需要时，请大家积极提供。

通过这样的讨论，最终被创作出来的就是这篇故事。小说描写了通过暑假的自由研究获得成长的小学生的故事，让环境问题凸显出来。

目标5：地球可持续性的确保

秋刀鱼，是苦还是酸？

松崎有理

秋刀鱼是可悲的鱼。或许因为它是乘着秋风来到餐桌上的，因此才可悲。

——秋元不死男，俳人

---

① 联合国政府间气候变化专门委员会，一个有关气候变化的政府间组织。

② IPCC第5次评估报告书的概要。

麻烦了，麻烦了，真的麻烦了。

躺在客厅的长沙发上，千春的额头渗出了汗水。今天是8月30日，时间是上午10点钟。也就是说，暑假将在明天就结束了。但是作为一名五年级学生，千春甚至还没有决定好自己自由研究的主题。

糟糕了，糟糕了，真的糟糕了。

脑海中浮现出班主任的脸。班主任看上去非常开朗，笑起来很漂亮，广受大家的欢迎，但是生起气来却很可怕，特别是学生不做作业的时候尤其吓人。千春明白，这是因为负责教授具体科目的AI助理绝对不会发脾气，所以老师才要代替它们发火。不过，想想还是很可怕。

千春撑起身体，重新在沙发上坐好。她看了看南边的落地窗，一辆空中出租车飞过晴朗的夏日天空，划出优雅的轨迹。唉，要是有时间机器就好了，真想回到过去。不说回到暑假第一天了，就是能回到中元节左右也挺好。

反正失败了也不会有什么损失。

千春对着左手腕上戴着的黑色手环，说出了自己的愿望。

“拜托，莫拉维克。帮我找找看，有没有一天半就能做完的自由研究主题。”

手腕没有发光，左腕内侧的皮肤上也没有出现画面。分辨不出性别的中性声音，只是做出了这样的回答：“现在正在执行‘靠自己的力量努力一下吧’模式。”

果然还是不行啊。

千春又倒在了沙发上。抬起左手，对着黑色手环骂了一句“笨蛋”。小学生AI助理什么的最讨厌了，作业里的重要部分它们绝对不会帮忙，只能用语音输入，设计也非常老土。好想赶快长大，用上方便又帅气的最新型AI助理。

总之，莫拉维克是不会帮自己寻找主题的，只能诉诸最后的办法了。她从沙发上站起来，穿过客厅，偷偷看向屏风对面。

“妈妈。”她小心翼翼地说，“那个，有关暑假的自由研究……”

设置在客厅一角的工作空间里，母亲正在与患者进行着远距离咨询。虽然这么说，但其实对方只是一个立体影像，两个人的对话也被设定为不会被第三方听到的模式。千春站在屏风旁边，等着母亲结束远距离咨询。

终于，母亲用右手在茶几上的3D电话上挥了一下，结束了咨询。那台可以用双手握住的圆锥形机器闪了两下，熄灭了亮光。母亲转头朝向自己的独生女千春说：“不好意思，我现在要去出差，刚才的患者无论如何都希望进行面对面的咨询。”

“啊？”千春毫不掩饰地发出不满的声音，“我不要！等一下嘛，帮我看看作业啊。”

母亲从椅子上站起来，走向洗漱台。因为在3D电话通话中使用的是虚拟化妆滤镜，所以她现在是素颜状态。

“真是的。怎么每年都来这么一出？我不是总是跟你说嘛，要有计划性。今年我可绝对不会帮忙了。”

“啊啊啊！”虽然千春这么叫唤，但她也觉得母亲说的是对的，确实是自己不好。但是做计划、合理安排什么的，自己实在太不擅长这些事情了。或者干脆说，自己根本不知道自己到底想做什么，现在是，将来也是。选项好像有很多，但其实需要自己动手的却非常有限，因为大部分的事情AI助理都会帮忙处理。因此，寻找自由研究主题这件事，正是她不擅长的领域。

母亲站在梳妆台的大镜子前，耳垂上挂着耳环，脖子上的“项链”闪烁着。那“项链”是母亲的高级AI助理，它有着可匹敌首饰的设计性，除了可以语音输入，还支持多种输入方法。高级AI助理会根据情况，把去见有心理问题的患者最合适的妆容，以立体影像的形式覆在主人脸上——不用担心妆容会花，也不会给皮肤造成负担，最重要的是，这样就不用准备化妆品和化妆工具了。不过，据说出于爱好，也有很多女性会亲自化妆。

母亲在镜子里确认了一下立体妆容的效果。稍微调整了一下颜色后，点头说了句“行了”。在她的脸部周围，高级AI助理闪耀着光芒。千春想，它真是像宝石一样，我也想赶紧拥有那样的高级AI助理。不过，高级AI助理好贵呀，只是靠基本收入保障生活的话，根本就买不起。

化好妆后，母亲打开梳妆台旁边狭长的衣橱，取出了一件薄外套，在镜子前披在了身上。

“喂，千春。”她转头问，“夏天快结束了，这颜色是不是感觉不太好？”

外套是把夏季天空的蓝色淡化为柔和色系的颜色。

看千春点头同意，母亲就把外套卷起来丢进了墙壁上的回收槽，又从衣橱里取出一件有秋天氛围的芥末色外套。

“午饭你用食印机做一下再吃。”母亲一边穿外套，一边看了一眼厨房的方向。

“行吧。”千春不情不愿地回答。虽然都是用3D食物打印机做饭，但母亲做出来的，不知道为什么就是感觉更好吃。

拿起用黑色环保皮革制作的提包，在玄关处穿上同样用黑色环保皮革制作的6厘米高跟鞋，母亲英姿飒爽地出门了。只剩下千春一个人在家里。这种时候，城市公寓标准的20叠①大小的客厅，就会感觉特别空旷。可能因为家里的家具和观叶植物都布置得比较稀疏吧，而且基本上所有生活家电都被嵌入了墙壁或天花板。

好了，没有时间感受空旷了，得赶紧寻找自由研究的主题。

① 1叠≈1.62平方米。

千春回到沙发上坐下。放假期间，连今天是星期几都给忘了，不知道9月1日是星期几呢？不会是周六吧？那样的话就能多出整整两天时间了。

“拜托，莫拉维克，请显示一下日历。”

这次，小学生AI助理给出了回应。手环闪了一下，在左腕内侧的皮肤上显示出8月和9月的日历。原来9月1日不是星期六而是星期一啊，星期一呀，不管看几遍，这都是不会改变的。

不过，千春有了一个意料之外的收获。她发现日历上附带有“今天是什么日子”的功能。

“咦，我还真不知道。”千春并不像其他一些同学，能把AI助理用得很熟练。鼓捣了一会儿，她看到9月30日这天下面有一列神奇的文字：

秋刀鱼纪念日

“秋……刀……鱼？这是什么呀。”

“日语念作‘sanma’。”莫拉维克立刻纠正，它对读音错误一向不留情面。

“那是什么？”

“是鱼。”

“这我看看字就知道了，我问的它是什么鱼。”

于是，莫拉维克在客厅宽阔的墙壁上投影出了视频影像。蓝色的水波中闪耀着白光，鱼如其名，无数刀子形状的鱼在游动着。

“这怎么是二维的？”

“因为是古老的资料。”影像切换到静止图片，“日语名字读作‘sanma’，学名是‘Cololabis saira’。海栖硬骨鱼类，隶属颌针鱼亚目竹刀鱼科秋刀鱼属。成鱼体长约30厘米，在太平洋中成群洄游。在日本国内，大约50年前还被作为普通食材广为食用，但现在的捕捞量为零。”

“是这样啊，怪不得我没听说过呢。”千春凝视着墙壁上的图片。秋刀鱼细长的下颚稍微伸出来一点，有点“地包天”，长得还挺可爱。“但是它却有个纪念日，好奇怪呀。”

“那是因为秋刀鱼作为秋天的美食非常有名。9 月到 11 月是捕捞高峰，以前每年可以捕获到数十万吨。”

“数十……万……吨。”

“每条鱼的重量大约是 150 克，所以差不多有十几亿条。”

“十几……亿。”这数字大到千春有点招架不住，“日本的人口差不多有 8 000 万，那每个人能吃到 20 条，这还仅仅是在秋天。”

“50 年前人口是 1.2 亿。总之，是足够全体国民享用的数量。”

“50 年前啊。”那曾祖母肯定吃过。

“拜托，莫拉维克，请打给仙台的曾祖母。”

黑色的手环闪烁着白色的光，显示正在呼叫中。没过多久就传来了熟悉的声音：“喂，喂，是千春吗？”98 岁的曾祖母喜欢只有语音的通话。

“太奶奶，我想问您吃过秋刀鱼这种鱼吗？”

曾祖母沉默了两秒，“那是当然，吃过的。”她大声回答，“宫城县秋刀鱼的捕获量在日本是数一数二的，每年能捕好多秋刀鱼，所以秋刀鱼的价格非常便宜。有些年份，一枚 100 日元硬币就能买 10 条秋刀鱼。渔港每年都会举办秋刀鱼祭，把捕获到的秋刀鱼免费分给大家，不管吃多少条都没问题。”

100 日元硬币是指有形货币，那是在电子货币普及之前的货币形态。千春在课堂上学过，据说当时还没有基本收入保障。

她开启了莫拉维克的听写模式，“那是什么样的料理？有怎样的味道呢？”

对方的声音变得柔和起来，千春仿佛能看到曾祖母眯着眼睛，遥想 400 千米外那座北方城市中的回忆的样子。

“说起秋刀鱼，盐烤是最好吃的。选比较肥硕的鱼，只需要撒上盐，整条烤一下就行，也算不上是料理。等外皮变成焦脆的金黄色，充盈的脂肪发出吱吱声，趁热乎乎吹两下，然后赶紧吃进嘴里。不需要配白萝卜丝，也不需要搭配醋汁，新鲜的秋刀鱼只要用盐调味就足够了。”

只用盐就行，好厉害啊，那一定是非常好吃的鱼吧。

“现在已经吃不到了呢。”

曾祖母沉默了几秒，然后声音稍微低沉了一些。

“是啊，吃不到了呢。现在有各种各样的好吃的东西，所以我完全忘记是什么味道了。好可惜呀，说起来，马上就要秋天了。”

“秋刀鱼是秋天可以捕获的鱼，对吗？”

“它还是俳句的季语呢。不，应该说曾经是。”

挂断电话后，千春坐在沙发上抱着手臂思考。外皮焦脆、吱吱冒油，听上去就好香啊。千春越是吃不到，就越是想吃。

就是它了，今年的自由研究主题。

寻找已经吃不到的盐烤秋刀鱼的味道。完成后就能吃，这一点很棒。

“作业的主题我想好了。”千春开心地对手环说。

“恭喜。”莫拉维克用冷静的语调回答，“不过请尽快，距离截止时间只剩一天半了哦。”

“不是吧……”千春面色苍白，因为她又想起了班主任的脸。

“拜托，莫拉维克，帮我连接国立国会图书馆的文献索引服务。”

不到一秒，一个“小人”从左腕的手环里站了出来。这个三维影像有着光滑的脸和变形的身体，它用让人感觉不到性别的声音开口了。

“哎呀，久等了！欢迎来到儿童图书馆。你的问题是什么？”

千春每次都感到很无力，自己完全没有等，而且这语调也太自来熟了。真的会让人对设计这个AI助理的大人的品位产生怀疑。不过就算千春不喜欢，小学生用的莫拉维克也不会帮她连接18岁以上人群才能使用的索引服务。

“我想了解盐烤秋刀鱼这道料理，比如食谱，或者吃过的人的感受。”食用感受虽然已经从曾祖母那里了解过了，但如果要把它当成一项研究，那就需要收集更多意见。

“交给我吧！”

小人说了句有点古风的奇怪台词，竖起拇指，闭上一只眼睛，然后消失在了手环中。真的太没有品位了，让人笑也笑不出来。

只过了两秒，索引AI助理就找齐了资料。

“非常遗憾，资料只到50年前，找不到更新的了。因此都是文字、图片以及二维影像，可以吗？”

“拜托了。”虽然自己不喜欢二维的资料，但没办法。

“首先是食谱，就是这个。”

千春充满期待地盯着左腕内侧，文本内容出乎意料得简短。

一、把盐撒在秋刀鱼上，尽量多撒一些。

二、放在充分加热的铁网上，用强火两面烤制。

“啊？”千春揉揉眼睛，再次看向文本，文本长度还是没有发生任何变化，“只……只有这些吗？”

“只有这些啊。”小人挺起胸脯，“本身就没有太多资料留存，收集数量不多的食谱文本并将内容平均后的结果就是这个。”

千春愕然地凝视着只有两行的食谱。“说不上是料理”，她回想起曾祖母说过的话。制作方法这么简单的话，可能确实懒得记录下来吧。

“也有其他一些秋刀鱼料理的食谱可以作为参考哦，虽然数量也不算多。有刺身、蒲烧（中间切开去骨烧制）、酱汤，差不多就是这些。”

“以防万一，请把这些资料也给我吧。”

千春自己也明白，自己的声音听上去没什么精神，是不是选了一个太过困难的主题呢？“那有没有什么食谱之外的信息呢？”

“也没有留下太多呢。”索引AI助理轻飘飘地说出令人绝望的话，“主要是一些古老的文学作品，在俳句、诗歌、散文这类文学作品中有一些描写。”左腕上显示出了文本数据，第一条是一篇散文。

盐烤秋刀鱼的回忆

松崎有理

我的学生时代是在仙台度过的。每到秋天，大家就会在广濑川的河边举办芋煮会。为了那些没有在东北地区居住过的读者，此处我需要解释一下，这是在野外举办的火锅派对。只有在这个时期，便利店里才会摆出一大堆柴火。从那里买好柴火后，我们就扛着研究室里的大锅，匆匆赶往广濑川。灶则会用河边的石头搭建。

千春放弃了阅读。够了，完全没有写到秋刀鱼。“如果没什么盐烤方面的信息，那就没办法了。请帮我收集所有有关秋刀鱼的资料。”

“遵命！”小人用谜一般的江户式语言回答。三秒后，它给出了这样的报告，“信息的出处基本都是新闻报道或者水产森林资源持续利用省的报告书，大部分都是有关秋刀鱼捕获量的信息。”

“全是数字啊，靠那些也做不出什么有趣的研究。请帮我筛选出捕获量之外的信息。”

“收到！”文献服务AI助理对信息进行了分拣，“少了好多。

当然，也都是50年以前的信息，比如说这篇报道。”

千春盯着左腕上，那里显示出这样的新闻标题：

福岛县水族馆在秋刀鱼的人工孵化、饲养上取得成功，为世界首次

“帮我保存一下这个信息。”千春向虚拟小人发出指令。太好了，这或许能成为一个突破口。

莫拉维克用小学生的联络平台，轻易就与上述新闻中的水族馆取得了联系。不过，千春没能和人类说上话。

“你好！欢迎来到鱼类提问箱。有什么问题都来问我吧！”

水族馆的AI引导员从手环上站了起来。果然还是中性的声音，它长着一副粉色海豚的样子。千春又感觉到一阵无力，它不管是颜色还是说话的方式，都让人感觉有些奇怪。

“请问您那边有负责饲养秋刀鱼的工作人员吗？”AI引导员眨了眨变形的巨大双眼——它的眼睛是蓝色的。

“对不起，我们这里已经没有饲养秋刀鱼了。”

“啊？为什么？”

“因为实在是太难了。全军覆没了好几次呢。最后，以负责秋刀鱼的员工退休为契机停止了饲养。”

千春非常失望。怎么办呢？马上就要到截止日期了。

“哎呀，你好像很失望呢。”AI引导员似乎通过手环内侧的传感器感受到了千春的失望。

“那我来告诉你一个绝佳信息吧！也就是那位原秋刀鱼饲养员的联络方式。”

“啊，可以吗？”

“因为你是小学生啊。原饲养员的通信开放水平设置是橘色。”橘色，在这个颜色分类下，中小学生、教育相关人士、公务员都可以自由地进行联络。

“太好了！现在就能帮我联络他吗？”

“遵命！”粉色海豚样子的国立国会图书馆“小人”说出了这句台词就消失了，这让千春感受到一阵无力。千春的手环闪烁着，过了很长时间才接通。不像AI助理，人类会有方便和不方便的时候。只有曾祖母才会总是把千春打来的电话当作最优先级事项。

“你好。”对面传来了老年男性的声音。这个人也和曾祖母一样，使用了语音通话。不过，这比起蹦出秋刀鱼形态的虚拟形象还是要好多了。

千春询问了有关秋刀鱼饲养的问题后，已经退休的饲养员像洪水决堤般滔滔不绝地讲起来。

“真的是很难啊。那是一种非常纤细的鱼。先是从大海运过来的过程中，它们就会受伤。放进水槽后，又会有很多鱼撞在玻璃上受伤。它们是一种在广阔海域里自由自在游动的鱼，因此，尽管我尽可能为它们准备了大的水槽，还制造出了水流，但它们还是经常会死掉。我曾经还一边用网打捞浮起来的死鱼，一边哭了呢。”

老饲养员真情实感地讲述着秋刀鱼是一种多么可爱的生物。

“这么难养的鱼，很难开口拜托年轻的饲养员继续饲养。”

正因为他非常喜爱秋刀鱼，所以才能饲养它们。哎呀不行，面对这个人，盐烤的味道之类的话实在是问不出口。

“为什么现在捕捞不到秋刀鱼了呢？”

对面传来叹息声。“其实我并不知道真实的原因到底是什么。秋刀鱼的寿命很短，只有两年。每次产卵的数量也很少，但是以日本为首的太平洋沿岸国家却对它们大量捕捞，或许是因为这个原因。另外，因为这种鱼喜欢冰冷的海水，所以可能温室效应导致的水温上升也是一大原因。最重要的是，秋刀鱼被认为是一种很便宜的鱼。随着捕获量的减少，单价上涨，导致大家都不买了，于是渔船也就不会专门去寻找和捕捞了。就这样，秋刀鱼渐渐就从水产市场，也从人们的记忆里消失了。”

就连满口称赞秋刀鱼非常美味的曾祖母都忘记了它呢。

千春回想起那看上去非常不幸的细长身体，以及有些寂寞的“地包天”侧脸。真可怜，被吃掉那么多之后，又被忘却了。

“谢谢您跟我说了这么多。”千春挂掉电话，“唉”地叹了一口气。

“拜托，莫拉维克，告诉我现在几点了。”

“下午2点40分。”

“已经这个时间了啊。”肚子叫起来，饿着肚子也做不了作业。虽然信息非常少，还是只能试着做做看。

千春从沙发上站起来，走到厨房。在洗碗机的旁边，3D食物打印机被嵌入在了墙壁里。千春指示它调到“尝试模式”，于是正面操作面板的灯亮了起来。这样就可以打印出一口能吃掉的量，不用等待太久，也不会浪费原料粉。

“输入盐烤秋刀鱼的食谱。”她向手环发出指令。莫拉维克把从索引AI助理那里收到的数据发给食物打印机。打印机的灯闪了三次，返回了错误提示：

信息不足

确实啊。千春把手撑在打印机面板上，垂下了头。就连秋刀鱼本身的数据都很少，只靠两行食谱，怎么可能重现那个味道呢？

怎么办？千春靠在料理台上，抱着手腕，总之只能把现在查到的所有东西都用上了。盐烤之外的料理食谱都还算有一定长度，把它们加在一起，从中提取出秋刀鱼本身的味觉信息后加到盐烤食谱中去；还要加上从曾祖母那里得到的食用感想的转写数据；另外，还要把提取出的3D食物打印机内置的一般鱼类加热数据也加入其中。烤制出来后需要立刻食用，这似乎也是一个要点。因此，千春把完成温度选项设置为“热乎乎”模式。

好了，那就开始吧。

请莫拉维克把文本数据输入食物打印机后开始进行演算。烹饪方式为“烤鱼”，3D食物打印机开始了运作。从观察窗可以看到喷嘴，它一边沿着XY方向细致地运动，一边一点点沿着Z方向累积材料。

一会儿工夫，3D食物打印机就完工了。提示音刚响起，千春就拉开门取出了盘子。试制品冒出白色的热气，表面是焦黄色，跟曾祖母描绘的一样。肉质断面也很好地表现出了鱼肉特有的层状结构，这是3D食物打印机擅长的部分。

千春用筷子夹起来，小心着不被烫伤，谨慎地放进嘴里。鱼皮处发出“咔嚓咔嚓”的声音，鱼肉松软，在口中碎成薄片，脂肪与美味在口腔中扩散开来。真的很好吃呢！

千春又打印了一份试制品，通过莫拉维克联络了曾祖母。“我用食印机，不，是3D食物打印机，尝试重现了盐烤秋刀鱼的滋味，太奶奶要一起尝尝吗？”

“哇，好厉害呀。如今这个时代可真方便。”

千春把3D食物打印机附带的食物共享口香糖含在嘴里，开始吃试制品。曾祖母也通过使用类似终端，分享着千春的味觉。

过了大约一分钟，耳边传来曾祖母的声音：“哦哦，做得很不错呀。”

太好了！千春挥起了拿着筷子的右手。

“不过呢，不知道是不是因为脂肪还不够多，而且味道稍微有一点甜。对了对了，之前忘了说，还要有苦味。新鲜的秋刀鱼，连下水都是可以吃的。只要习惯了那种苦味，就会觉得很好吃。”

“下水是？”

“就是内脏。”

千春听从了曾祖母的建议，又对原料进行了一些细微调整：减少3种基本原料中蛋白质粉的用量，增加了脂肪粉的用量；从五味粉中稍微去掉一些甜味，略微增加了苦味。千春不断重复着试制和试吃的过程，虽然做出来的都是一口大小的分量，但还是吃饱了。

这个时候，曾祖母终于发话了："接近完美。"

太好了！这下能做完作业了。"太奶奶，谢谢您。"

"不过啊——"曾祖母拖长了声调，"只是说接近，还只是接近，还是缺少一些东西。"

"一些东西？是什么？"

"我想不起来啊，上次吃盐烤秋刀鱼已经是50年前的事情了。对不起，小千春。"

既然想不起来，那就没有办法了。曾祖母虽然没有认知障碍的征兆，但不论谁，要正确地描述50年前吃过的味道，恐怕都是一件很难的事情。

缺少的味道到底是什么呢？不是五味之一吗？那又是什么呢？

既然没有办法依靠曾祖母的记忆，就只能去查50年前的记录了。千春还没碰过文学作品的数据。她回到客厅的沙发上，拜托莫拉维克提取出从国立国会图书馆索引那里保存下来的数据。顺便也请莫拉维克确认了一下时间："现在是下午4点12分。"

糟糕，没有时间了，千春又想起了班主任的脸。没时间读长的文章了，那就读读俳句吧。

"从烤秋刀鱼的烟雾中看着妻子"——山口誓子

"烤秋刀鱼的烟雾中的围裙"——铃木真砂女

"逃过烤秋刀鱼的烟雾来到饭桌"——石川桂郎

咦，真有意思，秋刀鱼总是和烟雾联系在一起呢。

接下来，千春又找到了这样的句子。

"烟雾也是味道之一呢，第一顿秋刀鱼"——鹰羽狩行

原来如此，是烟雾啊。但烟雾的味道又是什么呢？烟雾这种东西，千春只在学校的虚拟火灾训练中接触过。千春既不知道那

实际是什么东西，更谈不上了解它的味道。秋刀鱼的烟雾到底是什么呢？

千春继续从俳句中寻找线索。

“能让山国的炭火哭泣的秋刀鱼”——石田胜彦

明白了，是炭啊。不过，炭又是什么呢？之前家人领自己去过能够看到厨房的炭火烧烤餐厅，那时有见到过烟雾吗？

千春对手环说：“拜托，莫拉维克，帮我买炭。”

“没有母亲的许可，无法完成支付。并且，这座公寓禁止使用木炭之类的燃料。”

哎呀呀，这样就无法推进下去了呢。千春躺在沙发上，看向落地窗外，市中心被晚霞染红的天空中，正有配送无人机飞过。妈妈好慢呀。是咨询的时间延长了吗？难道患者不是这个城市的人，而是九州或北海道的吗？

于是，手环好像感受到了千春的不安，母亲通过莫拉维克发来了信息。那是很简短的文字：对不起，我还在鹿儿岛工作。我会买礼物的，原谅我吧。

真没办法。千春在沙发上翻了个身。买不了炭，也就不能点火。干脆放弃探索炭火的烟味，就这么把作业交上去吧。这大概就是大人说的“无可奈何”吧。

不过，千春“噌”的一下跳了起来，果然还是很在意。加上炭的烟火味后，盐烤秋刀鱼会变成什么味道呢？50年前的人们日常品尝的、梦幻的味道。就算没有烟火味也已经非常好吃了，但有烟火味一定是会更加美味。

别放弃啊，千春。为了安抚自己的心灵与食欲，她向莫拉维克发问：“炭专家是什么样的人呢？”

“制造木炭的人应该最了解吧，他们被称为‘烧炭匠人’。”

烧炭匠人，这个词千春第一次听到。或许像秋刀鱼一样，已经不存在了。“能跟他们取得联系吗？”

“试试看吧。”莫拉维克进入了小学生的联络平台，4 秒后，莫拉维克的声音响起：“找到了通信级别为绿色的人。”

绿色，任何人都可以联络。“请帮我接通。”

千春没能立刻与烧炭匠人取得联系。在千春反复尝试之时，母亲回来了，她的礼物是鹿儿岛的特产碱水粽。吃晚饭的时候，母亲问起了作业的进度。

“应该能搞定。”千春有些心虚地笑着回答。

千春刚把空的餐具放进厨房的洗碗机，手环就亮了起来。

“你好！”千春精神抖擞地应答。

左手腕上浮现出男性上半身的立体影像。与匠人这个词给人的固有印象不同，出现的烧炭匠人看上去非常年轻，也就 30 岁左右。

“久等了，抱歉。今天有出窑的工作，所以非常忙。”

“出窑，是什么？”

“就是把烧好的炭从窑里拿出来。我自己从山上砍了树，堆进窑里，花上好几天时间看着它烧。出窑可以说是烧炭中最激动人心的时刻了。”

真是很辛苦的工作，千春问：“你为什么会成为烧炭匠人呢？”

年轻的匠人似乎有些害羞，挠了挠缠着毛巾的头。

“我了解这个职业的契机是做 AI 适应性检测。其实我这个人不太擅长跟人打交道，就算有社交辅助功能，跟很多人交流对我来说还是一件压力很大的事情。独自一人面对树木和火焰，这样的工作比较符合我的性格。当然，像现在这种一对一的交谈也是没有问题的，所以我的通信等级设置的也是绿色。”

他热情地讲述着。在日本，烧炭是可以追溯到弥生时代的传统技术。不过，曾有一个时期，这项技术因为传承者太少面临着消亡的危机。因为随着化石燃料的增加，人们对炭的需求减少，烧炭匠人的收入也随之降低。基本收入保障制度的实施将烧炭技术从灭绝边缘挽救了回来。

“一想到这是在传承传统文化，我就觉得非常自豪。文化一旦消亡，就再也找不回来了。而且木炭是碳中和的燃料，它是可持续的。我们进入山中，砍下长大的树木。从那个空隙之中，就会长出新树。”

千春问出了关键的问题：“炭火料理中的烟是什么样的呢？”

于是烧炭匠人露出了笑容，“刚好，我打算吃夜宵，正在炭火炉里生炭火。你那边有嗅觉共享终端吗？”

咦，不是味觉吗？“嗯，有是有，就是我要找一找，麻烦你等我一下。”千春让莫拉维克暂停通话，走去客厅。

母亲正在用沙发靠背中内置的按摩机缓解着工作带来的疲劳。

“妈妈，拜托借我用一下高级AI助理的项链。为了完成作业，无论如何都需要它。”

高级AI助理的项链有嗅觉共享功能，母亲购买香水的时候会用到。

“既然是为了写作业。”妈妈取下项链，戴在了千春的脖子上。好轻，看上去明明很厚重，它轻易就违背了人类的预期。

“我已经设置到了租赁模式，可以用你的声音输入。”

太好了！千春怀着激动的心情，对自己向往已久的高级AI助理发出指令。

“听我说，打开嗅觉共享功能，连接到刚才我用莫拉维克通话的那个人。”

于是，千春的鼻孔内侧突然闻到了神奇的味道。这味道最终到达鼻腔深处，引发了小小的喷嚏，眼泪也流了出来。

千春再次打开了莫拉维克的通话功能：“这，这是什么呀？”

“刚才我在炭火上放了鲹鱼干。鲹鱼干不是合成鱼肉，而是用真正的鱼做成的。毕竟是要庆祝出窑嘛。”在匠人的立体影像周围，某种从没见过的黑乎乎的东西围绕着他。那个就是烟雾吗？跟火灾训练时见过的完全不同。他也打了一个喷嚏，揉了揉眼睛，“用自己烧出来的炭制作的料理是最好吃的。啊，不过这只是烤一下而已，可能称不上是料理。”

“那个，炭火烧烤餐厅中好像没有烟雾啊。”

“因为餐厅的换气系统非常强大。真是可惜，我觉得烟也是味道的一种。”

烟也是味道的一种。

听到这句话，千春觉得鼻腔深处的刺激好像传递到了舌头处。自己要尽量记住这种刺刺的感觉，尽力重现它。

一直到8月31日下午，千春都在重复着试制和试吃的过程，终于做出了比较满意的盐烤秋刀鱼。她想赶紧让曾祖母尝尝，但很稀奇的是，打给曾祖母的电话没有能够立刻接通。几分钟之后，“对不起，对不起，小千春”的声音传了过来。千春的耳朵感觉到，这次的背景音跟平时的不太一样，能够听到“唰唰”的规则的流水声，还能听到“啾啾”的规则的像是鸟类鸣叫的声音。

“太奶奶，您现在在哪儿呀？”

“你的耳朵可真灵。”曾祖母笑着回答，“我现在在过去举办秋刀鱼祭的渔港城市。虽然捕不到秋刀鱼了，但海滩又会响了，你听。”

“啾、啾、啾”，这声音与曾祖母迈着矫健的步伐一步步踩踏的节奏相同。她的爱好是登山，98岁高龄的她还会去爬穗高山。

“海滩会响？是什么意思？”

“如果是非常干净的沙子，踩上去就会发出这样的声音。这附近很久都没有这样响过了，大海又变干净了呢。”

“啾、啾、啾”。千春明白了，曾祖母背后“唰唰”的响声，应该就是海浪的声音。

“太奶奶，我重现了盐烤的味道，您可以再尝一下吗？”

“哇，太好了！千春真棒。”曾祖母提高了声调，“对了，你去找你妈妈借来项链，试一试触觉共享功能。”

母亲痛快地答应了曾祖母提出的建议。她把高级AI助理戴在千春的脖子上，开启了触觉共享功能。瞬间，千春的面颊感受到了阵阵清凉。

“这是海风。”曾祖母解释道，“一边吹着这样的海风，一边吃着热乎乎的盐烤秋刀鱼，那是一种特别幸福的体验。”

听着海浪与沙子的声音，吹着海风，千春把冒着热气的盐烤秋刀鱼放进了嘴里。咸咸的，略有些苦，稍微有一点点甜。脂肪柔软的口感，鼻腔深处飘荡着烟雾的香气。

“就是这个呀，就是这个！”曾祖母发出充满年轻活力的声音，“我现在想起来了，缺少的就是烟雾。好厉害呀小千春，你居然能查出来。”

“嘿嘿。”千春有些不好意思，像烧炭匠人那样挠了挠头，“不过，要是没有太奶奶您的帮忙，我是肯定做不到的，谢谢。”

虽然身处城市中的公寓，但千春却好像能够看到，夏末那蓝色的波涛，正清洗着光洁的沙滩。

31日的晚上，千春缩在客厅的沙发上，将目前取得的成果写成了报告。跟之前一样，莫拉维克拿出学校给的自由研究填写表格后说：

“现在开始进入‘靠自己的力量努力一下吧’模式。”

然后就不说话了。

千春一个个填写着表格的空栏。研究契机：因为很惊讶，秋刀鱼明明以前有很多，后来完全捕获不到，就被大家彻底忘记了；研究方法与内容、资料调查：使用了国立国会图书馆的索引服务；采访对象：曾经品尝过盐烤秋刀鱼的曾祖母、在水族馆饲养秋刀鱼的饲养员以及烧炭匠人。结果栏中，千春认真地填写了使用3D食物打印机重现盐烤秋刀鱼的食谱。

9点。千春揉着疲惫的眼睛，注视着剩余的空栏。还有两个空栏，再加把劲儿。

今后的课题：

“这回因为时间有限所以没能做到完美，但如果把曾祖母说的海浪的声音和海风拂面的感觉也加入食谱的话，感觉能做得更加好吃。以后有机会的话，我想再试一试。”

完成研究后的感想：

“虽然秋刀鱼已经不存在了，但我还是成功地重现了盐烤秋刀鱼的味道，这多亏了大家的帮助。我想，秋刀鱼并不是完全灭绝了，它们一定悄悄地生活在广阔大海的某处，希望有一天我能与它们相见，我想亲眼看看它们精神抖擞地游来游去的样子。”

声音转化成文字，被填进了空格。千春举起双手大叫：“写完啦！”

母亲从沙发对面站起来，拥抱了千春，“太棒了，靠自己的力量完成了呢。”

“嗯嗯。”她把鼻子埋进母亲的脖颈处，碰到了高级AI助理项链，有些痒痒的。“多亏了大家，也要谢谢妈妈。”

9月3日的傍晚。

“老师，您说有事，是什么事呀？”千春犹犹豫豫地问道。

被叫到老师办公室这种事，只会让人产生不好的预感，难道自己前天提交的作业中出现了什么错误？

教师办公室大约8叠大小，是专门为人类教师准备的房间。在这里工作的只有4名人类教师：校长和教导主任，以及青年男女教师各1名。青年女性教师就是负责千春班级的班主任。

班主任旋转椅子，正对着千春。

“关于那个自由研究。”

“好的。”来了，好紧张。千春握紧双拳。

“非常有趣。”班主任露出了灿烂的笑容，“找回失去的味道，这个着眼点非常好。你调查了很多资料，还花心思与各种各样的人进行了交谈。老师真是太佩服了。还有一件事，”她碰了一下左手腕上的教师 AI 助理。“噼”的一声，莫拉维克收到了老师发来的信息。

千春看向左腕内侧，“这个是什么呀？征集……要点？”

老师开心地微笑着，“这是小学生 3D 食物打印创作料理大赛，要不要试着参加？你应该还有想制作的东西吧？”

千春和老师相互注视了几秒钟。惊讶消失了，千春露出一个大大的笑容，大声回答：“好，我参加！一定要参加！”

我一定要参加！

感觉如何？秋刀鱼这种随处可见的食材，50 年后有可能就消失了。这样的想象，是不是很有冲击性呢？我们也有同感。就连一直在思考环境问题的研究成员读了这篇小说后，也被其中描绘的极具真实感的秋刀鱼消失后的世界景象深深震撼。从“环境”这种宏观的词语里，想象出如此具体的事件，这并不是一件简单的事情。不过，一旦问题被摆在眼前，就会立刻有紧张感，这或许就是虚构文学所拥有的巨大力量。

虽然这么说，从“秋刀鱼的灭绝”这种灰暗主题出发，简直想象不到松崎老师的小说竟会弥漫着一种清新治愈的气息。一般在探讨粮食问题的解决方案时，很容易变成“为了度过环境危机必须转换到人造肉”这样的口吻。但是，如果不局限于“用并非真实食物的替代品忍耐一下”的这种负面印象，而是打着“用新时代发明的肉制作的、奇奇怪怪但非常可口的创意料理大赛”的旗号，不断聚焦这件事好的一面，那描写出来的内容或许就会变得有趣很多。

同时达到富足与可持续性这两个目标，这种主题就是典型的“说起来容易，做起来难”，所以不是那么容易就可以达到的。不过，我们在写报告书时，会一边回忆这篇小说中的治愈气息，一边思考富足（“食物体验、饮食文化”）、可持续性（“获得水产资源的可能性”），尽量把讨论的焦点集中在了价值创造上。

把写好的未来故事发表出去

这样的未来故事，完成后一定要活用起来才有意义。在我们这个事例中，最大的目标就是把这些成果用在报告书中，但除此之外还有各种各样的运用方法。

运用方法1　对内激活公司内的沟通交流

引入科幻思考的这种思维方式，就像前面所说的，可以让三菱综合研究所创办50周年纪念研究本身取得进展，这是最大的成果。此外，完成的小说不仅分享给了参与研究的公司内部团队成员，还刊登在了公司内网上，让其他员工也能读到。结果，公司很多员工都说：“只读报告书和演示资料还有点摸不着头脑，读了小说之后，终于明白这项研究是想表达什么了。”

因为有了这些小说，之后的公司内部讨论也都非常实事求是、详细具体。大家会以某篇短篇小说中主角的名字来对话，比如“我有些不赞同××的价值观，因为……”，或者“××使用的××工具，这样改良一下可能会更好……”

运用方法 2　对外传递公司的愿景

在对外发布研究内容时，这些小说也能发挥作用。研究成果被汇总成了报告书和书籍，因为其中掺杂了科幻小说这种表达形式，内容就显得更加具体，仿佛让人身临其境。我们想要传达的内容、思考出的愿景，被更加生动地传达给了读者。

运用方法 3　运用在课外教学中

50 年后未来社会中的主角，是现在的年轻人。因此，我们希望能基于这些短篇科幻小说和研究报告书提出的世界观，让年轻人讲讲他们对未来的想法，以及其背后的价值观。于是，我们向东京都立日比谷高中申请，组织了一次课外教学活动。

标题是“2070 年的未来什么样？一起思考世界的未来图景吧！”

我们请学生们事先阅读那些科幻小说并参加时长为 1 小时的工作坊的讨论。每 4 个学生会由 1 个三菱综合研究所的员工陪同，5 人一组，主要讨论了以下这些议题：

- 你在阅读这 5 篇科幻短篇小说后，觉得哪个未来图景是最有趣的呢？
- 在 2070 年的未来中，你想怎样庆祝节假日呢？
- 从现在到 2070 年，你觉得会出现哪些新的社会问题呢？
- 在 2070 年的未来中，你会从事什么样的工作？
- 这个工作是你一直想从事的工作、想实现的梦想吗？
- 在读了小说以及跟大家讨论之后，你有没有对其中的某一点产生新的兴趣，或者有没有其他一些想做的事呢？

最初预想的是 30 名学生参加这次课外教学活动，我们却接到了大约 40 名学生的申请，因此课堂里非常热闹。在学生的报名动机中，“想读一读描写未来的小说”的这一动机尤为醒目，让我们感受到了小说这种形式所具有的巨大影响力。在工作坊的讨论结束后的调查问卷中，大家打出了 4.8 分（满分 5 分）的高分，学生和老师都表示“希望这样的教学活动可以定期举办”，这令我们非常开心。

下面就展示一些从同学们那里收集来的意见。

Q：从现在到 2070 年，你觉得会出现哪些新的社会问题呢？

A：与其说疾病会被治愈，不如说有关生和死之间的区别，其定义会发生变化。

世代交替可能会消失，或许人们将不再有在“活着时”留下些什么的欲望了吧。

如果太过依赖政府和国家机构，一旦它们不运作了就会产生问题。这时候要如何解决呢？

如果用技术就能解决所有问题，那人与人的交往是不是会变得更困难呢？

Q：在2070年的未来，工作会发生怎样的变化?

A：只有“责任”会成为工作。

不想输给AI机器。

自动驾驶、安乐死、AI机器的使用方法等，如何设定这类当下法律或规则中无法运用的事物非常重要。

作为参与研究的当事人，我们直接了解到其他人会如何看待我们描绘出的未来图景、会受到怎样的震撼，因此收获了很多。此外还有一些新的发现，年轻一代比我们想象的还要重视与家人、朋友之间的面对面交流，但又非常希望能很好地掌握运用AI机器的能力。我想，这也是因为使用了小说这种内涵丰富的形式进行沟通，才能取得这么好的效果。

明天就能开始进行的科幻思考

藤本敦也

本书主要从商业角度解释了科幻思考的运用方法。

读到这里的读者可能已经明白，科幻思考当然不是只能运用在商业领域的思考方法。不管是大人还是孩子，不论是在工作中还是在生活中，在任何场景中，科幻思考都能在思考未来时起到帮助作用。

不过，读者中可能有人会想，“虽然我想学习科幻思考，但开办工作坊什么的，对我来说太难了”。对于这样的读者，我想介绍两个从明天开始就能实施的科幻思考的方法，再讲述一下在商业领域之外运用科幻思考的可能性。

养成在空闲时间创造新词语的习惯

在餐厅等餐，或者在乘坐公交车、地铁的时候，请大家把这些空闲时间利用起来，试着创造新词语吧！

我也曾经在居酒屋中创造了“总而言之科学技术沟通”这样的词语。大家可以一个人思考，也可以在吃午饭时和同事用做游戏的方式来进行尝试。可以设定“必须加入与自己业务相关的词语”这样的条件，效果会出乎意料得好，请务必试试看。

如果 ×× 消失了

如果 ××，或者日常生活中的某一个要素发生变化，会发生什么呢？可以尝试这样的思考。先从“如果 ×× 从世界上消失”这样的减法命题开始尝试，或许会比较容易推进。可以把空闲时眼睛看到的东西当成想象素材，思考“如果世界上没有了杯子”“如果世界上没有了交通信号灯”之类的问题。想象只要一个因素发生变化，整个世界都可能随之发生的巨大改变。

为了要在未来生活的孩子

孩子们总是很喜欢幻想和想象，但是他们可能不太擅长使用“从未来倒推现在”的思考方式。不过，需要思考的未来时刻总会来临。让孩子在较早阶段接触科幻思考，算是帮他们为迎接那个时刻到来而提前做的练习，这样的想法在教育界也越来越受到关注。其中的一个讨论是，“是否可以在语文、数学之外，在学校教育中再加入一门‘未来’学科”。①

如果对象是孩子，那就很难照搬受众是大人的工作坊模式了。因此，可

① 在《如果有“未来”这门课程》中，教育工作者、研究者、相关工作人员等，从各自的立场出发，对在教育中引入“未来”的意义进行了探讨。

以将其调整为科幻征文大赛这样的形式。三菱综合研究所曾在 2020 年面向员工及其家属举办过类似的活动，标题是“思考未来的工作坊征文大赛”。他们邀请员工和孩子一起参加工作坊，请他们把在工作坊中创作出的未来故事，在活动结束后修改为科幻作品（可以是小说、漫画、绘本），投稿给科幻征文大赛。

实际尝试之后发现，不只是孩子，一起参加的大人也能从中学到很多。之所以会这样说，是因为孩子的存在本身就是“未来”的要素，与孩子聊天（不是日常会话，而是以社会为主题的对话），就是在“与未来对话”。

成为促进社会进步的企业家

当下，由大学生创办的各种各样的创业公司正源源不断地产生，也有越来越多的大学开始致力于创业教育。他们会邀请企业家来讲课，也积极推动在短时间内将创业创意发展成黑客松[①]之类的尝试。

但是，“具体构建未来”的教育却是不充分的。除了奇点大学等部分先进的教育机构之外，几乎没有教育机构把“思考未来社会”明确纳入教育体系。在我所上的国外 MBA 课程中，虽然有设计思考、企业伦理等内容，却没有直接思考未来图景的课程。

为了创造新的商业形态，或者为了让自己的研究对社会有帮助，需要的不仅是知识和技能，还需要掌握“展望未来的能力”。如果想要掌握这种能

① 黑客松（英语：hackathon），又被称作编程马拉松、黑客日、黑客节等。在该活动当中，电脑程序员以及其他与软件开发相关的人员，如图形设计师、界面设计师与项目经理相聚在一起，以紧密合作的形式开展某个软件项目。——译者注

力，我想，学习科幻思考会是一个重要的解决方法。

富有远见的社区构建

社区构建因为相关者众多，如果只是把大家的“有这个就好了”的诉求加在一起，就成了罗列未来想象的博览会。这时候，就轮到科幻思考出场了。为了构建有吸引力的愿景，如何让大家细致地思考“为什么要选择那样的未来”“在那样的未来中会不会新增一些生活痛苦的人”，是非常重要的。

此外，社区愿景类的未来故事，重要的“不仅是创作，还有传播”。因为对愿景产生共鸣的人或组织越多，目标也就越容易实现。如果有可能的话，可以借助专业作家的力量，以小说的形式完成故事，还可以衍生为漫画或动画，还要积极利用各种各样的宣传工具。故事的强项是能够把虚无缥缈的概念中所缺少的“令人产生同感的未来”具象化。如果在社区内能充分共享这些故事，大家就会纷纷开始用自己的语言谈论自己所希望的未来。于是，愿景就会自然而然地茁壮生长起来。

这种方法也可以用在公司、大学，或者 NPO 之类的组织中。愿景类故事可以促进员工、学生、会员等人员之间的对话，不仅能够提高工作和学习的积极性，在录用员工、招募学生、募集赞助等从外部召集资源的场合也能够发挥极大作用。

为了让自己的人生变得更加激动人心

在人类的活动中，没有什么是与未来完全无关的。因此，每个人在任何活动中，都可以用到未来故事。

比如在婚姻方面，可以从“理想的未来家庭情况”倒推，思考现在应该做什么。也可以和恋人一起创作未来故事（不过也可能会因为看清彼此认知的差距而导致分手……不过那应该也是一种积极的未来……）

换工作的时候，也可以尝试创作一下未来故事。基于企业研究、行业研究的未来预测大家都会做，但只靠那些，很难看清自己以后希望从事什么样的工作、行业会发生什么样的变化。只要运用未来思考描述一下激动人心的未来，这些事情都会瞬间变得明朗起来。

比起认为某份工作“看起来比较安定”的人，招聘方也会更愿意和“因为看上去未来会更加激动人心”的人一起工作。

就像这样，这里我只是举了一个简单的例子。

当然，还有其他无数种运用方法。读过本书的你，应该已经能够运用科幻思考了。希望你可以运用各种各样的场景，尝试创作出一个只属于自己的未来。

最重要的是，我在这里举例提到的事情都是我和作为合著者的宫本道人一起想在今后也不断推进下去的。我们不仅想举办面向中小学生的科幻征文大赛，也希望能和想要创业的大学生们一起谈论未来，一起构想 100 年后的城市图景。

本书中，未来故事和工作坊的创作方法，我都用图表进行了直观讲解。不过，我并不认为这些内容是一个已经完成了的形态。因为每次召开工作坊时我都会有新的发现，会替换、删除、增加不同的元素，不断让它进化，所以这些内容并不存在一个完成的形态。

读完本书的你，周围肯定也会发生同样的事情。有多少人在实践科幻思考，科幻思考就会有多少种进化形态，此外还会有无数各种形态的未来不断被产生出来。光是想象一下，不就感觉非常激动人心吗？现在也有很多了不起的科幻作品存在于世界上。在此之上，如果“普通人”也不断创作出未来故事，我们居住的地球一定会变成一个更加快乐的地方。

我们创作本书的目的并不是将已经完成的思考方法论传授给读者，我们只是想在读者心中种下一颗种子，请读者自由培育出属于自己的科幻思考。享受团队的化学反应，才是科幻思考的精髓所在。

从我自己的角度来说，我希望把“科幻思考”输出到国外。我之所以会这么想，是因为我在国外读 MBA 的时候，在由不同国家的同学组成的团队中，我发现“我的常识”和“你的常识”有时候完全不同，这带给我极大的冲击。不同的东西碰撞在一起会产生矛盾，但如果能够理解相互的背景，包容差异，那就可以协同合作。问题是要如何才能达成期待的效果。我经常会想，如果他们了解运用科幻思考创作未来故事的方法，一定能更好地进行沟通。

在专栏 4 中我介绍过，在美国亚利桑那州立大学，他们把“故事可以把不同领域的人连接在一起”列为使用虚构小说的优点。我还记得自己听到这件事时非常感动，感叹美国“果然，不愧是一个具有多样性的国家呀”。要说通过科幻作品促进国际关系的话，可能会有点夸张，但我想它确实可以让不同的人更容易相互理解。

科幻思考也具有改变日本的力量。现在，人们经常说日本在很多方面都落后于其他国家，但日本“生产故事的力量”依然很强。过去，日本曾作为“技术大国”扬名于世界，其背后是热衷于《机动战士高达》《赛博 009》的那代人的努力，这种影响不容小觑。而现在也有《攻壳机动队》《刀剑神域》等国民性作品（上到政策制定者，下到小孩子，都非常喜欢），这其实是一个很大的优势，因为这会成为创作未来的能量。

在经营公司时起用“顾问科幻作家”，这也是一个可行的方法。如果能够组成对科幻思考感兴趣的经营者、研究者、技术人员的网络，或许可以不断创作出各种有趣的事情。我希望在未来，人们在午餐时间会自然而然地聊起“话说你想做的小工具是什么样的呢”之类的话题，那我就非常开心了。

“科幻思考”还只是一个小小的雏形，它有着无限的可能性，但具体会如何发展，则取决于我们如何参与、如何实践。“我们”之中当然也包括正在阅读这本书的你。今后这方面的活动我都会发布在“钻石在线”网站上。从本书开始的科幻思考，今后会如何发展，请大家持续关注。

这本书只是一个开始。用自己的双手创造未来，科幻思考的旅程才刚刚开始。

致 谢

本书主要是由藤本敦也和宫本道人两人共同执笔的。

本书前言到第 1 ～ 2 章为宫本道人执笔，第 3 ～ 7 章及后记为藤本敦也执笔。但内容都是在两个人共同讨论的基础上创作的，中间也穿插执笔了一部分对方负责的内容。本书中出现的工作坊、未来故事运用方法，其中用到的演示信息和资料等，也全部都是由这两人设计和执行的。

关根秀真是三菱综合研究所50周年纪念研究项目的研究组长，本书的撰写与出版就是此项研究活动的一环。关根秀真负责本书的全面统筹与策划。

筑波大学系统信息系的大泽博隆监修了书中出现的各类工作坊，以及与科幻的社会运用相关的信息收集。

我们的科幻思考始于筑波大学与三菱综合研究所的相遇。以这 4 位人士为中心，我们作为推动科幻思考的团队进行活动。能像这样和大家一起出书，我们感到非常开心。

在写作本书时，小林直美也给我们提供了很大的帮助，不仅把我们的文章变得更加容易阅读，还提议增加了一些主题。当我们提供的素材不足时，小林老师还帮我们用问答的形式构建了一些环节，真是以各种各样的方式为我们提供帮助。读者们之所以能够读到最后，多亏了小林老师高超的文学素养。

此外，非常感谢执笔了本书中短篇故事的高桥文树、柴田胜家、长谷敏司、林让治、松崎有理。科幻思考工作坊的模式还不成熟，能创作出如此优秀的作品，多亏了各位作家的鼎力相助。通过与各位共度的工作坊的时光，我们扩充了科幻思考的框架，这也是一个很大的收获。

这本书之所以能够出版，还要感谢其他朋友的帮助。后面我会介绍其中的一些作家。

前言和第 1 ～ 2 章中，科幻原型设计的实施、普及，参考了竹内一瞳、矢代真也、森尾贵广、安藤英由树、哈利山克利尼加、难波优辉、宫本裕人、一之濑翔太、杉本洋树等人的意见，听取了大家讨论科幻的社会运用和创作方法论时提出的意见。如果没有大家的帮助，我自己是不可能想出 3×5 的科幻思考来的。

关于专栏中提到的美国亚利桑那州立大学的科幻原型设计的事例，我们得到了 CSI 教官团队的鲁斯·瓦利和埃德·芬的帮助。在如何将科幻拥有的力量运用到社会中这个问题上，我们从美国亚利桑那州立大学的朋友那里学到了很多。

第 7 章提到的基于 5 篇科幻小说举办的教学活动，非常感谢日比谷高中的同学的参与，也非常感谢帮忙协调的日比谷高中的户田胜昭。

在创作时的信息收集方面，我们得到了由大泽博隆担任首席代表的 JST-RISTEX-HITE“想象力的升级：人工智能的设计虚构”（JPMJRX18H6）的帮助。还要感谢与三菱综合研究所一起举办了“面向 22 世纪的人类挑战工作坊”，并制造了藤本敦也、关根秀真、大泽博隆相遇契机的 TomyK 的镰田富久。

在三菱综合研究所中，各位成员也通过各种形式参与到这项研究中。

特别是第 7 章提到的在三菱综合研究所举办的科幻思考工作坊的讨论，是以 50 周年纪念研究定下的“5 个目标”为主题，得到了白户智、福田桂、加纳北都、泷泽真理、近藤直树、滨谷樱子、山本奈奈绘、河田雄次、木田干久、浜冈诚、吉永京子、奥村隆一、薮本沙织、川崎佑史、由利昌平、饭田正仁、白井优美、金子知世等研究成员的帮助。该工作坊讨论成为将科幻思考的方法总结成型的第一步。

此外，后记中提到的面向三菱工作坊的员工及其家属的科幻工作坊，得到了井上渚、竹村毬乃的极大帮助。孩子们能在这个活动中感受到快乐，多亏了他们的大力协助。

三菱综合研究所 50 周年纪念研究之后，我们与岩崎亚希、松浦泰宏、秦知人、滨谷樱子（再次提及）、山口凉一起，进行了面向企业的实证实验和项目。通过实际与企业一起作为项目推进，让科幻思考工作坊的方法得到了质的提升。在此要再一次向各位表达衷心的感谢。

另外，我要向对科幻思考的活动表示理解的大石善启、鱼住刚一郎等各位领导，再次表达谢意。

钻石社的编辑音泖省一郎从始至终，在方方面面都给了我们很多支持。可以说，正因为音泖省一郎的创意，科幻思考本身才得到了彻底的打磨。钻石社的藏友惠、铃木千明、铃木博之也对本书的结构、编辑提出了很多建议。为了更好地理解本书，大家还亲自参与工作坊的讨论中。我时常想起大家热烈讨论“真心与假意书店”的样子。

最后，我还要对协助了科幻思考的调研、讨论的众多相关人士表达深切的谢意。

真的非常感谢大家。

2021 年 6 月

短篇执笔

高桥文树　　1979年生于千叶县千叶市。2001年，东京大学在读时以《中途下车》（幻冬舍）作家出道。2007年以《阿里亚诺来了》获得新潮新人奖。曾任《破灭派》主编，组织了千叶市科幻作家交流会“Dead Channel JP”等文艺团体，也进行独立活动。四个孩子的父亲。

柴田胜家　　1987年生于东京。成城大学研究生院文学研究科日本常民文化博士前期课程毕业。2014年在读时，凭借《尼尔亚之岛》获得第2届早川SF大赛大奖出道。近期发布作品《美国佛陀》。

长谷敏司　　1974年生于大阪。《战略据点32098乐园》获第六届帆布鞋大赏金奖得以出道。《我的人性》（*My Humanity*）获得第35届日本SF大奖。代表作有《没有心跳的少女》等。日本SF作家俱乐部理事。

林让治　　1962年2月生于北海道。科幻作家，曾任临床检查技师。2000年后陆续出版《衔尾蛇的波动》《弦匠的沉默》，以及“AADD”系列，《记忆污染》《进化的设计者》等。最新作品为《星系出云之兵站4》。

松崎有理　1972年生于茨城县，东北大学理学部毕业。2010年，以大学研究室为背景创作的短篇小说《紧张》获得第1届创元SF短篇奖而出道。擅长发挥自身的理学背景，进行细致的设定。最新作品《夏娃后裔们的明天》中描写了近未来可能发生的人类危机。

执笔协助

小林直美　1971年生于纪伊半岛，现居神户。作家。

未来，属于终身学习者

我这辈子遇到的聪明人（来自各行各业的聪明人）没有不每天阅读的——没有，一个都没有。巴菲特读书之多，我读书之多，可能会让你感到吃惊。孩子们都笑话我。他们觉得我是一本长了两条腿的书。

——查理·芒格

互联网改变了信息连接的方式；指数型技术在迅速颠覆着现有的商业世界；人工智能已经开始抢占人类的工作岗位……

未来，到底需要什么样的人才？

改变命运唯一的策略是你要变成终身学习者。未来世界将不再需要单一的技能型人才，而是需要具备完善的知识结构、极强逻辑思考力和高感知力的复合型人才。优秀的人往往通过阅读建立足够强大的抽象思维能力，获得异于众人的思考和整合能力。未来，将属于终身学习者！而阅读必定和终身学习形影不离。

很多人读书，追求的是干货，寻求的是立刻行之有效的解决方案。其实这是一种留在舒适区的阅读方法。在这个充满不确定性的年代，答案不会简单地出现在书里，因为生活根本就没有标准确切的答案，你也不能期望过去的经验能解决未来的问题。

而真正的阅读，应该在书中与智者同行思考，借他们的视角看到世界的多元性，提出比答案更重要的好问题，在不确定的时代中领先起跑。

湛庐阅读 App：与最聪明的人共同进化

有人常常把成本支出的焦点放在书价上，把读完一本书当作阅读的终结。其实不然。

时间是读者付出的最大阅读成本

怎么读是读者面临的最大阅读障碍

“读书破万卷”不仅仅在“万”，更重要的是在“破”！

现在，我们构建了全新的“湛庐阅读”App。它将成为你“破万卷”的新居所。在这里：

- 不用考虑读什么，你可以便捷找到纸书、电子书、有声书和各种声音产品；
- 你可以学会怎么读，你将发现集泛读、通读、精读于一体的阅读解决方案；
- 你会与作者、译者、专家、推荐人和阅读教练相遇，他们是优质思想的发源地；
- 你会与优秀的读者和终身学习者为伍，他们对阅读和学习有着持久的热情和源源不绝的内驱力。

CHEERS

本书阅读资料包

给你便捷、高效、全面的阅读体验

本书参考资料

湛庐独家策划

- 参考文献
  为了环保、节约纸张，部分图书的参考文献以电子版方式提供
- 主题书单
  编辑精心推荐的延伸阅读书单，助你开启主题式阅读
- 图片资料
  提供部分图片的高清彩色原版大图，方便保存和分享

相关阅读服务

终身学习者必备

- 电子书
  便捷、高效，方便检索，易于携带，随时更新
- 有声书
  保护视力，随时随地，有温度、有情感地听本书
- 精读班
  2~4周，最懂这本书的人带你读完、读懂、读透这本好书
- 课　程
  课程权威专家给你开书单，带你快速浏览一个领域的知识概貌
- 讲　书
  30分钟，大咖给你讲本书，让你挑书不费劲

湛庐编辑为你独家呈现
助你更好获得书里和书外的思想和智慧，请扫码查收！

（阅读资料包的内容因书而异，最终以湛庐阅读App页面为准）

图书在版编目（CIP）数据

科幻如何改变商业 /（日）藤本敦也，（日）宫本道人，（日）关根秀真著 ； 武甜静译. -- 杭州 ： 浙江教育出版社，2023.2
ISBN 978-7-5722-5180-1

Ⅰ. ①科… Ⅱ. ①藤… ②宫… ③关… ④武… Ⅲ. ①幻想小说－小说研究②商业经营－研究 Ⅳ. ①I054 ②F713

中国国家版本馆CIP数据核字(2023)第005268号

浙江省版权局
著作权合同登记号
图字:11-2022-402号

上架指导：商业 / 科幻思考

本书法律顾问　北京市盈科律师事务所　崔爽律师

科幻如何改变商业

KEHUAN RUHE GAIBIAN SHANGYE

[日] 藤本敦也　宫本道人　关根秀真　著
武甜静　译

责任编辑：李　剑
文字编辑：苏心怡
美术编辑：韩　波
责任校对：王方家
责任印务：陈　沁
封面设计：ablackcover.com
出版发行：浙江教育出版社（杭州市天目山路 40 号　电话：0571-85170300-80928）
印　　刷：唐山富达印务有限公司
开　　本：710mm ×965mm　1/16　　**插　　页**：1
印　　张：20.25　　**字　　数**：289 千字
版　　次：2023 年 2 月第 1 版　　**印　　次**：2023 年 2 月第 1 次印刷
书　　号：ISBN 978-7-5722-5180-1　　**定　　价**：99.90 元

如发现印装质量问题，影响阅读，请致电 010-56676359 联系调换。